莊子集成　劉固盛 主編

莊子鬳齋口義校注

下

［宋］林希逸 撰　周啓成 校注

海峽出版發行集團
THE STRAITS PUBLISHING & DISTRIBUTING GROUP
福建人民出版社

莊子鬳齋口義卷六

外篇秋水第十七

秋水時至，百川灌河，涇流之大兩涘，渚涯之間，不辨牛馬。於是焉河伯欣然自喜，以天下之美爲盡在己。順流而東行，至於北海，東面而視，不見水端，於是焉河伯始旋其面目，望洋向若而歎曰：「野語有之曰，『聞道百，以爲莫己若者』，我之謂也。且夫我嘗聞少仲尼之聞而輕伯夷之義者，始吾弗信；今吾〔一〕睹子之難窮也，吾非至於子之門則殆矣，吾長見〔二〕笑於大方之家。」

涇，濁也，黄河之水，驟至而濁，拍滿兩岸，故曰涇流之大兩涘〔三〕，非涇渭之涇也。渚涯，河中洲渚也。渚涯兩字，一般輕重，若以涯訓際，則間字下不得。不辨牛馬，遠而見不明也。不見水端，不知水之自來也。洋，海中也；若，海神名也。世間道理千般萬般，只聞其百，自以爲多，聞道百三字，想古有此語。意在夫子與伯夷，故借河海以言之。大方，大道也。

校注

〔一〕「吾」，宋本、道藏本作「我」。

〔二〕「見」，原脱，據宋本、道藏本補。

〔三〕「涘」，原作「岸」，據宋本、道藏本改。

北海若曰：「井蛙不可以語於海者，拘於虚也；夏蟲不可以語於冰者，篤於時也；曲士不可以語於道者，束於教也。今爾出於涯涘，觀於大海，乃知爾醜，爾將可與語大理矣。天下之水，莫大於海，萬川歸之，不知何時止而不盈；尾閭泄之，不知何時已而不虚；春秋不變，水旱不知。此其過江河之流，不可爲量數。而吾未嘗以此自多者，自以比形於天地而受氣於陰陽，吾在天地之間，猶小石小木之在大山也，方存乎見少，又奚以自多？

拘於虚者，言局於其所居也；篤於時者，言所知止一時也，蟪蛄不知春秋之類。知爾醜者，言知自愧也。尾閭，沃焦也，出山海經，言海水至此，隨沃隨乾。以海比之天地，但見其小，豈知其大？禪家所謂「任大也須從地起，更高猶自有天來」〔一〕，便是此意。

校注

〔一〕「任大也須從地起，更高猶自有天來」，碧巖録第十一則之頌曰：「大中天子曾輕觸。」着語（夾注）曰：「説什麼大中天子。任大也須從地起，更高爭奈有天何。」

計四海之在天地之間也，不似礨空之在大澤乎？計中國之在海内，不似稊米之在太倉乎？號物之數謂之萬，人處一焉；人卒九州，穀食之所生，舟車之所通，人處一焉。此其比萬物也，不似豪末之在於馬體乎？五帝之所連，三王之所爭，仁人之所憂，任士之所勞，盡此矣。伯夷辭之以爲名，仲尼語之以爲博，此其自多也，不似爾向之自多於水乎？」

礨空，小穴也，蜂窠之類。人卒，人衆也。人在萬物之中，只爲一物之數，此合太虛之間凡有名可名者論之也。其在九州之内，又只是一件，此合草木鳥獸論之也。此兩句發得極妙，樂軒云：「乾坤雖大人身小，拳石空中作勝游。」〔二〕便是此意。世界之小如此，五帝三王，萬聖千賢，所知所能不出其内。似此説話，固是曠遠，發得亦自有理。伯夷辭之以爲名，夫子語之以爲博，此語從前誰道得？任士，任事之人，言治世之士也。

校注

〔一〕「樂軒云」句，陳藻樂軒集卷二真仙洞：「乾坤自大人身小，拳石空中作勝遊。」

河伯曰：「然則吾大天地而小豪末，可乎？」北海若曰：「否。夫物，量無窮，時無止，分無常，終始無故。是故大知觀於遠近，故小而不寡，大而不多，知量無窮；證曏今故，故遙而不悶，掇而不跂，知時無止；察乎盈虛，故得而不喜，失而不憂，知分之無常也；明乎坦塗，故生而不說，死而不禍，知終始之不可故也。計人之所知，不若其所不知；其生之時，不若未生之時；以其至小求窮其至大之域，是故迷亂而不能自得也。由此觀之，又何以知豪末之足以定至細〔二〕之倪？又何以知天地之足以窮至大之域？」

這一轉，話又好。前言其大，於此又言無小無大，卽所謂天下莫大於秋毫之末而太山爲小也。物量無窮，言物不可得而量度也。時無止，言寒暑晝夜，相尋無已也。分無常，言有無得失，人之分劑，或先或後，初無定也。終始無故，言無終無始，無新無故也。是故大知者，謂有大智之人，而後有下面四知也。觀遠猶近，故不以大小爲多寡，而後知量之無窮也。證曏，考明也；今故，今古也。明於今古之爲一，故迎而未至者，雖遠而不憂；掇而可取者，雖易而不跂，待之而後知時之無定止也。盈，得也；虛，失也。盈虛消長，與時偕行，不以此爲喜慍，而後知分劑之無常也。

明乎坦塗者，猶曰識乎正道也。由乎正道，而死生聽之，卽壽夭不貳，修身以俟之意。明乎此，則知終亦猶始，不可以終爲故也，此便是原始要終之說。人之所知者，人也；其所不知者，天也。且如既生之後，我則知之，未生之前，我何由知之？卽禪家所謂「父母未生以前道一句子」〔二〕。至小，我也，至大，天也，以我至小欲窮至大之天，宜乎迷亂而不樂。此數語，若在禪家，便是一大公案也，莊子卽等閑說了。自「是故大知」而下，是解上面數句，其辭伸縮長短，齊而不齊，此文法也。倪，端也；域，方所也。語其小而無端，窮其大而無所，故曰何以定至細之倪，何以窮至大之域。

校注

〔一〕「細」，原作「大」，據宋本、道藏本改。

〔二〕「父母未生以前道一句子」，五燈會元卷九：香嚴智閑禪師初參潙山靈祐，潙山問：「父母未生時，試道一句看。」景德傳燈錄卷十一記此句作：「汝未出胞胎未辨東西時本分事，試道一句來。」又五燈會元卷十一記寶壽沼禪師問寶壽二世：「父母未生前，還我本來面目來。」此語爲禪家啓發學者頓悟自身心性之語，後遂成禪師參究之話頭。

河伯曰：「世之議者皆曰：『至精無形，至大不可圍。』是信情乎？」北海若曰：「夫自細視大者不盡，自大視細者不明。夫精，小之微也；垺，大之殷也，故異便。此勢之有也，夫精粗者，期於有形者也；無形者，數之所不能分也；不可圍者，數之所不能窮也。可以言論者，物之粗也；可以意致者，物之精也；言之所不能論，意之所不能察致者，不期精粗焉。

此一轉又好。至精者無形，精〔一〕，細也。不曰至小，而曰至精，皆是文之活處。信情者，謂信乎此語之實耶。自細視大者不盡，管中窺天之類也。自大視細者不明，鵬鳥下視野馬塵埃之類也。小之微者曰精，言小而又小者也；大之盛者曰垺，言大而又大者也。殷，盛也；異便，異宜也。就小大上又生出此兩句，也是精絶。無形之小，不可以數分，曰毛曰芴，亦不可也。不可圍之大，不可以數盡，曰秭〔二〕曰兆，亦不可也。物無精粗，皆局於形，故可以言論，可以意推。若小者大者皆無形，則言不可論，意不可極。既曰無形，則不可以精粗言矣，故曰不期精粗焉。察致者，察其極至也。

校注

〔一〕「精」，原脱，道藏本同，據宋本補。

〔二〕「秭」，原作「稊」，道藏本同，據宋本改。

是故大人之行，不出乎害人，不多仁恩；動不爲利，不賤門隸；貨財弗爭，不多辭讓；事焉不借人，不多食乎力，不賤貪汙；行殊乎俗，不多辟異；爲在從衆，不賤佞諂；世之爵祿不足以爲勸，戮恥不足以爲辱；知是非之不可爲分，細大之不可爲倪。聞曰：『道人不聞，至德不得，大人無己。』約分之至也。」

雖不害物，而亦不以愛物爲能，故曰不出乎害人，不多仁恩。門隸，賤役而求利者也。如曰雖執鞭之事，吾亦爲之，我雖不求利，而亦不以賤役而求利者爲非，故曰動不爲利，不賤門隸。纔有賤役貴己之念，則有迹矣。我不爭貨財，而亦不以辭讓爲能，故曰貨財不爭，不多辭讓，以辭讓自多，則近名矣。事事皆自爲之，而無所資於人，然亦不盡用其力以自食，故曰事焉不借人，不多食乎力，言有餘不敢盡也。貪汙之人，亦不鄙賤之，「爾爲爾，我爲我」也，故曰不賤貪汙。其行實異乎人，而不自爲崖異，故曰行殊乎俗，不多辟異也。辟，僻也，辟異，崖異也。爲在從衆，和光同塵〔一〕也。不賤佞諂，「由由然與處，焉能浼我」〔二〕之意也。不賤，不鄙惡之也。若此等人，無分是非，混同細大，此則道人也，至德也，大人也。不聞，無名也。不得，無得無喪也。約分者，言會至理於至約，而盡己分之事也。聞曰，我聞於古有此語也。約分卽盡己也，但如此換字耳。

校注

〔一〕「和光同塵」，老子五十六章：「挫其鋭，解其紛，和其光，同其塵，是謂玄同。」

〔二〕「由由然」二句，孟子萬章下：「（柳下惠）與鄉人處，由由然不忍去也。『爾爲爾，我爲我，雖袒裼裸裎於我側，爾焉能浼我哉？』」孟子公孫丑下亦有類似語。

河伯曰：「若物之外，若物之内，惡至而倪貴賤？惡至而倪小大？」北海若曰：「以道觀之，物無貴賤；以物觀之，自貴而相賤；以俗觀之，貴賤不在己。以差觀之，因其所大而大之，則萬物莫不大；因其所小而小之，則萬物莫不小；知天地之爲稊米也，知豪末之爲丘山也，則差數覩矣。以功觀之，因其所有而有之，則萬物莫不有；因其所無而無之，則萬物莫不無；知東西之相反而不可以相無，則功分定矣。以趣觀之，因其所然而然之，則萬物莫不然；因其所非而非之，則萬物莫不非；知堯、桀之自然而相非，則趣操覩矣。

前言不賤門隸，不賤貪汙，所以換此一轉，又添箇貴賤與細大同説。若物之外内者，合物之内外而論之也。至，極也，惡至，何者爲極也。貴賤小大，求其端倪，於何而極盡其理？以物觀之，自貴而相賤，雞壅豨苓，時乎爲帝也。在我則不見，在彼則知之，百骸九竅，賅而存焉，其遞相爲君臣乎？亦此意也。此一句下得最好。貴賤不在己，卽軒冕儻來寄之意也。差，等差也。天地只此稊米，豪末可敵太山，則其等差之數不足言，蓋可見矣。功分，功勞分限也，各任一職以爲功，故曰功分。農商工賈，隨分以致其力，而世間少一件不得，亦猶東西南北，雖相反而不可以相無也。趣操者，趨向志操也。以堯爲是，以桀爲非，固趣操之當然，然以「不有廢者，君何以興」〔一〕觀之，則趣操之不可定可見矣。因其大小，因其有無，因其然非，卽齊物因是之意〔二〕。

校注

〔一〕「不有廢者」二句，左傳僖公十年：「晉侯殺里克以說。將殺里克，公使謂之曰：『微子則不及此。雖然，子弒二君與一大夫，爲子君者，不亦難乎？』對曰：『不有廢也，君何以興？欲加之罪，其無辭乎？臣聞命矣。』伏劍而死。」

〔二〕「意」，原作「志」，據宋本、道藏本改。

昔者堯、舜讓而帝，之、噲讓而絶；湯、武爭而王，白公爭而滅。由此觀之，爭讓之禮，堯、桀之行，貴賤有時，未可以爲常也。

把堯、舜與之、噲，湯、武與白公相形而言，此皆憤時之激論，中間多有此類，但觀其文勢可也。

梁麗可以衝城，而不可以窒穴，言殊器也；騏驥驊騮，一日而馳千里，捕鼠不如狸狌，言殊技也；鴟鵂夜撮蚤，察豪[一]末，晝出瞋目而不見丘山，言殊性也。故曰：蓋師是而無非，師治而無亂乎？是未明天地之理，萬物之情者也。是猶師天而無地，師陰而無陽，其不可行明矣。然且語而不舍，非愚則誣也。帝王殊禪，三代殊繼。差其時，逆其俗者，謂之篡夫；當其時，順其俗者，謂之義之徒。默默乎河伯，汝惡知貴賤之門、小大之家？」

梁，屋梁也；麗，音禮，屋棟也。大小各有所用，故曰殊器。騏驥、狸狌，各有所能，故曰殊技。鴟鵂，訓狐也，梟也，夜則眼明，見日則暗，性不同也。是非治亂，不能相無，亦人世之所必有者，故以殊器、殊技、殊性者而喻之。天地陰陽，亦喻其不可相無也。篡夫、義徒，卽是堯、桀之論。

河伯曰：「然則我何爲乎，何不爲乎？吾辭受趣舍，吾終奈何？」北海若曰：「以道觀之，何貴何賤，是謂反衍；無拘而志，與道大蹇。何少何多，是謂謝施；無一而行，與道參差。嚴乎若國之有君，其無私德；繇繇乎若祭之有社，其無私福；汎汎乎其若四方之無窮，其無所畛域。兼懷萬物，其孰承翼？是謂無方，萬物一齊，孰短孰長？道無終始，物有死生，不恃其成；一虛一滿，不位乎其形。年不可舉，時不可止；消息盈虛，終則有始。是所以語大義之方，論萬物之理也。物之生也，若驟若馳，無動而不變，無時而不移。何爲乎，何不爲乎？夫固將自化。」

這一問又好，言既無貴賤，既無是非，則我之辭受取舍，將何所從？衍，寬裕也；反，反而求之也。以道觀之而無貴賤，則反求於吾身，自綽綽寬裕，故曰反衍。若以貴賤是非自爲拘束，則與道相違矣，故曰無拘而志，與道大蹇。蹇，違礙也。施則有多有少，謝去其施，則無多無少，故曰謝施。若執一而行，拘於多少之施，則與道差池矣，故曰無一而行，與道參差。國之有君，祭之有社，皆諭此心以道爲主也，而無所用其私，故曰無私德，無私福。此心廣大如四方之外，無所極窮，則無私畦町矣，故曰無所畛域。三句三箇其字，下得自別。「萬物皆備於我」，是兼懷也，而無所私愛，故曰其孰承翼。承翼，拱扶之也，此二字形容私愛之意。無方，卽無心也，我既無心，則物無長短，亦無生死。不恃其成，卽前所謂不雄成也。盈虛隨時，不可一定，故曰一虛一滿，不位乎其形。不位，不定也。無古今，則年不可舉；無去無來，則時不可止矣。大義，卽大道也。物之生也，若驟若馳，卽所謂「逝者如斯夫」，變動轉移，無時不然。何者爲爲，何者爲不爲，是皆聽造化自然而已，故曰夫固將自化。

河伯曰：「然則何貴於道耶？」北海若曰：「知道者必達於理，達於理者必明於權，明於權者不以物害己。至德者，火弗能熱，水弗能溺，寒暑弗能害，禽獸弗能賊。非謂其薄之也，言察乎安危，寧於禍福，謹於去就，莫之能害也。故曰天在内，人在外，德在乎天。

知天人之行，本乎天，位乎得；蹢躅而屈伸，反要而語極。」

此一問又好，言既聽造化之所爲，則人亦不必學道矣。朱文公問答書中，廖德明亦曾有此問，文公皆不曾答，想難言也。莊子到這裏説箇權字，自是作家，又有不以物害己一句，愈自分曉，看來莊子見道自是親切，特讀其書者看他不破。道，揔言也；理，事物各有之理也；權，用之在我者。有道之全體，而後有此大用也。明於權者不以物害己，知輕重也。水火寒暑禽獸〔一〕四句，着四弗能字，却以非謂一句結之，看他語脉，極是下得有力。薄，迫近之也。至德之人，固知事事有數，豈物所能害？然亦不謂恃此可以薄之而不能也，譬如死於水火，固曰有命，自投於水火可乎？下云謹於去就，其意愈明，亦猶孟子曰「知命者不立巖牆之下」也。察安危，定禍福，謹去就，便是道心中有人心，何嘗皆説聽之自然？莊子到此處，何嘗鶻突？寧，定也。天在内，人在外，即前篇所謂主者天道，臣者人道也。德在乎天，此言自然之德也。而必曰知天人之行，這箇知字，便從人心上起來。本乎自然而安於其所得，故曰本乎天，位乎得，此句又屬道心。位，居之安也。蹢躅，進退也，屈伸進退，各循其理，此句又屬人心。發明至此，道之至要也，理之至極也，故曰反要而語極，猶孟子曰「將以反説約」也。

校注

〔一〕「水火寒暑禽獸」，原作「水火禽獸盜賊」，道藏本同，據宋本改補。

曰：「何謂天？何謂人？」北海若曰：「牛馬四足，是謂天；落馬首，穿牛鼻，是謂人。故曰：無以人滅天，無以故滅命，無以得殉名。謹守而勿失，是謂反其真。」

這數句發得人心道心愈分曉。牛馬四足，得於天，自然者；不絡不穿，將無所用，此便是人心一段事。以人滅天，以故滅命，貪得而殉名，則人心到此流於危矣。三言無以，乃禁止之辭，猶四勿也。既知天，又知人，於此謹守而勿失，則天理全矣，故曰是謂反其真。命，天理也；故，人事也。得，得失之得也。

夔憐蚿，蚿憐蛇，蛇憐風，風憐目，目憐心。夔謂蚿曰：「吾以一足跉踔而行，予無如矣。今子之使萬足，獨奈何？」蚿曰：「不然。子不見夫唾者乎？噴則大者如珠，小者如霧，雜而下者不可勝數也。今予動吾天機，而不知其所以然。」蚿謂蛇曰：「吾以衆足行，而不及子之無足，何也？」蛇曰：「夫天機之所動，何可易耶？吾安用足哉？」蛇謂風曰：「予動吾脊脅而行，則有似也。今子蓬蓬然起於北海，蓬蓬然入於南海，而似無有，何也？」風曰：「然。予蓬蓬然起於北海而入於南海也，然而指我則勝我，踏我亦勝我。雖然，夫折大木，蜚大屋者，唯我能也，故以衆小不勝爲大勝也。爲大勝者，唯聖人能之。」

夔無角，一足而行，見山海經；蚿，百足蟲也；蛇，無足者也。自一足説到無足，皆言天機自然之動，可謂世間至奇之文。中間又以人之唾喻蚿之足，此處又妙，其末却歸在風上，而目與心兩項却不説，此皆文字變换奇而又奇者也。跉踔，一足行之貌也。無如矣，無似我者也。何可易耶，不可變易也。有似，有可見之像也。蓬蓬然，風聲也。指我，以手指風也；蹭我，以足踐風也。就風之中又添説箇小不勝大勝，愈見奇特，卽人衆勝天，天定勝人之意，〔一〕小雖不勝而大勝，則萬物孰能出於造化之外哉？自然而然者，物物不可違也。

校注

〔一〕「人衆勝天」二句，劉禹錫天論：「天與人交相勝，還相用。」劉過襄陽歌：「人定兮勝天。」

孔子遊於匡，宋人圍之數匝，而弦歌不輟。子路入見，曰：「何夫子之娱也？」孔子曰：「來，吾語汝。我諱窮久矣，而不免，命也；求通久矣，而不得，時也。當堯、舜而天下無窮人，非知得也；當桀、紂而天下無通人，非知失也，時勢適然。夫水行不避蛟龍者，漁父之勇也；陸行不避兕虎者，獵夫之勇也；白刃交於前，視死若生者，烈士之勇也；知窮之有命，知通之有時，臨大難而不懼者，聖人之勇也。由處矣，吾命有所制矣。」無幾何，將甲者進，辭曰：「以爲陽虎也，故圍之。今非也，請辭而退。」

此段只言時命自然，非人力所預，知道者又何懼焉？中間以漁父、獵夫、烈士比聖人，亦自有理。由處矣，今其止息不必言之意。

公孫龍問於魏牟曰：「龍少學先王之道，長而明仁義之行；合同異，離堅白；然不然，可不可；困百家之知，窮衆口之辯；吾自以爲至達已。今吾聞莊子之言，汒焉異之。不知論之不及與，知之弗若與？今吾無所開吾喙，敢問其方。」公子牟隱机太息，仰天而笑曰：「子獨不聞夫埳井之鼃乎？謂東海之鼈曰：『吾樂與。吾跳梁乎井幹之上，入休乎缺甃之崖；赴水則接腋持頤，蹶泥則没足滅跗；還虷蟹與科斗，莫吾能若也。且夫擅一壑之水，而跨跱埳井之樂，此亦至矣，夫子奚不時來入觀乎？』東海之鼈左足未入，而右膝已縶矣。於是逡巡而却，告之海曰：『夫千里之遠，不足以舉其大；千仞之高，不足以極其深。禹之時十年九潦，而水弗爲加益；湯之時八年七旱，而崖不爲加損。夫不爲頃久推移，不以多少進退者，此亦東海之大樂也。』於是埳井之鼃聞之，適適然驚，規規然自失也。且夫知不知是非之竟，而猶欲觀於莊子之言，是猶使蚉負山，商蚷馳河也，必不勝任矣。且夫知不知論極妙之言而自適一時之利者，是非埳井之鼃與？且彼方跐黃泉而登大皇，無南無北，奭然四解，淪於不測；無東無西，始於玄冥，反於大通。子乃規規然而求之以察，索之以辯，是真用管闚天，用錐指地也，不亦小乎？子往矣。且子獨不聞夫壽陵餘子之學行於邯鄲與？未得國能，又失其故行矣，直匍匐而歸耳。今子不去，將忘子之故，失子之業。」公孫龍口呿而不合，舌舉而不下，乃逸而走。

公孫龍，當時之辯者也，指其名而言之，所以鬭之也。井鼃、海鼈之喻，都是撰出，不知這老子胸中如何有許多劣相。虷，井中赤蟲也；蟹，螃蟹也。坎井之地，虷蟹科斗皆周旋其中，故曰還虷蟹與科斗。九年之水，七年之旱，人人如此說，安得水旱如此之久？信然，人類盡矣。莊子添箇十年九潦，八年七旱字，便自別了，這般等閒處，亦看得筆力。適適，猶虩虩也。商蚷，小蟲也。跐，蹈也；大皇，天也。下蹈黃泉，上登于天，言其見趣之高遠也。奭然，即釋然也；四解，四達也。淪於不測，所入者深也。始於玄冥，言在於無極之先也。反於大通，歸於至道也。以察察之小明，而欲窮索之以言辯，不亦小乎？邯鄲失行之喻尤佳，國能，邯鄲國中所能之步也，學未成而故步又失，所以匍匐歸也。列子所言魏牟、公孫龍與此全異。

莊子釣於濮水，楚王使大夫二人往先焉，曰：「願以境內累矣。」莊子持竿不顧，曰：「吾聞楚有神龜，死已三千歲矣，王巾笥而藏之廟堂之上。此龜者，寧其死爲留骨而貴乎？寧其生而曳尾於塗中乎？」二大夫曰：「寧生而曳尾於塗中。」莊子曰：「往矣。吾將曳尾於塗中。」

往先者，往見之，先道此意也。以境内累者，言欲托之以國也。死留骨、生曳尾之喻，真是奇特。

惠子相梁，莊子往見之。或謂惠子曰：「莊子來，欲代子相。」於是惠子恐，搜於國中三日三夜。莊子往見之曰：「南方有鳥，其名鵷鶵，子知之乎？夫鵷鶵，發於南海而飛於北海，非梧桐不止，非練實不食，非醴泉不飲。於是鴟得腐鼠，鵷鶵過之，仰而視之曰：『嚇。』今子欲以子之梁國而嚇我耶？」

嚇，恐奪其食而爲此聲也，以鴟之腐鼠而嚇鳳，比惠子以國相而嚇我。不知此老何處得許多好譬喻。自莊子而下，爲文字者，無非竊其機關，這一部書天地間如何少得。莊子、惠子最相厚善，此事未必有之，戲以相譏爾。練實，竹實也。

莊子與惠子遊於濠梁之上。莊子曰：「儵魚出遊從容，是魚樂也。」惠子曰：「子非魚，安知魚之樂？」莊子曰：「子非我，安知我不知魚之樂？」惠子曰：「我非子，固不知子矣；子固非魚也，子之不知魚之樂，全矣。」莊子曰：「請循其本。子曰『汝安知魚樂』云者，既已知吾知之而問我，我知之濠上也。」

這一般説話又奇。循其本者，請反其初也，言汝當初問我非魚安知魚之樂，是汝知我之意，方有此問，汝既如此知我，則我於濠上亦如此知魚也。二人最爲相知，想當時對語，亦自可觀。此篇河伯、海若問答，正好與傳燈録忠國師「無情説法」、「無心成佛」問答〔一〕同看。大慧云：「這老子軟頑，撞着這僧又軟頑，黏住了問。」謂其「家活大，門户大，波瀾闊，命根斷」，〔二〕這數語，莊子却當得。〔三〕

校注

〔一〕忠國師問答，景德傳燈録卷二十八：「問：『無情既有心性，還解説法否？』師（南陽慧忠國師）曰：『他熾然常説，無有間歇。』曰：『某甲爲什麽不聞？』師曰：『汝自不聞。』曰：『誰人得聞？』師曰：『諸佛得聞。』曰：『衆生應無分邪？』師曰：『我爲衆生説，不爲聖人説。』曰：『某甲聾瞽，不聞無情説法，師應合聞。』師曰：『我亦不聞。』曰：『師既不聞，爭知無情解説？』師曰：『我若得聞，卽齊諸佛，汝卽不聞我所説法。』曰：『衆生畢竟得聞否？』師曰：『衆生若聞，卽非衆生。』曰：『無情説法，有何典據？』師曰：『不見華嚴云：剎説，衆生説，三世一切説。衆生是有情乎？』」「常州僧靈覺問曰：『發心出家，本擬求佛，未審如何用心卽得。』師曰：『無心可用，卽得成佛。』曰：『無心可用，阿誰成佛？』師曰：『無心自成，佛亦無心。』」

〔二〕大慧語，大慧普覺禪師語録卷十五普説：「唯楊文公具眼，修傳燈録時，將忠國師、大珠和尚列在馬祖下，諸尊宿之右，將廣語所有言句，盡入其中，六祖下收忠國師語最多，爲他家活大，門户大，法性寬，波瀾闊。」

〔三〕「莊子却當得」句下，宋本、道藏本有小字注：「大慧語録見普説中。」

外篇至樂第十八

天下有至樂無有哉?有可以活身者無有哉?今奚爲奚據?奚避奚處?奚就奚去?奚樂奚惡?夫天下之所尊者,富貴壽善也;所樂者,身安、厚味、美服、好色、音聲也;所下者,貧賤夭惡也;所苦者,身不得安逸,口不得厚味,形不得美服,目不得好色,耳不得音聲;若不得者,則大憂以懼。其爲形也亦愚哉。夫富者,苦身疾作,多積財而不得盡用,其爲形也亦外矣。夫貴者,夜以繼日,思慮善否,其爲形也亦疏矣。人之生也,與憂俱生,壽者惛惛,久憂不死,何之苦也。其爲形也亦遠矣。烈士爲天下見善矣,未足以活身。吾未知善之誠善邪,誠不善邪?若以爲善矣,不足活身;以爲不善矣,足以活人。故曰:「忠諫不聽,蹲循勿爭。」故夫子胥爭之以殘其形,不爭,名亦不成。誠有善無有哉?今俗之所爲與其所樂,吾又未知樂之果樂耶,果不樂耶?吾觀夫俗之所樂,舉羣趣者,誙誙然如將不得已,而皆曰樂者,吾未之樂也,亦未之不樂也。果有樂無有哉?吾以無爲誠樂矣,又俗之所大苦也。故曰「至樂無樂,至譽無譽」。天下是非果未可定也。雖然，無爲可以定是非。至樂活身，唯無爲幾存。

此篇乃是〔一〕以前篇不以物害己一段推廣言之，奚爲奚據以下四句，言若何而可也，便與屈原卜居文勢一同。富貴壽善〔二〕，四等人也。善惡，名譽也。疾作，勤而作之也。思慮善否，爲職事而思其憂也。惛惛，老而不聰明也。烈士，爲名譽者也。四段本同意，皆以物害己者，今既說富、貴、壽三段了，却以烈士一段如此發明，變換語勢，此文法也。蹲循與逡巡同。爭則殘其形，不爭名不成，此兩句說破世故。爲名而至於殘其形，不得謂之善矣。今俗之所爲以下，結前四段也。舉羣趨者，言舉世羣而趨之也。誙誙然，必取之意；可已而不已，故曰如將不得已。吾未之樂，未之不樂者，謂世俗所謂樂不樂，我皆未知如何也，此深鄙之之意。然我以無爲爲樂，而俗人反以爲大苦也。至樂在於無樂，至譽在於無譽，而世俗之人孰知無樂之樂，無譽之譽乎？然則天下是非果未可定也。雖然，惟無爲可以定是非。如此數句，須識他文字抑揚起伏，方見好處。幾存者，言無爲則庶幾存其樂也。

校注

〔一〕「乃是」，道藏本同，宋本作「又」，下空一格。

〔二〕「壽善」，原作「善壽」，據宋本、道藏本乙正。

請嘗試言之。天無爲以之清，地無爲以之寧，故兩無爲相合，萬物皆化。芒乎芴乎，而無從出乎。芴乎芒乎，而無有象乎。萬物職職，皆從無爲殖。故曰天地無爲也而無不爲也，人也孰能得無爲哉？

此數行乃是收結前語。兩無爲相合而後能化生萬物，便是無爲無不爲也。無從出者，不見其所由始也。殖，生也，萬物皆在自然中生，故曰皆從無爲殖。此篇自「天下有至樂」至「無爲哉」，只是一片文字，起伏抑揚，最好玩味。

莊子妻死，惠子弔之。莊子則方箕倨鼓盆而歌。惠子曰：「與人居，長子老身，死不哭亦足矣，又鼓盆而歌，不亦甚乎？」莊子曰：「不然。是其始死也，我獨何能無概然？察其始而本無生，非徒無生也而本無形，非徒無形也而本無氣。雜乎芒芴之間，變而有氣，氣變而有形，形變而有生，今又變而之死，是相與爲春秋冬夏四時行也。人且偃然寢於巨室，而我噭噭然隨而哭之，自以爲不通乎命，故止也。」

形變而有生，言先有形而後有此動轉者也，釋氏曰「動轉歸風」〔一〕，便是此生字。又曰「在眼曰視，在耳曰聽，在手執捉，在足運奔」〔二〕，便是此生字。四時行者，有生必有死之喻也，此一段乃是發明死生一貫之理。鼓盆之説，亦寓言耳，且如原壤之登木而歌〔三〕，豈其親死之際，全無人心乎？若全無人心，是豺狼也，夫子尚肯與之友乎？聖門之學所以盡其孝慕者，豈不知生死之理乎？原壞、莊子之徒，欲指破人心之迷着者，故爲此過當之舉。此便是「道心惟微」，不可以獨行於世，所以有執中之訓。〔四〕莊、列之徒，豈不知此？特矯世厭俗，故爲此論耳。李漢老因哭子而問大慧，以爲不能忘情，恐不近道。大慧答云：「子死不哭，是豺狼也。」〔五〕此老此語極有見識，其他學佛者，若答此問，必是胡説亂道。

校注

〔一〕「動轉歸風」，見一二二頁注〔二〕。

〔二〕「在眼曰視」四句，五燈會元卷一載波羅提偈曰：「在胎爲身，處世爲人。在眼曰見，在耳曰聞。在鼻辨香，在口談論。在手執捉，在足運奔。徧現俱該沙界，收攝在一微塵。識者知是佛性，不識唤作精魂。」

〔三〕原壞事，見一二〇頁注〔一〕。

〔四〕「道心惟微」三句，見四九頁注〔二〕。

〔五〕「李漢老因哭子」等五句：今本大慧普覺禪師語録等著中，未見有關李邴（漢老）哭子的記載，所附李邴信中且有「抱子弄孫」之語。卷二十七有答汪内翰（彦章）一文，就汪子死答云：「要思量但思量，要哭但哭，哭來哭去，思量來思量去，抖擻得藏識中許多恩愛習氣盡時，自然如水歸水，還我箇本來無煩惱，無思量，無憂無喜底去耳。」「若硬止遏，哭時又不敢哭，思量時又不敢思量，是特欲逆天理，滅天性，揚聲止響，潑油救火耳。」

支離叔與滑介叔觀於冥伯之丘，崑崙之虛，黄帝之所休。俄而柳生其左肘，其意蹷蹷然惡之。支離叔曰：「子惡之乎？」滑介叔曰：「亡，予何惡？生者，假借也；假之而生生者，塵垢也。死生爲晝夜。且吾與子觀化而化及我，我又何惡焉？」

滑介即是滑稽之意，這般名字，豈不是撰出？黄帝所休，謂帝嘗休息於此。柳，瘍也，今人謂生癤也，想古時有此名字。蹷蹷然惡之，病中之意也。假借者，言此身乃外物假合而成也。塵垢者，言在造化之中，至微而不足貴也。釋氏所謂「四緣假合」，「今者妄身，當在何處」，〔一〕其意實原於此。觀化者，觀萬物之變也；化及我者，言我將隨造物而變化也。前言蹷蹷惡之，此言又何惡焉，前後之語，似乎相戾，蓋病而惡之，亦人情，思死生之理而知其本原，便是道心爲主處。

校注

〔一〕「釋氏所謂」二句，見一一二二頁注〔二〕。

莊子之楚，見空髑髏，髐然有形，撽以馬捶，因而問之，曰：「夫子貪生失理，而爲此乎？將子有亡國之事，斧鉞之誅，而爲此乎？將子有不善之行，愧遺父母妻子之醜，而爲此乎？將子有凍餒之患，而爲此乎？將子之春秋故及此乎？」於是語卒，援髑髏，枕而卧。夜半髑髏見夢曰：「子之談者似辯士。諸子所言，皆生人之累也，死則無此矣。子欲聞死之説乎？」莊子曰：「然。」髑髏曰：「死，無君於上，無臣於下，亦無四時之事，從然以天地爲春秋，雖南面王樂，不能過也。」莊子不信，曰：「吾使司命復生子形，爲子骨肉肌膚，反子父母妻子閭里知識，子欲之乎？」髑髏深矉蹙頞曰：「吾安能棄南面王樂而復爲人間之勞乎？」

髐然，空虚而堅固之貌。從然，從容自得之意。諸子，凡子所言也。此段只説死生之理而撰出髑髏一段説，也是奇特，讀者當知其意，莫把作實話看，便錯了。

顔淵東之齊，孔子有憂色。子貢下席而問曰：「小子敢問，回東之齊，夫子有憂色，何邪？」孔子曰：「善哉汝問。昔者管子有言，丘甚善之，曰：『褚小者不可以懷大，綆短者不可以汲深。』夫若是者，以爲命有所成而形有所適也，夫不可損益。吾恐回與齊侯言堯、舜、黄帝之道，而重以燧人、神農之言。彼將内求於己而不得，不得則惑，人惑則死。且汝獨不聞耶？昔者海鳥止於魯郊，魯侯御而觴之于廟，奏九韶以爲樂，具太牢以爲膳。鳥乃眩視憂悲，不敢食一臠，不敢飲一杯，三日而死。此以己養養鳥也，非以鳥養養鳥也。夫以鳥養養鳥者，宜棲之深林，遊之壇陸，浮之江湖，食之鰌鰷，隨行列而止，委蛇而處。彼唯人言之惡聞，奚以夫譊譊爲乎？咸池、九韶之樂，張之洞庭之野，鳥聞之而飛，獸聞之而走，魚聞之而下入，人卒聞之，相與還而觀之。魚處水而生，人處水而死，彼必相與異，其好惡故異也。故先聖不一其能，不同其事。名止於實，義設於適，是之謂條達而福持。」

褚，布袋也；綆，汲井之繩也。譬力小不可以任大之意。命與形，得於天者，各有一定之分，不可損益。以古聖人之道，而與齊侯言，我又未能有以感動而化之，則將有罪我之意。此借顏子以譏當世游説之士。鳥之所食，非人之所食，以人之食而養鳥，違其性矣。此意只是「不可與言而與之言，失言」〔一〕，聖門只是一句，他却撰出許多澒洞説話。御音迓，迎而觴之也，觴，飲也。壇音但，與壇同，水中沙壇之地，故曰壇陸。不一其能者，言人才各不同也。不同其事者，言人各事其所事也。隨其實之所有而得其名，隨其意之所適而得其理，故曰名止於實，義設於適，蓋言人各隨其分也。條達者，直截不費力也；福持者，言福常在也，持，保也。非我所能而不爲過分之事，則不費力而常保其生，無所患害，其意止如此。

校注

〔一〕「不可與言」二句，見論語衛靈公。

列子行食於道，從見百歲髑髏，攓蓬而指之曰：「唯予與汝知而未嘗死，未嘗生也。若果養乎？予果歡乎？種有幾？得水則爲㡭，得水土之際則爲鼃蠙之衣，生於陵屯則爲陵舄，陵舄得鬱棲則爲烏足，烏足之根爲蠐螬，其葉爲蝴蝶。蝴蝶，胥也，化而爲蟲，生於竈下，其狀若脱，其名爲鴝掇。鴝掇千日爲鳥，其名爲乾餘骨。乾餘骨之沫爲斯彌，斯彌爲食醯。頤輅生乎食醯，黄軦生乎九猷，瞀芮生乎腐蠸。羊奚比乎不箰久竹，生青寧，青寧生程，程生馬，馬生人，人又反入於機。萬物皆出於機，皆入於機。」

從見者，因而見也。攓蓬者，彼在蓬草之中，攓其蓬而指之也。生而飲食曰養，死而寂滅者曰歡，却如此倒説，此皆是筆頭弄奇處。汝與若，指髑髏也。這歡字便是「寂滅爲樂」〔二〕也。種有幾者，言天地之間，物之生生者，種各不同。下面把箇至微底説，不是以小喻大，蓋言雖大，無異於小也，便是無細無大，無貴無賤之意。其意固止如此，而文字之妙，絶出千古。整齊中不整齊，不整齊中整齊，如看飛雲斷鴈，如看孤峯斷坂，愈讀愈好，列子於中又添兩句，便不如他省了兩句。㡭者，水上塵垢，初生苔而未成，亦有絲縷相縈之意，但其爲物甚微耳。鼃蠙之衣，即青苔也；水土之際，水中附岸處也，附岸處例多而厚，故曰衣。此兩句説了箇青苔，却又就陵屯上説來。陵屯，即田野中高處也。陵舄，車錢草也。鬱棲，糞壤也，車錢草生糞壤之中，則變而爲烏足草。烏足之根又化而爲蠐螬，烏足之葉又化爲蝴蝶。蠐螬，蝎蟲也。胥，蝴蝶之別名也，就蝴蝶下添此一句，尤奇。此下又説化生者，竈下之蟲有化生者，名爲鴝掇，軟而無皮無殼，故曰若脱，如今柑蟲然。鴝掇又能化而爲鳥，乾餘骨，鳥名也。斯彌，蟲也，口之流沫又化爲蟲。食醯，蠛蠓也。蠛蠓化而爲頤輅，頤輅化而爲九猷，九猷化而爲黃軦，黃軦化則爲腐蠸，腐蠸化則爲瞀芮，此處以生乎字省了兩句，文法也。黃軦、九猷、腐蠸、瞀芮，皆蟲名也。此意蓋言，萬物變化，生生不窮，無有盡時也。上面一截説了，却把箇至怪底結殺，此是其驚駭世俗處，莫把作實話看。羊奚，草名也。草之似竹而不生筍者曰不筍久竹，筍則可食，此不可食也。青寧，蟲也；程，亦蟲也。馬，亦草名也，如今所謂馬齒菜、馬欄草。人，亦草名也，如今所謂人參也，人面子〔二〕也。分明是用許多草名，却把馬與人字説，故意爲詭怪名字，前後解者皆以爲未詳〔三〕，是千萬世之人爲莊子愚弄，看不破也。萬物之變，如雀化爲蛤，鷹化爲鳩，腐草化螢，鼠化蝙蝠，何所不有？入於機者，言歸於盡也。出機入機，即是出入死生也，便是火傳也，不知其盡也。

校注

〔一〕「寂滅爲樂」，大般涅槃經聖行品：「諸行無常，是生滅法，生滅滅已，寂滅爲樂。」壇經及諸語錄中都有討論此偈者。

〔二〕「人面子」，果實名，核似人面。

〔三〕「前後解者」句，成玄英疏於「程生馬，馬生人」曰：「未詳所據。」

外篇達生第十九

達生之情者，不務生之所無以爲；達命之情者，不務知之所無奈何。養形必先之物，物有餘而形不養者有之矣；有生必先無離形，形不離而生亡者有之矣。生之來不能却，其去不能止。悲夫，世之人以爲養形足以存生，而養形果不足以存生，則世奚足爲哉？雖不足爲而不可不爲者，其爲不免矣。夫欲免爲形者，莫如棄世。棄世則無累，無累則正平，正平則與彼更生，更生則幾矣。事奚足棄而生奚足遺？棄事則形不勞，遺生則精不虧。夫形全精復，與天爲一。天地者，萬物之父母也。合則成體，散則成始。形精不虧，是謂能移；精而又精，反以相天。

生之所無以爲者，言身外之物也，如人生幾兩屐〔一〕，一口幾張匙是也。知之所無奈何者，言人力所不及也。養形必以物，有生必全其形，此世人之見也，然物常有餘，而形豈長在，形雖能全，而生者有盡，故曰物有餘而形不養者有之矣，形不離而生亡者有之矣。雖不足爲而不可不爲者，即前所謂物莫足爲而不可以不爲是也。其爲不免者，言爲與不爲之中，皆不免於自累。欲免於自累，非棄世不可也。棄世者，非避世也，處世以無心，感而後應，迫而後動，不得已而後起，則我自我，而世自世矣。正平者，心無高下決擇也，猶佛氏曰「是法平等」〔二〕也。更生者，與之爲無窮也。彼者，造物也，與造物俱化，日新又新，故曰與彼更生。至於此，則盡矣，幾，盡也。能知此意，則身外之事與其生者，不待遺棄而自遺棄矣。精復者，精神不散於外也。合則成體，言四大假合而後成身〔三〕。散則復其初也，初者，無物之始也。形精，卽形神也，形神不虧，則能變化，故曰能移，移卽變化也。體道至此，精而又精，則可以贊造化矣。相天，贊天也。此兩精字，與形精字不同。反，猶還以事之之還也。

校注

〔一〕「人生幾兩屐」，世說新語雅量：「阮遥集好屐」，「或有詣阮，見自吹火蠟屐，因歎曰：『未知一生當箸幾量屐。』」

〔二〕「是法平等」，見一一一頁注〔一〕。

〔三〕「四大假合而後成身」，見一二三頁注〔二〕。

子列子問關尹曰：「至人潛行不窒，蹈火不熱，行乎萬物之上而不慄。請問何以至於此？」關尹曰：「是純氣之守也，非知巧果敢之列。居，予語汝。凡有貌象聲色者，皆物也，物與物何以相遠？夫奚足以至乎先？是色而已。則物之造乎不形而止乎無所化，夫得是而窮之者，物焉得而止焉？彼將處乎不淫之度，而藏乎無端之紀，遊乎萬物之所終始，壹其性，養其氣，合其德，以通乎物之所造。夫若是者，其天守全，其神無郤，物奚自入焉？夫醉者之墜車，雖疾不死。骨節與人同而犯害與人異，其神全也，乘亦不知也，墜亦不知也，死生驚懼不入乎其胸中，是故遻物而不慴。彼得全於酒而猶若是，而況得全於天乎？聖人藏於天，故莫之能傷也。復讎者不折鏌干，雖有忮心者不怨飄瓦，是以天下平均，故無攻戰之亂，無殺戮之刑者，由此道也。不開人之天，而開天之天，開天者德生，開人者賊生。不厭其天，不忽於人，民幾乎以其真。」

潛行不窒，嘿運而無所障礙也。行乎萬物之上而不慄，如御風而行是也。純氣之守，守元氣而純一不雜也。知巧，容心也，果敢，容力也，言此事非容心容力所可爲也。此語似爲迂闊，而實有此理，看今伏氣道人〔一〕，便可見。貌象聲色，謂有形迹也。萬物之物，皆拘於形，我若有迹，則與物同耳，則何以至乎未有物之先？人之局於一身而不能見乎萬物之始者，皆是以迹自累，故曰是色而已，色即迹也。貌象聲色，上面本有四字，到此即舉其一，文法也。造物者無形，故曰物之造乎不形；無終無始，一而不二，故曰止乎無所化，化，易也，言其無所變易也。得是而窮之者，造化之理也，言得此造化之理而窮盡其妙，則去乎有物之物遠矣，故曰物焉得而止焉。淫，亂也，不定也，不淫之度，一定之法度也。無端之紀，無物之初也，紀卽理也。萬物之所終始，造化也。壹其性，純一不雜也；合其德，渾全不離也。與造物[二]爲一，故曰通乎物之所造。曰天曰神，卽此理之在我者也。無郤，無間也，在内者既全而無間，則外物奚自入焉？遻物而不慴，言雖爲物所遻觸，而其神不動，故不懼也。醉者墜車之喻，極爲精密。藏於天，故莫之能傷，卽前篇不以物害己一段，所謂無爲是也。鏌干傷人，飄瓦中人，而人不怒之者，以其物之無心也。此二句，卽是無心之喻，其言極有理。天下平均者，言行於天下，無好惡也。爭則有攻戰殺戮之事，我無心矣，無所爭矣，又安有此事哉？人之天，猶有心也；天之天，無心也。開，明之也；德生者，自然之德也。開人之天，心猶未化，心未化則六根皆爲六賊[三]，況外物乎？不厭其天，言不棄其天理也。不忽於人者，言人事之有爲者，未嘗忽之而不爲，但爲之而無容心耳。如此，則近於真實之理，幾，近也。

校注

〔一〕「伏氣道人」，伏氣卽服氣，亦稱食氣，道教術語。服氣類似吐納。服氣之法有二：一、外服天地之生氣；二、内服自身「太和元氣」，亦卽胎息。服氣者亦講究行氣煉氣，運己之氣癒病防身。

〔二〕「物」，原作「化」，據宋本、道藏本改。

〔三〕「六根皆爲六賊」，指色聲香味觸法六境，其由眼耳鼻舌身意六根所取，能引人入於迷妄，故稱之六塵或六賊。涅槃經二十三：「六大賊者，卽外六塵。菩薩摩訶薩觀此六塵如六大賊。何以故？能劫一切諸善法故。」楞嚴經四：「則汝現前眼耳鼻舌及與身心，六爲賊媒，自劫家寶。」

仲尼適楚，出於林中，見痀僂者承蜩，猶掇之也。仲尼曰：「子巧乎。有道邪？」曰：「我有道也。五六月累丸二而不墜，則失者錙銖；累三而不墜，則失者十一；累五而不墜，猶掇之也。吾處身也，若橛株拘；吾執臂也，若槁木之枝；雖天地之大，萬物之多，而唯蜩翼之知。吾不反不側，不以萬物易蜩之翼，何爲而不得？」孔子顧謂弟子曰：「用志不分，乃凝於神，其痀僂丈人之謂乎？」

承蜩，持竿而拈蟬者也。累丸於竿首，自二至五而不墜，則其凝定入神矣，郭象下兩箇「停審」字，亦自好。橛株拘，今所謂木樁也。橛，樁也；株，木之名也；拘，定也。想古時有此三字。不反不側，止是凝定也。當承蜩之時，其身如木橛而不動，其臂〔一〕如槁木，然其心一主於蜩而不知有他物，純一之至也。用志不分，其志不貳也。凝於神，凝定而神妙也。此雖借喻，以論純氣之守，而世間實有此事，今世亦有之，但以爲技，而不知道實寓焉。痀僂，背曲者也。

顔淵問仲尼曰：「吾嘗濟乎觴深之淵，津人操舟若神。吾問焉，曰：『操舟可學耶？』曰：『可。善游者數能。若乃夫没人，則未嘗見舟而便操之也。』吾問焉而不吾告，敢問何謂也？」仲尼曰：「善游者數能，忘水也。若乃夫没人之未嘗見舟而便操之也，彼視淵若陵，視舟之覆猶其車却也。覆却萬方陳乎前而不得入其舍，惡往而不暇？以瓦注者巧，以鉤注者憚，以黄金注者殙。其巧一也，而有所矜，則重外也。凡外重者内拙。」

觴深，淵名也。游，拍浮者也。没人，泅而入水也，善没之人視水如平地，則不學而能操舟矣。覆却萬端而不動其心，故曰不入其舍。心者，神明之舍也。注，射也，射而賭物曰注，王欽若曰「以陛下爲孤注」〔二〕，即此注字。以瓦爲注，則全無利害輕重之心，以鉤帶爲注，則已有顧惜之意矣，以黄金爲注，則愛心愈重，而易殙矣。矜，憐惜之意也，射者之巧，其心本一，而有所顧惜，則所重在外而内惑矣，惑則雖巧有時而拙矣。既答其問，又以此喻結之，不特二喻皆極天下之至理，看他文勢起結，亦自奇特。

校注

〔一〕「臂」，原作「譬」，據宋本、道藏本改。

〔二〕王欽若語，宋史卷二百八十寇準傳：「欽若曰：『陛下聞博乎？博者輸錢欲盡，乃罄所有出之，謂之孤注。陛下，寇準之孤注也，斯亦危矣。』由是帝顧準寖衰。」博指澶淵之役。

田開之見周威公。威公曰：「吾聞祝腎學生，吾子與祝腎遊，亦何聞焉？」田開之曰：「開之操拔篲以侍門庭，亦何聞於夫子？」威公曰：「田子無讓，寡人願聞之。」開之曰：「聞之夫子曰：『善養生者，若牧羊然，視其後者而鞭之。』」威公曰：「何謂也？」田開之曰：「魯有單豹者，巖居而水飲，不與民共利，行年七十而猶有嬰兒之色，不幸遇餓虎，餓虎殺而食之。有張毅者，高門縣薄，無不走也，行年四十而有内熱之病以死。豹養其内而虎食其外，毅養其外而病攻其内，此二子者，皆不鞭其後者也。」

拔篲，掃箒也，拔猶根拔之拔。操拔篲以侍門庭，供弟子灑掃之職也。牧羊本聽其自然，若行者在後而不逐其羣，則鞭之，此意便謂循天理而行，亦必盡人事也。單豹，隱者，而見殺於虎，張毅往來富貴之家，雖無虎傷之患，而胸中狂燥，以内熱而自殞，皆在人有未盡者，不可委之天。此段於學道者已分上，最爲親切，推此則知莊子前後説天道人道之意。先設喻，後以二事實之，文勢亦奇。

仲尼曰：「無入而藏，無出而陽，柴立其中央。三者若得，其名必極。

無入而藏，不專於主靜也；無出而陽，不一於動也。柴立，無心而立之貌，其形如槁木是也。動靜無常，不倚一偏，故曰立其中央。三者，言上三句也。盡此三句，則可名爲至人矣，故曰三者若得，其名必極。極，至也。

夫畏塗者，十殺一人，則父子兄弟相戒也，必盛卒徒而後敢出焉，不亦知乎？人之所取畏者，衽席之上，飲食之間，而不知爲之戒者，過也。」

以畏塗喻衽席，即「蛾眉伐性之斧」〔一〕之意，此示人窒慾之戒。莊子此語，雖聖賢聞之，亦必爲之首肯，此亦異端之學乎？

校注

〔一〕「蛾眉伐性」句，枚乘七發：「皓齒蛾眉，命曰伐性之斧。」

祝宗人玄端以臨牢筴，説彘曰：「汝奚惡死？吾將三月豢汝，十日戒，三日齊，藉白茅，加汝肩尻〔二〕乎彫俎之上，則汝爲之乎？」爲彘謀，曰不如食以糠糟而錯之牢筴之中。

自爲謀，則苟生有軒冕之尊，死得於腞楯之上、聚僂之中，則爲之。爲彘謀則去之，自爲謀則取之，所異彘者何也？

玄端，冠〔二〕也。豢，芻養之也。尻，猪之後也。腞，猶篆也；楯，机也。机之有文者曰腞楯。僂，曲也，曲而可以聚物者，畚筥之屬也，前篇編薄曰編曲，則知此亦竹器也。左宣公二年：「宰夫胹熊蹯不熟，殺之寘諸〔三〕畚。」即此類也。生有軒冕之貴，或以刑戮而死，置其身於趺躓之上，畚薄之中，亦甘心焉，即退之所謂「處汙穢而不羞，觸刑辟而誅戮」是也。爲彘謀如彼，而自爲乃如此，此語可謂善喻。

校注

〔一〕「尻」，原作「尻」，道藏本同，據宋本改。下同。

〔二〕「冠」，道藏本同，宋本作「服」。

〔三〕「諸」，原無此字，據宋本補。

桓公田於澤，管仲御，見鬼焉。公撫管仲之手曰：「仲父何見？」對曰：「臣無所見。」公反，誒詒爲病，數日不出。齊士有皇子告敖者曰：「公則自傷，鬼惡能傷公？夫忿滀之氣，散而不反，則爲不足。上而不下，則使人善怒；下而不上，則使人善忘；不上不下，中身當心，則爲病。」桓公曰：「然則有鬼乎？」曰：「有。沈有履，竈有髻。户内之煩壤，雷霆處之；東北方之下者，倍阿鮭蠪躍之；西北方之下者，則泆陽處之。水有罔象，丘有峷，山有夔，野有方皇，澤有委蛇。」公曰：「請問，委蛇之狀何如？」皇子曰：「委蛇，其大如轂，其長如轅，紫衣而朱冠。其爲物也，惡聞雷車之聲，則捧其首而立。見之者殆乎霸。」桓公辴然而笑曰：「此寡人之所見者也。」於是正衣冠與之坐，不終日而不知病之去也。

此一段與杯蛇之説相類，但此説較奇特。誒詒，猶今嘔噦之聲，氣逆之病也。忿滀，即鬱結也，病在身之中而當其心，今人所謂中管之病也。沈，溝泥之中也；履，神名也；髻，亦神名也。煩壤，糞壤也；雷霆，亦鬼名也。倍阿鮭蠪，屋中東北方之鬼名也；泆陽，屋中西北方之鬼名。此以上，言人家中所有鬼物之名。罔象，水中之神名也；峷，小丘垤之神名也；夔，山之神名也；方皇，野中之神名也；委蛇，大澤中之神名也。桓公所見者在澤，故獨問委蛇之狀。桓公始疑爲妖，故懼而爲病，今曰見者必霸，故喜而病自去矣。辴然，笑之貌也。此事之喻，又與「見豕負塗，載鬼一車」[二]者不同，然聖人既以此語入之爻辭，則是世間必有此事，亦不足怪也。

校注

〔一〕「見豕」二句，見易睽。

紀渻子爲王養鬭雞。十日而問：「雞已乎？」曰：「未也，方虛憍而恃氣。」十日又問，曰：「未也。猶應嚮景。」十日又問，曰：「未也。猶疾視而盛氣。」十日又問，曰：「幾矣。雞雖有鳴者，已無變矣，望之似木雞矣，其德全矣，異雞無敢應者，反走矣。」

初聞響而應，見景而動，則是此心猶爲外物所動也。疾視而盛氣，言其神氣已旺，疾視而不動。言虛憍而恃氣，則其氣猶在外，此言疾視而盛氣，則氣在内矣。疾字有怒之意，卽直視也，却與匹夫「按劍疾視」〔一〕不同。望之似木雞，則神氣俱全矣，此言守氣之學，借雞以爲喻耳。

校注

〔一〕「按劍疾視」，孟子梁惠王下：「夫撫劍疾視曰：『彼惡敢當我哉？』此匹夫之勇，敵一人者也。」

孔子觀於呂梁，縣水三十仞，流沫四十里，黿鼉魚鼈之所不能游也。見一丈夫游之，以爲有苦而欲死也，使弟子並流而拯之。數百步而出，被髮行歌而游於塘下。孔子從而問焉，曰：「吾以子爲鬼，察子則人也。請問，蹈水有道乎？」曰：「亡，吾無道。吾始乎故，長乎性，成乎命。與齊俱入，與汨偕出，從水之道而不爲私焉。此吾所以蹈之也。」孔子曰：「何謂始乎故，長乎性，成乎命？」曰：「吾生於陵而安於陵，故也；長於水而安於水，性也；不知吾所以然而然，命也。」

此段亦與前言操舟意同。並流，沿流也。故，本然也，孟子曰：「言性者，故而已矣。」性、命，自然之理也。齊者，水之旋磨處也；汨，湧汨處也；出入，隨水上下也。從水之道而不爲私，順而不逆之意。生於陵則安於陵，長於水則安於水，皆隨其自然而不知其所以然。故、性、命三字，初無分別，但如此作文耳，若以生長字強求意義〔一〕，則誤矣。

校　注

〔一〕「以生長字強求」句，指成玄英疏：「我初始生於陵陸，遂與陵爲故舊也。長大游於水中，習而成性也。」

梓慶削木爲鐻，鐻成，見者驚猶鬼神。魯侯見而問焉，曰：「子何術以爲焉？」對曰：「臣工人，何術之有？雖然，有一焉。臣將爲鐻，未嘗敢以耗氣也，必齊以靜心。齊三日，而不敢懷慶賞爵祿；齊五日，不敢懷非譽巧拙；齊七日，輒然忘吾有四枝形體也。當是時也，無公朝，其巧專而外滑消；然後入山林，觀天性；形軀至矣，然後成見鐻，然後加手焉；不然則已。則以天合天，器之所以疑神者，其是與？」

鐻似夾鐘，此雖注家之説〔一〕，然鐘以金爲之，豈削木所能成。愚按大觀類篇曰：「鐻，鐘鼓之柎也。」是乃筍簴之類，所以縣鐘鼓也。筍簴之形，爲鳥爲獸，刻木爲之，極其精巧，考工記中可見。驚猶鬼神，言精絶非人所能爲也。耗氣者，氣不定也，齊以靜其心而後定。不懷爵祿，不懷非譽，忘其四枝，謂純氣自守，而外物不入也。無公朝者，亦不知有朝廷矣。唯其如此，故我之巧心專，而外物之可以滑亂吾心者皆消釋而不留。入山林，觀天性，觀木之性也。木之形軀各有成象，皆若見成者，然後取而用之。加手，取也。以我之自然，合其物之自然，故曰以天合天。

校注

〔一〕「注家之説」，此指成玄英疏。

東野稷以御見莊公，進退中繩，左右旋中規。莊公以爲文弗過也，使之鉤百而反。

顔闔遇之，入見曰：「稷之馬將敗。」公密而不應。少焉果敗而反。公曰：「子何以知之？」曰：「其馬力竭矣，而猶求焉，故曰敗。」

六轡如組，織而成文也，御之巧如織然，故曰文弗過。鉤，御馬而打圍也，鉤百而反，言百轉也。馬力竭而馳之不已，御者雖巧必敗，人之自用，又豈可過勞其神乎？此一喻極爲的切，極爲端正。

工倕旋而蓋規矩，指與物化而不以心稽，故其靈臺一而不桎。

到此又散説數句。倕爲共工，故曰工倕。旋，轉也，以手旋轉，畫而爲圓也。言工倕制器之時，旋轉其手，其圓便如蓋然，自中規矩。考工記云：「蓋之圓，以象天也。」蓋乃至圓之物，故取以爲喻，非謂其實爲蓋也。如吴道子畫佛像圓光，只一筆便成，遂入神品，卽此類也。器圓不用規，只以手畫之，其技入神矣。指，手指也，指與物化，猶山谷論書法曰「手不知筆，筆不知手」是也。手與物兩忘而略不留心，卽所謂官知止，神欲行也，故曰不以心稽。稽，留也。或曰，圓則中規，何以曰矩？殊不知圓之中自有矩，圓而不中矩，非圓矣。今匠者削木爲圓，必先取方，便見規矩不相離之意，所以曰規圓生矩。靈臺，心也；一，純一也；不桎，不拘礙也。

忘足，屨之適也；忘要，帶之適也；知忘是非，心之適也；不内變，不外從事，會之適也。始乎適而未嘗不適者，忘適之適也。

適，安也，足安於屨，要安於帶，若無物然，故曰忘足、忘要。會，猶造也，造道而至於適，則内境純一而無所變，雖與物應接乎外，而亦不知其所從事者矣。始乎適而未嘗不適者，言久則併與適亦忘之。譬如足初躡履，見其恰好，則知有屨之適，着之既久，不復有初時見其恰好之意，是忘適也。此以人之常情而喻乎道，須自體究，便見得莊子盡物理處。

有孫休者，踵門而詫子扁慶子曰：「休居鄉不見謂不修，臨難不見謂不勇，然而田原不遇歲，事君不遇世，賓於鄉里，逐於州部，則胡罪乎天哉？休惡遇此命也？」扁子曰：「子獨不聞夫至人之自行邪？忘其肝膽，遺其耳目，芒然彷徨乎塵垢之外，逍遥乎無事之業，是謂爲而不恃，長而不宰。今汝飾知以驚愚，修身以明汙，昭昭乎若揭日月而行也。汝得全而形軀，具而九竅，無中道夭於聾盲跛〔二〕蹇而比於人數，亦幸矣，又何暇乎天之怨哉？子往矣。」孫子出。扁子入，坐有間，仰天而嘆。弟子問曰：「先生何爲歎乎？」扁子曰：「向者休來，吾告之以至人之德，吾恐其驚而遂至於惑也。」弟子曰：「不然。孫子之所言是邪？先生之所言非邪？非固不能惑是。孫子所言非邪？先生所言是邪？彼固惑而來矣，又奚罪焉？」扁子曰：「不然。昔者有鳥止於魯郊，魯君説之，爲具太牢以饗之，奏九韶以樂之，鳥乃始憂悲眩視，不敢飲食。此之謂以己養養鳥也。若夫以鳥養養〔三〕鳥者，宜棲之深林，浮之江湖，食之以委蛇，則平陸而已矣。今休，欵啓寡聞之民也，吾告以至人之德，譬之若載鼷以車馬，樂鴳以鐘鼓也。彼又惡能無驚乎哉?」

賓於鄉里,擯棄於鄉里也。明汙,自别於汙俗也。飾知驚愚,修身明汙,言其有心求名以自異也。若揭日月,著其名也。彼固惑而來矣,彼之來本自惑,非先生惑之,又何罪於我?欵啓,小孔竅也,言其所見之小也;寡聞,學之淺也。其見本淺,吾語之太高,彼安得不驚疑自惑乎?此意蓋譏當時之學者,以其所見者小而未知大道也。食以委蛇,言使之自得而食也。委蛇,自得也。鳥養之喻,已見至樂篇。

校注

〔一〕「跛」,原作「破」,據宋本、道藏本改。

〔二〕「養」,原脱,道藏本同,據宋本補。

外篇山木第二十

莊子行於山中，見大木，枝葉盛茂，伐木者止其旁而不取也。問其故，曰：「無所可用。」莊子曰：「此木以不材得終其天年。」夫子出於山，舍於故人之家。故人喜，命豎子殺鴈而烹之。豎子請曰：「其一能鳴，其一不能鳴，請奚殺？」主人曰：「殺不能鳴者。」明日，弟子問於莊子曰：「昨日山中之木，以不材得終其天年，今主人之鴈，以不材死，先生將何處？」莊子笑曰：「周將處夫材與不材之間。材與不材之間，似之而非也，故未免乎累。若夫乘道德而浮遊則不然。無譽無訾，一龍一蛇，與時俱化，而無肯專爲；一上一下，以和爲量，浮遊乎萬物之祖；物物而不物於物，則胡可得而累耶？此神農、黄帝之法則也。若夫萬物之情，人倫之傳，則不然。合則離，成則毁，廉則挫，尊則議，有爲則虧，賢則謀，不肖則欺，胡可得而必乎哉？悲夫。弟子志之，其唯道德之鄉乎？」

不材全其天年，前此屢言之矣，今添鴈以不材見殺之説，又自一意，蓋言材與不材，皆猶有形迹，故未免於自累，必至於善惡俱泯，無得而名，斯爲全其天也。乘道德者，順自然也。一龍一蛇，猶東方朔曰「用之則爲虎，不用則爲鼠」也。用舍隨時，我無容心，故無毁亦無譽。專爲則有心矣，無肯專爲，卽無心也。上下，進退也；和，順也；量，則也，度也。以順自然爲則，或上或下皆可。萬物之祖，萬物之始也。此神農、黄帝之所能，故曰神農、黄帝之法則也。萬物之情，此私情也。傳，習也，人倫之傳，人類之傳習也。此以下數句，曲盡人情。有合則有離，所謂世間無不散筵席也。有成則有毁，言「不有所廢，君何以興」〔一〕也。露圭角者，必至於自摧挫。居人上者，必爲人所指議。有心於事爲，其名必虧。人之惡其成、樂其敗者衆，賢者於此，將爲全身之計，則必有計度思慮，故曰賢則謀。小人患失，無所不至，則爲奸爲欺而已矣，故曰不肖則欺。處乎世間，事不由人，何可自必，故曰胡可得而必哉。悲夫者，嘆世俗之不美，人事之無常，危機之可畏也。此語切於人身，故囑其弟子識之勿忘。唯順乎自然，則可以自免，故曰其唯道德之鄉乎。

校注

〔一〕「不有所廢，君何以興」，見二七九頁注〔一〕。

市南宜僚見魯侯，魯侯有憂色。市南子曰：「君有憂色，何也？」魯侯曰：「吾學先王之道，修先君之業；吾敬鬼尊賢，親而行之，無須臾離；居然不免於患，吾是以憂。」

市南子曰：「君之除患之術淺矣。夫豐狐文豹，棲於山林，伏於巖穴，靜也；夜行晝居，戒也；雖饑渴隱約，猶且胥疏於江湖之上而求食焉，定也；然且不免於罔羅機辟之患。是何罪之有哉〔一〕？其皮爲之災也。今魯國獨非君之皮邪？吾願君刳形去皮，洒心去欲，而遊於無人之野。

居然，安然也，於此用之，有無因而得患之意，謂不應有憂患，而不免於憂患也。隱約，僻處也，居於深僻之中。雖有饑渴，出而求食於江湖之上，猶且避人而與之相疏遠也。胥，相也。此退之所謂「俛而啄，仰而四顧，深居而簡出」者也。以皮自累，言有名有位於世，皆能惹禍也。此言甚切人心，涉世深者方知之。

南越有邑焉，名爲建德之國。其民愚而朴，少私而寡欲；知作而不知藏，與而不求其報；不知義之所適，不知禮之所將；猖狂妄行，乃蹈乎大方；其生可樂，其死可葬。吾願君去國捐俗，與道相輔而行。」

前言無人之野，卽無物之始也，此又以建德之國名之。看此一段，今人禮淨土〔二〕，其源流在此。戰國之時，南越未通中國，故借其地以爲名，初無他義。知作而不知藏，言耕作以自食而無私蓄也。未有禮義之名，故曰不知義之所適，不知禮之所將。將，行也。猖狂妄行，從心所欲，皆合乎道，故曰蹈乎大方。與道相輔而行，謂以慕道之心自相勉勵而欲至於此國也。

校注

〔一〕「哉」，原脱，據宋本、道藏本補。

〔二〕「今人禮淨土」，指佛教淨土宗。此宗由唐善導創立，據無量壽經、觀無量壽經、阿彌陀經及世親往生論，説念佛死後往生阿彌陀西方淨土。

君曰：「彼其道遠而險，又有江山，我無舟車，奈何？」市南子曰：「君無形倨，無留居，以爲君車。」君曰：「彼其道幽遠而無人，吾誰與爲鄰？吾無糧，我無食，安得而至焉？」市南子曰：「少君之費，寡君之欲，雖無糧而乃足。君其涉於江而浮於海，望之而不見其崖，愈往而不知其所窮。送君者皆〔一〕自崖而反，君自此遠矣。

無形倨，不有其身也；無留居，不有其國也；能辦此心，則可以往，故曰以爲君車。心無所求，則無所不足，故曰少費寡欲，雖無糧而乃足。涉江浮海，望而不見其崖，愈往而不知其所窮，只是遊無窮三字，如此敷演。送君者皆自崖而反，君自此遠矣，此句最爲深妙，言學道之人既悟之後，向之所資以自悟者，如人之餞送登舟，至於海崖，皆已反歸矣。擊竹〔二〕而悟，捲簾而悟，〔三〕皆其送者也，譬如見舞劍而善草書〔四〕，始因劍而悟之，既悟則劍爲送者矣，讀書亦資送者也。

校注

〔一〕「皆」，宋本、道藏本皆無此字。

〔二〕「竹」，原作「足」，據宋本、道藏本改。

〔三〕「擊竹而悟，捲簾而悟」，景德傳燈録卷十一載香嚴智閑禪師「一日因山中芟除草木，以瓦礫擊竹作聲，俄失笑間，廓然省悟」。五燈會元卷七載長慶慧稜禪師「一日捲簾，忽然大悟」。

〔四〕「見舞劍而善草書」，杜甫觀公孫大娘弟子舞劍器行序：「往者吳人張旭善草書帖，數嘗於鄴縣見公孫大娘舞「西河劍器」，自此草書長進，豪蕩感激。」

故有人者累，見有於人者憂。故堯非有人，非見有於人也。吾願去君之累，除君之憂，而獨與道遊於大莫之國。方舟而濟於河，有虚船來觸舟，雖有惼心之人不怒；有一人在其上，則呼張歙之；一呼而不聞，再呼而不聞，於是三呼耶，則必以惡聲隨之。向也不怒而今也怒，向也虚而今也實。人能虚己以遊世，其孰能害之？」

有人者，以我而役物也；見有於人，我爲物所役也。二者皆非自然之道。若堯則不以己役物，亦不爲物所役，故曰堯非有人，非見有於人也。大莫之國，冲漠太虚之地，卽無人之野，建德之國也，以此結上章也。語意既足，乃以譬喻繼之。方舟，兩舟相並也。我舟方行，而爲虚舟所觸，舟既虛而無人，故雖觸我而不怒。忽有一人而在虛舟之上，則必呼其人，使之張歙之。張，撐開也；歙，歙退也。呼而不應，至於三度，則必叫罵之。無人，虛也；有人，實也。向也無人，則不怒，今也有人，則不能不怒，人情然也。此喻極佳，蓋言我若無心，則與物自無忤，遊於斯世而虛其心，又何患害之有？既說一大段，却把此譬喻結，便是文字首尾起結之法。列子有同此段。

北宮奢爲衛靈公賦斂以爲鐘，爲壇乎郭門之外，三月而成上下之縣。王子慶忌見而問焉，曰：「子何術之設？」奢曰：「一之間，無敢設也。奢聞之：『既彫既琢，復歸於朴。』侗乎其無識，儻乎其怠疑；萃乎芒乎，其送往而迎來；來者勿禁，往者勿止；從其強梁，隨其曲傳，因其自窮，故朝夕賦斂而毫毛不挫，而況有大塗者乎？」

歛民之財以鑄其鐘，先祭而後鑄，故曰爲壇。三月而成，鐘有架，所以懸鐘也，架有兩層，故曰上下縣，此言編鐘也。何術之設者，言用何術而成此之速。一，純一也，循自然之理，終始循〔二〕一而無所雜於其間，故曰一之間。無敢設，猶言此間別着不得一件也。既彫既琢，復歸於朴，言去圭角而歸於自然也。侗乎，無識之貌；儻乎，若怠若疑，無容心之狀也。或往或來，無將無迎，故曰萃乎芒乎。萃，塊然之意；芒，無物之狀。來者勿禁，往者勿止，言順其自然而無迎無送也。強梁，去而不順者；曲傳，回而附我者。我皆隨之聽之，任其如何也。自窮者，自至〔三〕也，言或順或逆，要終皆不求而自至，故曰因其自窮。我雖賦斂，而於人無一毫之傷，故曰毫毛不挫。大塗者，言此是順事坦然而行，但以無心處之，故能速辦也。

校注

〔一〕「循」，宋本、道藏本作「純」。

〔二〕「至」，原作「信」，據宋本、道藏本改。

孔子圍於陳蔡之間，七日不火食。太公任往弔之曰：「子幾死乎？」曰：「然。」「子惡死乎？」曰：「然。」任曰：「予嘗言不死之道。東海有鳥焉，其名曰意怠。其爲鳥也，翂翂翐翐，而似無能；引援而飛，迫脅而棲；進不敢爲前，退不敢爲後；食不敢先嘗，必取其緒。是故其行列不斥，而外人卒不得害，是以免於患。直木先伐，甘井先竭。子其意者飾知以驚愚，修身以明汙，昭昭乎如揭日月而行，故不免也。昔吾聞之大成之人曰：『自伐者無功，功成者隳，名成者虧。』孰能去功與名而還與衆人？道流而不明，居得行而不名處；純純常常，乃比於狂；削迹捐勢，不爲功名；是故無責於人，人亦無責焉。至人不聞，子何喜哉？」孔子曰：「善哉。」辭其交遊，去其弟子，逃於大澤；衣裘褐，食杼栗；入獸不亂羣，入鳥不亂行，鳥獸不惡，而况人乎？

子惡死乎，言處此瀕死之患難，其心亦厭惡之乎。不死之道，言自得而無禍患也。意怠，今之燕也。翂翂翐翐，飛之貌也。引援，羣飛也。迫脅而棲，近人而爲巢也。進不爲前，退不爲後，言其往來不爭也。緒，棄餘也，取蟲而食，世所棄餘也。不斥，不多也，雖爲行列，而不如烏鴈爲羣之多。各依人家，外人亦不害之。直木、甘井，以聲名自見之喻也。大成之人，大道之士也。自矜伐者，必不能成功，以功名自喜者，終必自損。隳、虧，皆自損也。還與衆人，言退而與衆人同也。順道而行，黯然自晦，故曰道流而不明。所居之時，雖得行其志，而不以聲名自高，故曰居得行而不名處。不處，不有之也。純純常常，一也。比於狂，若無心也。削迹捐勢，不以功名爲意，謂無迹而化也。我不責人，人亦忘我，此至人也。至人則欲無聞於世，子又何以名爲喜乎？末後數語，便與食豕如食人處同，借孔子之名以申其說，此重言也。

孔子問子桑雽曰：「吾再逐於魯，伐樹於宋，削迹於衛，窮於商周，圍於陳蔡之間。吾犯此數患，親交益疏，徒友益散，何與？」子桑雽曰：「子獨不聞假人之亡與？林回棄千金之璧，負赤子而趨。或曰：『爲其布與？赤子之布寡矣。爲其累與？赤子之累多矣。棄千金之璧，負赤子而趨，何也？』林回曰：『彼以利合，此以天屬也。』夫以利合者，迫窮禍患害相棄也；以天屬者，迫窮禍患害相收也。夫相收之與相棄亦遠矣。且君子之交淡若水，小人之交甘如醴；君子淡以親，小人甘以絕。彼無故以合者，則無故以離。」孔子曰：「敬聞命矣。」徐行翔佯而歸，絶學捐書，弟子無挹於前，其愛益加進。

子桑雽，雽卽户也。假人，假國之人也。棄璧負子，此喻最佳。天合者必常相收聚，利合者必相棄背。君子之交淡而親，小人之交甘而易絶，皆説盡人世情狀，此語雖入之語、孟亦得。無故以合，則無故以離，氓詩便可見也，〔一〕此一句又是一箇好條貫。無挹於前者，不拘目前揖拜之禮，而其相愛之意愈加進也。

校　注

〔一〕「無故以合」三句，詩氓序：「宣公之時，禮義消亡，淫風大行，男女無別，遂相奔誘。華落色衰，復相棄背。」

異日桑雽又曰：「舜之將死，真泠禹曰：『汝戒之哉。形莫若緣，情莫若率。緣則不離，率則不勞；不離不勞，則不求文以待形；不求文以待形，固不待物。』」

泠音零，曉也，以真實之道而告之禹，故曰真泠。緣，因其自然之意；率，循其自然之意。不離，與道爲一也。形，我也；文，身外之物也。不以身外之物而待我，故曰不求文以待形。今人宴客曰待客，此待字之意也。不以身外爲文華，則無所資於物矣，故曰固不待物，此待字又是不用之意。三箇待字自作兩義。

莊子衣大布而補之，正緳係履而過魏王。魏王曰：「何先生之憊邪？」莊子曰：「貧也，非憊也。士有道德不能行，憊也；衣弊履穿，貧也，非憊也；此所謂非遭時也。王獨不見夫騰猿乎？其得枏梓豫章也，攬蔓其枝而王長其間，雖羿、逢蒙不能眄〔一〕睨也。及其得柘棘枳枸之間也，危行側視，振動悼慄，此筋骨非有加急而不柔也，處勢不便，未足以逞其能也。今處昏上亂相之間，而欲無憊，奚可得邪？此比干之見剖心，徵也夫。」

大布，粗者也。緳，帶也，正帶，中結也；係履，履弊而以索穿之也。憊，病也。攬，把之也；蔓，纏繞之也。此兩字狀猿之在木，自是不苟。王長，言其志盛意得也。柘棘枳枸，有刺之木也。振動，恐也。不柔之上着箇加急字，自是好，醫書有頭項強直之證，是加急而不柔也，以之狀猿尤精神。徵也夫，言以比干之事比之，則見其徵〔二〕驗，此三字亦奇。

校注

〔一〕「眄」，道藏本同，宋本作「眄」。

〔二〕「徵」，原作「證」，道藏本同，據宋本改。

孔子窮於陳蔡之間，七日不火食，左據槁木，右擊槁枝，而歌猋氏之風，有其具而無其數，有其聲而無宮角，木聲與人聲，犁然有當於人之心。顏回端拱還目而窺之。仲尼恐其廣己而造大也，愛己而造哀也，曰：「回，無受天損易，無受人益難。無始而非卒也，人與天一也。夫今之歌者其誰乎？」

槁木，几也；槁枝，策也，齊物篇所謂策枝是也。以槁枝擊槁木，故曰有其具，雖擊而無節奏，故曰無其數。無宮角，言不合五音也。木聲，擊者也；人聲，歌者也。犁然，端的之意。廣己，尊我也，以尊我之意而求之，則所造者無畔岸，故曰恐其廣己而造大也。以愛我之意而思之，則必至於哀傷，故曰愛己而造哀也，造音挫。人與天一也，言在我者皆天理也。今之歌者非我也，故曰其誰乎。

回曰：「敢問無受天損易。」仲尼曰：「饑渴寒暑，窮桎不行，天地之行也，運物之泄也，言與之偕逝之謂也。爲人臣者，不敢去之。執臣之道猶若是，而況乎所以待天乎？」「何謂無受人益難？」仲尼曰：「始用四達，爵祿並至而不窮，物之所利，乃非己也，吾命有在外者也。君子不爲盜，賢人不爲竊。吾若取之，何哉？故曰：鳥莫知〔一〕於鷾鴯，目之所不宜處，不給視，雖落其實，棄之而走。其畏人也，而襲諸人間，社稷存焉爾。」「何謂無始而非卒？」仲尼曰：「化其萬物而不知其禪之者，焉知其所終？焉知其所始？正而待之而已耳。」「何謂人與天一邪？」仲尼曰：「有人，天也；有天，亦天也。人之不能有天，性也，聖人晏然體逝而終矣。」

天損，窮時也；無受者，貧而樂也。人益者，富貴之也；無受者，「富貴而不淫」〔二〕也。尋常之論，則以處富貴而不淫爲易，貧而樂爲難，莊子却如此反説，極有意味。言天損之時，事不由己，雖欲不受，如之何而不受？不容不安貧也，故曰易。人益者，如富之日至，名位之日高，日增月益，我欲辭而不能，所以貴不期驕而自驕，富不期侈而自侈，故曰無受難。窮桎，窮塞也；不行，推不去也。運物，運氣也；泄，發也；運物之泄，氣數之往來，天也。吾亦與之俱行，亦與之俱泄，故曰偕逝，即所謂「與時偕行」、「與時偕極」〔三〕也。君命其臣，且不得違，天之命人，何可違乎？此無受易之意。四達，謂意之所向，無所窒礙也；始用，謂此意纔萌，則事隨以集而無窒礙也。並至而不窮，交至而不已也。我不求物之利而利自至，故曰非己也。爵祿皆自外而至，時命使然，故曰吾命其在外者也。無功而祿，君子耻之，視之如盜竊，吾雖欲不取之，而有推不去者，公孫賀拜相而哭〔四〕，非無受人益難乎？鷾鴯，即意怠也。不給視者，不足視也，非其所宜處之地，雖目有見，亦以不足視而去之。果實之落，必懼而飛，恐害己也，故曰棄之而走。其志雖畏避於人，而乃與人相近而居，故曰襲諸人間。襲，入也。社稷，祭祀之地，雖無可畏，亦無可取，人自敬而存留之。如燕在人家，〔五〕雖無益亦無害，而人亦容之。言處富貴之人若能如鷾鴯之無益亦無害，則亦無譏惡之者。然既曰富貴矣，安能無益而無害？故曰難。無始而非卒者，言不知其始，不知其終也。萬物之變化，更相禪代，孰知其終，孰知其始，但居中以待之而已。正，中也，謂處造化之中也。何謂人與天一邪？人者，天所生，故曰有人，天也。天亦造化爲之，故曰有天，亦天也。性者，天命之性也，此性字與生字同，在人之性，生而有者，皆得於天，豈人所得而預之？聖人惟知人之所不能有，故處之安然，盡吾身而已。孟子曰：「性也，有命焉，君子不謂性也。」卽是人之不能有天，性也。晏然，安然也，安時而處順，以終其身，故曰體逝而終矣。

校注

〔一〕「知」，原作「至」，據宋本、道藏本改。

〔二〕「富貴而不淫」，見孟子滕文公下。

〔三〕「與時偕行」一句，見易乾之文言。

〔四〕「公孫賀」句，漢書卷六十六公孫賀傳：「時朝廷多事，督責大臣，自公孫弘後，丞相李蔡、嚴青翟、趙周三人比坐事死，石慶雖以謹得終，然數被譴。初，賀引拜爲丞相，不受印綬，頓首涕泣。」

〔五〕「祭祀之地，雖無可畏，亦無可取，人自敬而存留之。如燕在人家」，宋本作「祭祀祈禳之事，人亦敬而存之，故以爲譬，謂燕在人家」。

莊周遊乎雕陵之樊，覩一異鵲自南方來者，翼廣七尺，目大運寸，感周之顙而集於栗林。莊周曰：「此何鳥哉？翼殷不逝，目大不覩。」褰裳躩步，執彈而留之。覩一蟬，方得美蔭而忘其身；螳蜋執翳而搏之，見得而忘其形；異鵲從而利之，見利而忘其真。莊周怵然曰：「噫，物固相累，二類相召也。」捐彈而反走，虞人逐而誶之。莊周反入，三月不庭。藺且從而問之：「夫子何爲頃間甚不庭乎？」莊周曰：「吾守形而忘身，觀於濁水而迷於清淵。且吾聞諸夫子曰：『入其俗，從其俗。』今吾遊於雕陵而忘吾身，異鵲感吾顙，遊於栗林而忘真，栗林虞人以吾爲戮，吾所以不庭也。」

雕陵，地名也；樊，園之蕃籬也。感周之顙，飛從額前過也。殷，大也；逝，往也。翼大而不能往，目大而不能覩，逐物而自迷之狀。執彈而留之，將以取之也。螳蜋因蟬，意在一得，而忘其形，異鵲又利螳蜋而忘其真，故有不逝不覩之狀。螳蜋與鵲異類而相召也，皆忘其形，忘其真，相累也。虞人，守園者；誶，罵之也。不庭，不出其居之庭也。守形，養生者也。我爲養生之學，忽因逐鵲而忘其身，是以慾而汩其理也。濁水，喻人欲也；清淵，喻天理也。夫子，老子也。「入國問俗」〔一〕，問禁也，故曰入其俗，從其俗。他人之園，而我誤入，是違禁也。以吾爲戮，言爲虞人所辱也。此段蓋言物無大小，有所逐者，皆有所迷，此乃學者受用之語。

校注

〔一〕「入國問俗」，見禮記曲禮上。

陽子之宋，宿於逆旅。逆旅人有妾二人，其一人美，其一人惡，惡者貴而美者賤。陽子問其故，逆旅小子對曰：「其美者自美，吾不知其美也；其惡者自惡，吾不知其惡也。」陽子曰：「弟子記之。行賢而去自賢之行，安往而不愛哉？」

美者自美，自矜誇也；惡者自惡，慊然自以爲不足也。行賢而去自賢之行，謂有賢者之德，而無自矜之行，則隨所往而人皆愛樂之。此一節亦是受用親切處。看此數篇，或以外篇爲非莊子所作，果然乎哉？

莊子鬳齋口義卷七

外篇田子方第二十一

田子方侍坐於魏文侯，數稱谿工。文侯曰：「谿工，子之師耶？」子方曰：「非也，無擇之里人也；稱道數當，故無擇稱之。」文侯曰：「然則子無師邪？」子方曰：「有。」曰：「子之師誰邪？」子方曰：「東郭順子。」文侯曰：「然則夫子何故未嘗稱之？」子方曰：「其爲人也真，人貌而天，虛緣而葆真，清而容物。物無道，正容以悟之，使人之意也消。無擇何足以稱之？」子方出，文侯儻然終日不言，召前立臣而語之曰：「遠矣，全德之君子。始吾以聖知之言、仁義之行爲至矣，吾聞子方之師，吾形解而不欲動，口鉗而不欲言。吾所學者真土梗耳，夫魏真爲我累耳。」

稱道數當，言稱誦道理，拍拍皆當也。其爲人也真，純也。人貌而天，貌雖人，而有自然之天德也。虛心而順物，未嘗動其心，故曰葆真。葆，養也。清，自潔也。清則易離於物，而能容之，言其大也。人有非道，未嘗責之以言，但動容貌而使彼自悟，自然消釋其不肖之心，故曰使人之意也消。谿工之善，猶可容言，順子之美，不可容言，故曰何足以稱之。全德君子，言順子也。形解，言目失也。土梗者，得其粗不得其精也。以有國爲累，故不得以深究無爲自然之道，故曰夫魏真爲我累耳。

温伯雪子適齊，舍於魯，魯人有請見之者，温伯雪子曰：「不可。吾聞中國之君子，明乎禮義而陋於知人心，吾不欲見也。」至於齊，反舍於魯，是人也又請見。温伯雪子曰：「往也蘄見我，今也又蘄見我，是必有以振我也。」出而見客，入而歎。明日見客，又入而歎。其僕曰：「每見之客也，必入而歎，何耶？」曰：「吾固告子矣：『中國之民，明乎禮義而陋乎知人心。』昔之見我者，進退一成規，一成矩，從容一若龍，一若虎，其諫我也似子，其道我也似父，是以歎也。」仲尼見之而不言。子路曰：「吾子欲見温伯雪子久矣，見之而不言，何耶？」仲尼曰：「若夫人者，目擊而道存矣，亦不可以容聲矣。」

伯，名也；雪子，其字也。禮義，有爲之學也；陋於知人心，陋，劣也，謂其不識本心也。振，振德也，言必有益我也，故曰振我。進退成規矩，從容若龍虎，動容周旋中禮也。規矩，有法度也；龍虎，成文章也，「大人虎變」〔一〕是也。諫我似子，道我似父，謂交淺言深也。目擊而道存，卽正容以悟，使人之意消也。容聲，容言也。

校注

〔一〕「大人虎變」，見易革。

顏淵問於仲尼曰：「夫子步亦步，夫子趨亦趨，夫子馳亦馳，夫子奔逸絶塵，而回瞠若乎後矣。」夫子曰：「回，何謂邪？」曰：「夫子步，亦步也；夫子言，亦言也；夫子趨，亦趨也；夫子辯，亦辯也；夫子馳，亦馳也；夫子言道，回亦言道也；及奔逸絶塵而回瞠若乎後者，夫子不言而信，不比而周，無器而民蹈乎前，而不知所以然而已矣。」仲尼曰：「惡可不察與？夫哀莫大於心死，而人死亦次之。日出東方而入於西極，萬物莫不比方。有目有趾者，待是而後成功，是出則存，是入則亡。萬物亦然，有待也而死，有待也而生。吾一受其成形，而不化以待盡，効物而動，日夜無隙，而不知其所終；薰然其成形，知命不能規乎其前，丘以是日徂。吾終身與汝交一臂而失之，可不哀與？汝殆著乎吾所以著也。彼已盡矣，而汝求之以爲有，是求馬於唐肆也。吾服汝也甚忘，汝服吾也亦甚忘。雖然，汝奚患焉？雖忘乎故吾，吾有不忘者存。」

不比而周，言不待親比之，而其情自然周美也。無器者，不可以迹名也，民蹈乎前，言人自來歸也，以此比夫子之不可及也。不知其所以然而已矣者，言我至此，不知其爲如何也。奔逸，飛馳也；絶塵，去速而不見其塵也。瞠，直目以視也。步、趨、馳者，皆以馬爲喻也。惡可不察者，言當更於此精察也。心死者，無所見也，生而無所見，猶甚於死也，故曰哀莫大於心死，而人死亦次之。比方，可數也，日既明時，物之長短小大，皆可盡見，故曰莫不比方。出自東方，入於西極，自朝至暮也。有目有趾，羣動之物也，必見日而後事可爲。待是，待日也，故曰待是而後成功。是出則存，是入則亡，人事之存亡係日之出入，即日出而作，日入而息也。萬物之有待於道，亦猶人事之待乎日也，故曰萬物亦然。生死皆循是道之自然，故曰有待而死，有待而生。生而受其形，則此道在身，無所遷變，以待其終，故曰不化以待盡。不化者，無所遷變也。效，倣也，倣於物而行，不容其心，故曰效物而動。物，事物也。無隙者，無所間斷也。不知其終者，無已時也。渾然此身，無非和順之理，故曰薰然而成形。薰，和也。雖知事物之無非命，而日用之間不以命爲規度，即所謂聖人不言命〔一〕也。日徂者，日日如是，與之俱往，純亦不已也。交一臂者，並立也。終身與汝周旋，而汝未得此道，故曰交一臂而失之。著，可見者也，汝但見吾所可見者，而不知有所不可見者，故曰汝殆著乎吾所以著也。盡，無也，道必至於無而後盡，汝但以有求之，所以見不到盡處也，故曰彼已盡矣，而汝求以爲有。肆，貨馬之地也；唐，無壁之屋也。詩云「中唐有甓」，唐肆，今之過路亭也，貨馬者來去不常，止就其肆求之，刻舟求劍之意也。忘，不可知者也，極其不可知曰甚忘。服，行也。吾與汝之所行，必極其所不可知，汝與吾之所行，亦必極其所不可知，故曰吾服汝也甚忘，汝服吾亦甚忘，意謂此事我與汝説不得，汝亦與我説不得，必至於忘言，而後盡也。雖然，又轉一轉，謂汝今雖未至於此，亦何患焉？蓋汝既知奔逸絶塵者，瞠若乎其後，則是知有此一解未盡矣，若到此能忘其故吾之時，雖與今日所見不同，而在我之所不忘者仍舊在也。釋氏所謂悟後依舊是故時人，意謂見到無處方盡，仍舊卽是有時道理也，故曰雖忘乎故吾，而吾有不忘者存。此兩箇吾字，就顔子身上自説，又與上面「吾服汝，汝服吾」吾字不同。

校注

〔一〕「聖人不言命」，論語子罕：「子罕言利與命與仁。」左傳哀公十八年：「志曰：聖人不煩卜筮。」

孔子見老聃，老聃新沐，方將被髪而乾，慹然似非人。孔子便而待之，少焉見，曰：「丘也眩與，其信然與？向者先生形體掘若槁木，似遺物離人而立於獨也。」老聃曰：「吾游心於物之初。」孔子曰：「何謂邪？」曰：「心困焉而不能知，口辟焉而不能言，嘗爲汝議乎其將。至陰肅肅，至陽赫赫；肅肅出乎天，赫赫發乎地；兩者交通成和而物生焉，或爲之紀而莫見其形。消息滿虚，一晦一明，日改月化，日有所爲，而莫見其功。

生有所乎萌，死有所乎歸，始終相反乎無端而莫知其所窮。非是也，且孰爲之宗？」

被髮而乾，卽離騷所謂晞髮〔二〕也。慹然，凝定而立之貌；非人，猶木偶人也。掘，兀兀然也。遺物，遺外物也；離人，離人類也；立於獨者，超立乎一世之表也。物之初者，無物之始也。辟，合也。心無所知，口不欲言，故曰困焉，辟焉。將，近也，謂其深妙者難言，且擬議其近似者也，故曰言乎其將。前曰其樊其風，此言其將，卽變換爲文也。肅肅，嚴冷之意，赫赫，輝明之意，卽是「一陰一陽之謂道」〔三〕，如此下四句。陰陽和而後萬物生，交通，互往來也，獨陰不生，獨陽不成，故曰交通成和。紀者，綱維主張之意也，亦似有物主之而不可見，故曰或爲之紀而莫見其形。爲之紀者，造化也。一晦一明，晝夜也；消息滿虚，四時之氣運；日改月化，日異而月不同也。日有所爲，而莫見其功，日日如是，而造化之功，孰得而名言之？相反，不同也，始終雖不同，而其端不可尋。譬如雀化爲蛤，謂雀之終，則蛤實始焉，謂蛤之始，則雀實終焉，大而帝王之禪代亦如是，如何見得盡？故曰終始相反乎無端而莫知乎其所窮。此分明是説箇造物，但不指其名，却又曰非是也，孰爲之宗。是卽造物也，宗亦造物也，言不是這箇，孰爲之主宰？莊子之文，句句生活，便是此等處。

校注

〔一〕離騷晞髮句，離騷無此句。九歌少司命：「與女沐兮咸池，晞女髮兮陽之阿。」

〔二〕「一陰一陽之謂道」，見易繫辭上。

孔子曰：「請問遊是？」老聃曰：「夫得是，至美至樂也，得至美而遊乎至樂，謂之至人。」孔子曰：「願聞其方。」曰：「草食之獸不疾易藪，水生之蟲不疾易水，行少變而不失其大常也，喜怒哀樂不入於胸次。夫天下也者，萬物之所一也。得其所一而同焉，則四支百體將爲塵垢，而死生終始將爲晝夜而莫之能滑，而況得喪禍福之所介乎？棄隸者若棄泥塗，知身貴於隸也，貴在於我而不失於變。且萬化而未始有極也，夫孰足以患心？已爲道者解乎此。」

至美至樂，贊道之美也。不疾，不厭也。行少變，言易藪、易水也；不失其大常，所食之水草猶在也。萬物之生，皆在乎天之下，故必聽天之所爲，豈得以自異？故曰天下也者，萬物之所一也。知其一出於天而莫不同，則死生且不能滑其心，而況得喪禍福乎？介，芥蔕也。隸，僕隸也，僕隸去來，棄如泥塗，以我貴而彼賤也。若知道之可貴，實在於我，則外物之變，豈能失我之至美至樂者？天地之間，變化相尋，萬古如此，何有盡時？得喪禍福，無非自然，又何足以爲吾心之患，故曰萬物未始有極也，夫孰足以患心。但世俗之人不能解此，惟身與道一者，方解曉乎此。己，身也，身與道一，故曰己爲道。

孔子曰：「夫子德配天地，而猶假至言以修心，古之君子，孰能說焉？」老聃曰：「不然。夫水之於汋也，無爲而才自然矣。至人之於德也，不修而物不能離焉，若天之自高，地之自厚，日月之自明，夫何修焉？」孔子出，以告顏回曰：「丘之於道也，其猶醯雞與？微夫子之發吾覆也，吾不知天地之大全也。」

假，借也；至言者，指以上許多言語也。謂老子其德如此，猶且不能離言語以修其心，他人孰能免此？脱，免也，謂必不能離言語以求道也。說，與脱同。老聃曰不然者，謂假言語以修心，其說非也。汋，取也，與酌同，江河之水酌之而不竭者，以其本質無爲而自然也。才，質也，水之所以爲水者，自然之質也。至人之德，本乎自然，雖不假修爲，外物亦不得而離間之。天地日月，亦自然而已矣，又何容力乎？故曰夫何修焉。醯雞，醋甕中之蠛蠓也，其包覆於甕中，豈知甕外之大，言所見者小也。

莊子見魯哀公。哀公曰：「魯多儒士，少爲先生方者。」莊子曰：「魯少儒。」哀公曰：「舉魯國而儒服，何謂少乎？」莊子曰：「周聞之，儒者冠圜冠者，知天時；履句〔一〕屨者，知地形；緩佩玦者，事至而斷。君子有其道者，未必爲其服也；爲其服者，未必知其道也。公固以爲不然，何不號於國中曰：『無此道而爲此服者，其罪死。』」於是哀公號之五日，而魯國無敢儒服者，獨有一丈夫儒服而立乎公門。公卽召而問以國事，千轉萬變而不窮。莊子曰：「以魯國而儒者一人耳，可謂多乎？」

方，術也，言魯之儒者，學術與先生不同也。緩佩玦者，言其行詳緩而佩玦玉也。玦，取能斷之義。一丈夫，言孔子也，此意蓋言儒服者多，而皆不知道也。

校注

〔二〕「句」，宋本、道藏本作「方」。

百里奚爵祿不入於心，故飯牛而牛肥，使秦穆公忘其賤，與之政也。有虞氏死生不入於心，故足以動人。

方飯牛之時，豈有求爵祿之心？唯其不求，所以見用於穆公。動人者，言感動而化之也；死生不入於心者，無爲而爲，心無所動也。到此又等閑說這兩句。

宋元君將畫圖，衆史皆至，受揖而立，舐筆和墨，在外者半。有一史後至者，儃儃然不趨，受揖不立，因之舍。公使人視之，則解衣般礴贏。君曰：「可矣，是真畫者也。」

儃儃，猶澶漫也，舒遲自得之意。受揖不立者，言與衆史相揖而略不住也。般礴，箕踞之狀；臝，即裸也。此言無心於求知，乃真畫者，東坡形容畫竹與杜詩曰「神閑志定始一掃」亦近此意。

文王觀於臧，見一丈夫釣，而其釣莫釣；非持其釣有釣者也，常釣也。文王欲舉而授之政，而恐大臣父兄之弗安也；欲終而釋之，而不忍百姓之無天也。於是旦而屬之大夫曰：「昔者寡人夢見良人，黑色而頓，乘駁馬而偏朱蹄，號曰：『寓而政於臧丈人，庶幾乎民有瘳乎。』」諸大夫蹵然曰：「先君王也。」文王曰：「然則卜之。」諸大夫曰：「先君之命，王其無他，又何卜焉？」遂迎臧丈人而授之政。典法無更，偏令無出。三年，文王觀於國，則列士壞植散羣，長官者不成德，斔斛不敢入於四境。列士壞植散羣，則尚同也；長官者不成德，則同務也；斔斛不敢入於四境，則諸侯無二心也。文王於是焉以爲太師，北面而問曰：「政可以及天下乎？」臧丈人昧然而不應，泛然而辭，朝令而夜遁，終身無聞。

此一段把太公事却如此粧撰別箇話頭。常釣者，釣常在手也，釣竿雖在手，而無意於釣，故曰非持其釣有釣者也。這般句語，皆是好處。無天者，言無所主也。偏朱蹄者，其蹄只一隻朱也。先君王也，言所夢乃文王之父也。典法無更，不變易法度也。偏令無出，無一事肯出號令也，號令之間，獨言一事，故曰偏令。壞植散羣，言不立朋黨也。不成德，不自有其成功，猶易曰「或從王事，無成」〔一〕也。同務，與衆人同事功而不自異也。䤩，卽庾也，外國之䤩斛，大小不同，皆不敢入其境内，則諸侯無不知歸也，故曰無二心。朝令者，朝聞文王之命有及天下之問，故逃去；終身無聞，猶書曰「曁厥終罔顯」也。旦屬之大夫，古本作「夫夫」，司馬云：上夫字作大字讀。夫，一大也，太山石始皇文曰「御史夫夫」，蓋篆字夫與大同，見文鑑〔二〕。

校注

〔一〕「易曰」二句，易坤：「或從王事，無成有終。」

〔二〕「文鑑」，宋史卷二百七藝文志：「沈寥子文鑑四十卷。」

顔淵問於仲尼曰：「文王其猶未邪？又何以夢爲乎？」仲尼曰：「默，汝無言。夫文王盡之也，而又何論刺焉？彼直以循斯須也。」

循斯須者，言苟徇一時之計，欲衆人易從也，又豈可譏刺乎？

列御寇爲伯昏無人射，引之盈貫，措杯水其肘上，發之，適矢復沓，方矢復寓。當是時，猶象人也。伯昏無人曰：「是射之射，非不射之射也。嘗與汝登高山，履危石，臨百仞之淵，若能射乎？」於是無人遂登高山，履危石，臨百仞之淵，背逡巡，足二分垂在外，揖御寇而進之。御寇伏地，汗流至踵。伯昏無人曰：「夫至人者，上闚青天，下潛黃泉，揮斥八極，神氣不變。今汝怵然有恂目之志，爾於中也殆矣夫。」

引之盈貫，開弓而至滿也。前手直而肘平，可以致一盃水於其上，言定也。發，射也。適，去也；沓，重也，又也。矢方去，而矢又在弦上。沓於弦上者纔去，而方來之矢又寓於弦上矣，此言一箭接一箭，如此其神速也。象人，木偶人也。背逡巡者，面向高山，而背臨深淵，退而未已之意，故曰逡巡。三分其足，一分在岸，二分垂於虛處，可謂危之至，而伯昏無人能之者，卽所謂純氣之守也。履地而射，射之常也，故曰非不射之射也。神能守一，則雖上闚青天，下至黃泉，揮斥乎八極，其心亦無所變動。若險夷之境界，猶怵然而恂其目，則是未知至人之學也，以此爲射而欲求中的之精義，亦難矣，故曰爾於中也殆矣哉。怵，懼也；恂目，恂動也。

肩吾問於孫叔敖曰：「子三爲令尹而不榮華，三去之而無憂色。吾始也疑子，今視子之鼻間栩栩然，子之用心獨奈何？」孫叔敖曰：「吾何以過人哉？吾以其來不可卻也，其去不可止也，吾以爲得失之非我也，而無憂色而已矣。我何以過人哉？且不知其在彼乎，其在我乎？其在彼耶？亡乎我。在我耶？亡乎彼。方將躊躇，方將四顧，何暇知〔一〕乎人貴人賤哉？」

鼻間栩栩然，息不在外，而在内，有自養之意也。令尹之貴，若在於令尹，則與我無預，我之可貴，若在於我，則與令尹無預，故曰其在彼耶，亡乎我，其在我耶，亡乎彼，此數句發得精神。躊躇四顧者，高視遐想於天地之間，安知人之所謂貴者賤者？

校注

〔一〕「知」，宋本、道藏本作「至」。

仲尼聞之，曰：「古之真人，知者不得説，美人不得濫，盜人不得劫，伏戲、黄帝不得友。死生亦大矣，而無變乎己，况爵禄乎？若然者，其神經乎大山而無介，入乎淵泉而不濡，處卑細而不憊，充滿天地，既以與人，己愈有。」

知者不得説，非言辭所可窮也。美人不得濫，非聲色所能淫也。盜人不得劫，非凶威所能屈也。伏戲、黄帝不得友，遁世而輕天下也。介，間也，石雖無間，可以穿而過也，故曰經乎太山而無介。處貧賤之地而不以爲病，故曰處卑細而不憊。充滿天地者，道也。道在己者既塞天地，推以化人，用之無盡，故曰既以與人，己愈有。

楚王與凡君坐，少焉，楚王左右曰「凡亡」者三。凡君曰：「凡之亡也，不足以喪吾存。夫凡之亡不足以喪吾存，則楚之存不足以存存。由是觀之，則凡未始亡而楚未始存也。」

此意卽刖者喪足而尊足者存，又如此换箇話頭，謂道之在己，不問有國與無國也，凡不爲亡，楚不爲存，則世之得喪禍福皆外物矣。然其意猶在楚不足以存存一句，失者既不足以自歉，則得者亦不足以自矜。自歉，愧也；自矜，誇也。此語尤有味，此學問切身受用之語。

外篇知北遊第二十二

知北遊於玄水之上，登隱弅之丘，而適遭無爲謂焉。知謂無爲謂曰：「予欲有問乎若：何思何慮則知道？何處何服則安道？何從何道則得道？」三問而無爲謂不答也，非不答，不知答也。知不得問，反於白水之南，登狐闋〔一〕之上，而睹狂屈焉。知以之言也問乎狂屈。狂屈曰：「唉，予知之，將語若。」中欲言而忘其所欲言。知不得問，反於帝宮，見黃帝而問焉。黃帝曰：「無思無慮始知道，無處無服始安道，無從無道始得道。」知問黃帝曰：「我與若知之，彼與彼不知也，其孰是耶？」黃帝曰：「彼無爲謂真是也，狂屈似之，我與汝終不近也。」

前後人名，皆是寓言，如此三名，却有分別。知，有思惟心者也；無爲謂，自然者也；狂，猖狂也，屈者，掘然如槁木之枝也。此書猖狂字，便與逍遥遊浮游字同，猖狂而屈然，無知之貌也。此段只謂知者不言，言者不知，故粧出許多説話。問而不知答，是「此中無老僧，面前無闍梨」〔二〕也。欲答而忘其言，是猶知有問者也，故曰無爲真是，狂屈似之。似，近也。

校注

〔一〕「狐闋」，原作「孤闋」，據宋本、道藏本改。

〔二〕「此中無老僧」二句，景德傳燈録卷十六「師（洛浦元安）問曰：『自遠趨風，請師一接。』夾山（善會）曰：『目前無闍梨，夾山無老僧。』」

夫知者不言，言者不知，故聖人行不言之教。道不可致，德不可至。仁可爲也，義可虧也，禮相僞也。故曰：『失道而後德，失德而後仁，失仁而後義，失義而後禮。禮者，道之華而亂之首也。』故曰：『爲道者日損，損之又損之，以至於無爲，無爲而無不爲也。』今已爲物也，欲復歸根，不亦難乎？其易也，其唯大人乎？

知者不言，此是達磨西來，不立文字，直指人心，見性成佛。〔一〕不言之教，即維摩不二法門〔二〕也。道不可致，不可以言致也；德不可至，不可以迹求也。仁義禮皆爲有迹，有迹則於道隳矣。莊子以禮爲強世，故比之仁義，其迹又甚，故曰道之華，亂之首。華，外飾而無其實也，外飾之僞，欺詐之所由生也，故曰亂之首。黜聰明，隳枝體，此爲道之日損者也，損之又損，以至於無爲，則是忘其故吾之時。能無爲，則循天理之自然，無所不可爲矣。物，迹也，求道而又有迹，則是已猶與物同，而欲見自本自根之地，宜其難矣。復歸根者，言收斂而返於無物之初也。大人，無爲者也，大人則易之。其易也三字，莊子文法，若他人，則曰惟大人則易之矣。

校注

〔一〕「達磨西來」四句，禪宗稱菩提達磨「直指人心，見性成佛，教外別傳，不立文字」，有人懷疑此說至南泉普願始唱之（見宗鑒釋門正統）。

〔二〕「維摩不二法門」，見一三一頁注〔一〕。

生者，死之徒，死者，生之始，孰知其紀？人之生，氣之聚也，聚則爲生，散則爲死。若死生爲徒，吾又何患？故萬物一也，是其所美者爲神奇，其所惡者爲臭腐；臭腐復化爲神奇，神奇復化爲臭腐。故曰：『通天下一氣耳。』聖人故貴一。

生者，死之徒，死者，生之始，下一句易說，上一句難說。且如花木之發，爲枝爲葉，是其生者也，然此已發者，終無不盡之理，則是其生者猶死矣。伊川曰：「復入之息，非已出之息。」〔二〕此語極好，便是此意。「碩果不食」〔三〕，剝者，復之萌也，謂之碩果，死者矣，種之再生，非死爲生之始乎？死生往來，萬物皆然，孰知其所以爲之者？紀，綱紀也，主張而爲之者也。氣之聚散爲生爲死，人皆知之，若知死生只是一理，則吾又何患爲徒者？死生爲一也。死生本一理，萬物皆然，而人自分美惡好惡。如花卉之方盛，則以爲神奇，落而在地則以爲臭腐，殊不知葉落糞根，生者又自是而始，則是臭腐復化爲神奇也，既生而落，則神奇又化爲臭腐矣。亘古窮今，來來往往，只此一氣而已。聖人知此，故不以死生、窮達、禍福爲分別，故曰聖人故貴一。一者，無分别也。

校注

〔一〕伊川語，河南程氏遺書卷十五入關語録：「若謂既返之氣，復將爲方伸之氣，必資於此，則殊與天地之化不相似。天地之化，自然生生不窮，更何復資於既斃之形，既返之氣以爲造化？近取諸身，其開闔往來，見之鼻息，然不必須假吸復入以爲呼，氣則自然生。人氣之生，生於真元。天地之氣，亦自然生生不窮。」

〔二〕「碩果不食」，見易剥。

知謂黄帝曰：「吾問無爲謂，無爲謂不應我，非不我應，不知應我也。吾問狂屈，狂屈中欲告我而不我告，非不我告，中欲告而忘之也。今予問乎若，若知之，奚故不近？」黄帝曰：「彼其真是也，以其不知也；此其似之也，以其忘之也；予與若終不近也，以其知之也。」狂屈聞之，以黄帝爲知言。

此數行解得前意甚明。

天地有大美而不言，四時有明法而不議，萬物有成理而不説。聖人者，原天地之美而達萬物之理，是故至人無爲，大聖不作，觀於天地之謂也。今彼神明至精，與彼百化，物已死生方圓，莫知其根也，扁然而萬物自古以固存。六合爲巨，未離其内；秋毫爲小，待之成體。天下莫不沉浮，終身不故；陰陽四時運行，各得其序。惛然若亡而存，油然不形而神，萬物畜而不知。此之謂本根，可以觀於天矣。

天地有大美而不言，卽「乾以美利利天下，不言所利，大矣哉」。明法者，寒暑往來，盈虚消長，皆有曉然一定之法，則何嘗犯商量？故曰不議。鳧短鶴長，麥垂黍仰，或寒或熱，或苦或甘，皆是自然之理，而其所以長短甘苦者，如何説得？故曰有成理而不説。不作，卽無爲也，無爲不作，皆順自然也。聖人之所以順自然者，亦得諸天地而已矣，故曰觀於天地之謂也。神明至精，言妙理也；百化，百物之化也。上彼字在天底，下彼字在物底。物之或生或死，其生也或方或圓，皆神明至精者爲之，既已有矣，孰能究其根極之地？故曰物已死生方圓，莫知其根。扁然，卽翩然也，有去而不已之意，便是「逝者如斯」。萬物之化，相尋而去，無所窮已，而其造化常存。東坡所謂「逝者如斯，而未嘗往也」，若非有所見，亦不能道及此。六合爲巨，未離其内，言天地雖大，不出造化之内也。秋毫爲小，待之成體，若無此秋毫之體，則無秋毫之名，卽天下莫大於秋毫之末而太山爲小也。沉浮，往來也；不故，常新也。萬物往來而不窮，日日如此，故曰天下莫不沉浮，終身不故。惟其不故，所以四時運行而得其序也。惛然，不可見也；油然，生意也；若亡而存，死者生之徒也；不形而神，不恃形而立，不隨生而亡也。畜，養也。養萬物者，道也，而人不知之，此造化本根之地也。觀於天者，不過此理，故曰可以觀於天矣。

齧缺問道乎被衣，被衣曰：「若正汝形，一汝視，天和將至；攝汝知，一汝度，神將來舍。德將爲汝美，道將爲汝居，汝瞳焉如新生之犢而無求其故。」言未卒，齧缺睡寐。被衣大說，行歌而去之，曰：「形若槁骸，心若死灰，真其實知，不以故自持。媒媒晦晦，無心而不可與謀。彼何人哉？」

此一段又撰出兩箇知道之人相與語，釋氏所謂「好手手中呈好手，紅心心裏中紅心」。正汝形，一汝視，是忘其形體耳目也。攝汝知，一汝度，是去其思慮意識也。度，意度也。天和者，元氣也，忘其形體耳目，則元氣全矣。神者，釋氏所謂主人公[一]也，出入無時，莫知其鄉，則非來舍矣。德將汝美，「德潤身」[二]也；道將汝居，「居天下之廣居」[三]也。瞳，無知而直視之貌。犢之初生，未嘗不視，而何嘗有所視，赤子亦然；無求其故，謂人不知其所以視者如何也，此卽形容無心之貌。言未卒而睡寐者，言答之未已而自睡也，語意相契，不容於言，故如此狀出。真其實知者，言其實見此理之真也。事物不入其心，故曰不以故自持。故，事也。媒媒晦晦，芒忽無見也。彼既無心，而我有不容言者，故曰無心而不可與謀。穹壤之間有此人物，故曰彼何人哉，深美之也。

校　注

〔一〕「主人公」，見四八頁注〔一〕。
〔二〕「德潤身」，見禮記大學。
〔三〕「居天下之廣居」，見孟子滕文公下。

舜問乎丞曰：「道可得而有乎？」曰：「汝身非汝有也，汝何得有夫道？」舜曰：「吾身非吾有也，孰有之哉？」曰：「是天地之委形也；生非汝有，是天地之委和也；性命非汝有，是天地之委順也；孫子非汝有，是天地之委蜕也。故行不知所往，處不知所持，食不知所味。天地之彊陽氣也，又胡可得而有耶？」

委，聚也，四大假合而爲此身，故曰委形。陰陽成和而後物生，故曰生者，委和也。順，理也，性命在我，卽造物之理，故曰委順。人世相代，如蟬蜕然，故曰子孫，委蜕也。彊陽氣，卽生氣也，動者爲陽，人之行處飲食，皆此氣之動爲之，皆非我有也，圓覺所謂「今者妄〔一〕身，當在何處」，便是此意。此一段亦自奇特。不知所持，無執着也。

校注

〔一〕「妄」，原作「安」，據宋本、道藏本改。

孔子問於老聃曰：「今日晏閒，敢問至道。」老聃曰：「汝齋戒，疏瀹而心，澡雪而精神，掊擊而知。夫道，窅然難言哉。將爲汝言其崖略。夫昭昭生於冥冥，有倫生於無形，精神生於道，形本生於精，而萬物以形相生，故九竅者胎生，八竅者卵生。

疏瀹，通導之也；澡雪，洗滌之也；掊擊，屏去之也。窅然，深奧之貌；崖，邊際也，崖略者，謂深妙者難言，只言其邊際粗略而已。昭昭，可見者也；冥冥，不可見者也。見而可得分別者，謂之有倫，有倫，萬物也；無形，造化也。精神，在人者也。形，可見者；精，不可見者。九竅，人類也；八竅，禽類也。以人與禽並言，故抑之也。佛經所謂胎生、卵生、濕生〔一〕，皆原於此。此意蓋謂人雖貴於物，而其生也實同，故欲其捨色身而求法身〔二〕，莊子之意亦如此。

校注

〔一〕「胎生、卵生、濕生」，見二五五頁注〔一二〕。

〔二〕「捨色身而求法身」，六祖大師法寶壇經懺悔品：「善知識，既歸依自三寶竟，各各志心，吾與説一體三身自性佛，令汝等見三身，了然自悟自性，總隨我道，於自色身歸依清淨法身佛，於自色身歸依圓滿報身佛，於自色身歸依千百億化身佛。」楚圓慈明禪師語録：「五陰浮雲空去來，三毒水泡虚出没。若如是者，爲度一切苦厄，乃至無量無邊煩惱知解，悉皆清淨，是爲清淨法身，若到這個田地，便能出此入彼，捨身受身。」

其來無迹，其往無崖，無門無房，四達之皇皇也。邀於此者，四枝彊，思慮恂達，耳目聰明，其用心不勞，其應物無方。天不得不高，地不得不廣，日月不得不行，萬物不得不昌，此其道與。

其來無迹，其往無崖，言造化之間，去者來者，無地可尋逐也。四達皇皇，言太虚之間。人之室居，則有門有房，太虚之間，但見其皇皇之大，豈知其所從入從出者乎？邀於此者，言邀索而見此道也。四枝彊，即圓覺所謂身體輕安〔一〕也。恂達，通達也。不勞，順自然也。無方，不定也，即是以接而時生〔二〕於其心者也。天地日月萬物，若非此道，誰實爲之？此四句只形容徹上徹下，無非此道而已。

校注

〔一〕「圓覺所謂身體輕安」，按圓覺經並無「身體輕安」一語，有「得心輕安」近之，楞嚴經中有「身心輕安」之語。

〔二〕「時生」，諸本同，按内篇德充符云「使日夜無郤而與物爲春，是接而生時於心者也」，知「時生」爲「生時」之倒。

且夫博之不必知，辯之不必慧，聖人以斷之矣。若夫益之而不加益，損之而不加損者，聖人之所保也。淵淵乎其若海，魏魏乎其終則復始也。運量萬物而不匱，則君子之道，彼其外與。萬物皆往資焉而不匱，此其道與。中國有人焉，非陰非陽，處於天地之間，直且爲人，將反於宗。自本觀之，生者，喑醷物也。雖有壽夭，相去幾何？須臾之説也。奚足以爲堯、桀之是非？

博之，無所不知也，人之辯博，皆誇以爲己能，而不必出於汝之知慧。其所以知慧者，造物也，故聖人只以造物斷之。不以益爲益，不以損爲損，所保者在我，而外物不得而加焉，此聖人之事也。終則復始，「純亦不已」〔二〕也。運量萬物而不匱，應物而不窮也，運用而量度之，故曰運量。此未免於有心，只爲君子之道，蓋言其有迹也。以我而應物，則爲運量萬物，物至而我應之，則爲萬物皆往資焉，便是感而後應，迫而後動，如此而不匱，則謂之道。道者，無心無迹也。中國有人焉，謂天地之中有至人焉。非陰非陽，言其不可以物指名也。有人之形而其心遊於物之初，直寓形於天地之間耳，故曰直且爲人。將反於宗，宗者，萬物之初也。喑醷，氣之不順者也。人身之氣有所不順，則爲疣爲贅，造物之氣，生而爲人，則亦其不順者也，故曰自本觀之，言反於天地之初而觀之也。此意蓋是貶剝人身，便是釋氏所謂皮囊包血之論〔二〕。子細看來，大藏經中許多説話，多出於此。堯、桀是非，言人世是非之論，因有此身，而後有之。百年之間，縱有長短，比之天地，須臾而已，此數語亦好。

校注

〔一〕「純亦不已」，禮記中庸：「蓋曰：文王之所以爲文也，純亦不已。」

〔二〕「皮囊包血之論」，漢襄楷上桓帝書：「天神遺以好女。浮屠曰：此但革囊盛血。遂不眄之。」是説本之於四十二章經。此類「貶剝人身」之論，在佛家稱之爲不淨觀。

果蓏有理，人倫雖難，所以相齒。聖人遭之而不違，過之而不守。調而應之，德也；偶而應之，道也。帝之所興，王之所起也。人生天地之間，若白駒之過郤，忽然而已。注然勃然，莫不出焉；油然漻然，莫不入焉。

果蓏，物之至微者也，其生也有時，其種也有種，自古及今，其類不雜，非有自然之理乎？舉其微者言之，則大者可知矣。人倫之中，雖有許多厄難，如上下之相制，强弱之相凌，壽夭之爲悲喜，此皆厄難也，然而同處宇宙之間，相爲齒列，君臣父子，中國夷狄，亦皆造物中之一物也。聖人則曰「方以類聚，物以羣分」〔一〕，此則無分精粗彼我，皆曰相齒，亦高論也。遭之而不違者，遭時有逆順，順之而已。過之而不守者，所過者化也。調，和也；偶，合也。隨感隨應，相與和合，道德之自然者也。帝王興起，亦不越此理而已。忽然者，卽須臾之意。出，生也，伸也，來也。入，死也，屈也，往也。注然勃然，推擁而出之狀；油然漻然，活熟也。此卽往者伸也，來者屈也，〔二〕易之所謂「窮神知化」者也。

校注

〔一〕聖人語，見易繫辭上。

〔二〕「往者伸也，來者屈也」，當作「往者屈也，來者信也」。見易繫辭下。

已化而生，又化而死，生物哀之，人類悲之。解其天弢，墮其天袠，紛乎宛乎，魂魄將往，乃身從之，乃大歸乎。

物之初生本無而有，又化而死，則是既有而無。同乎一理，而人物之類，自以爲悲哀，愚惑也。弢，藏弓之物也；袠，囊也。愚惑之人，猶有所包裹而不明也，能自知覺，則解其弢而墮其袠矣。墮，落也，棄之也。紛乎宛乎，宛轉也，言變化也。魂魄，精神也，精神將散，則軀殼從之，故曰大歸，即返其真宅之意也。

不形之形，形之不形，是人之所同知也，非將至之所務也，此衆人之所同論也。彼至則不論，論則不至。

不形之形，不可見者也；形之不形，於形體之中而有不可見之形也，即佛所謂唯有法身常住不滅〔一〕也。然此事人皆知之，而未能離形以求之，故不得而至焉。務，事也，學而將極乎至，則其所從事者不止如斯而已，故曰非將至之所務也。衆人之論皆如此，而未有至之者，故曰此衆人之所同論也。又就此語演説，謂能至者則不論，纔有此論，則爲不至矣，故曰彼至則不論，論則不至。蓋謂不形之形，此本易知，不待言也，若以此爲論，乃是未造其至妙之地。此又説高一層話。

校注

〔一〕「法身常住不滅」，斷除煩惱，顯現真如，是爲法身。法身佛本性常住，無生無滅。説詳佛地經論七。

明見無值，辯不若默。道不可聞，聞不若塞，此之謂大得。」

見而有所遇曰值，此有迹之見也，道不可以形迹見，則無值矣，故曰明見無值。辯不若默，纔有辯則非矣。默，不言也。所謂道者，非聞彼也，自聞而已矣，謂之聞，則非道矣，有聞不如不聞，塞，塞其耳而無聞也，故曰道不可聞，聞不若塞。大得，猶言深造也。

東郭子問於莊子曰：「所謂道，惡乎在？」莊子曰：「無所不在。」東郭子曰：「期而後可。」莊子曰：「在螻蟻。」曰：「何其下邪？」曰：「在稊稗。」曰：「何其愈下邪？」曰：「在瓦甓。」曰：「何其愈甚耶？」曰：「在屎溺。」東郭子不應。莊子曰：「夫子之問也，固不及質。正獲之問於監市履豨也，每下愈況。

此段撰得又好，雖似矯激之言，然物無精粗，同出此理，亦是一件説話。釋氏所謂「無情説法」，「瓦爍熾然常説」，㈡即此意也。期而後可者，言指定其所而後可。質，本也，汝問不及其本，故吾所言愈下也。監市，猶今之賣肉行頭也；履豨者，以足躡豕，則知其斤兩輕重也。況，比也；下，監市之賤者也。正獲之官，欲知豨之肥瘠，若問其卑賤者，則其比況説得愈明，故曰每下愈況。正，市令司也；獲，人名也。此以喻問道者也。

校注

〔一〕「無情説法，熾然常説」，見二八八頁注〔一〕。

汝唯莫必，無乎逃物。至道若是，大言亦然。周、徧、咸三者，異名同實，其指一也。嘗相與遊乎無何有之宮，同合而論，無所終窮乎。嘗相與無爲乎，淡而靜乎，漠而清乎，調而閒乎。寥已吾志，無往焉而不知其所至，去而來不知其所止；吾已往來焉而不知其所終，彷徨乎馮閎，大知入焉而不知其所窮。

莫必者，無固必之意也。汝若無固必之心，則物之至理皆無所逃，又豈疑於吾言？故曰至道若是，大言亦然。周、徧、咸三字同訓，故曰異名同實，此一句蓋喻物無精粗，其理一也。無何有之宮，志已見而無固必之意也。同合而論，言無精無粗，合而同論，安有終窮？調閒，和安也。淡靜、漠清、調閒，皆形容無爲之妙而已。寥，虛也，已與矣字同，言能講究至此虛一之妙，則吾之志順足矣，故曰寥已吾志，此四字下得簡而有力。既無往矣，安有所至？雖有去來，而無所止宿之地。上兩句既言往來不可知之意，又結云我既往來而不知其所終，則但見其彷徨馮閎，入於大知之中而不知其所窮極矣。彷徨，徜徉也；馮閎，虛曠也。大知，至道也。

物物者與物無際，而物有際者，所謂物際者也；不際之際，際之不際者也。謂盈虛衰殺，彼爲盈虛非盈虛，彼爲衰殺非衰殺，彼爲本末非本末，彼爲積散非積散也。」與物無邊際，是與物俱化者也，與物俱化，則可以物物，即所謂不物者，乃能物物也。與物未化，則有崖際矣，既有崖際，則窮於其所際，有際則有窮矣，故曰物有際者，所謂物際者也。極而至於無極，窮而至於無窮，則爲不際，於物之際而得其不際者，則際之不際者也，謂於崖際之地而見其無崖際也。不形之形，形之不形，不際之際，際之不際，此等句法，皆是莊子之文奇處。衰，盛衰也；殺，隆殺也。舉其一，則知其二也。盈虛、盛衰、本末、聚散，皆若有迹而實不可窮，此則不際之際，際之不際者也。

妸荷甘與神農同學於老龍吉。神農隱几闔户晝瞑，妸荷甘日中奓户而入曰：「老龍死矣。」神農隱几擁杖而起，嚗然放杖而笑，曰：「天知予僻陋慢訑，故棄予而死。已矣夫子，無所發予之狂言而死矣夫。」弇堈弔，聞之曰：「夫體道者，天下之君子所繫焉。今於道，秋毫之端萬分未得處一焉，而猶知藏其狂言而死，又況夫體道者乎？視之無形，聽之無聲，於人之論者，謂之冥冥，所以論道，而非道也。」

奓，開也，推開其户而入。嚗然，放杖之聲也。天知予，以天呼老龍吉也。夫子在，則有啓發予之大言，今既死，則無啓發予之言，蓋謂老龍吉死而無言矣。弇，姓也，堈，名也，因弔老龍而聞神農之言。體道者，與道爲一也。繫，歸而宗之也，有體道之人，則天下之君子皆歸而宗之。今神農於道，未有所見，而亦知老龍之死爲藏其狂言，况其體道與老龍同者乎？狂言，即大言也。其意蓋謂道在不言，藏其言而死，所以爲道，神農未造此境，而亦爲此言，况高神農者乎？秋毫之端，至小矣，於此而未有萬分之一，少之又少可知矣，佛經筭數譬喻，亦有此語勢。道本無聲形，不可視聽，若論説於人，以冥冥而名其道，是特强名而已，實非道也，故曰所以論道，而非道也，即言者不知之意。形聲，有也；冥冥，無也。知有之爲無，不若并與無無之，蓋謂神農之爲此言，亦未爲知道也。

於是泰清問乎無窮曰：「子知道乎？」無窮曰：「吾不知。」又問乎無爲。無爲曰：「吾知道。」曰：「子之知道，亦有數乎？」曰：「有。」曰：「其數若何？」無爲曰：「吾知道之可以貴，可以賤，可以約，可以散，此吾所以知道之數也。」泰清以之言也問乎無始曰：「若是，則無窮之弗知與無爲之知，孰是而孰非乎？」無始曰：「不知深矣，知之淺矣；弗知内矣，知之外矣。」於是泰清中而歎曰：「弗知乃知乎，知乃不知乎。孰知不知之知？」無始曰：「道不可聞，聞而非也；道不可見，見而非也；道不可言，言而非也。知形形之不形乎？道不當名。」無始曰：「有問道而應之者，不知道也。雖問道者，亦未聞道。道無問，問無應。無問問之，是問窮也；無應應之，是無内也。以無内待問窮，若是者，外不觀乎宇宙，内不知乎太初，是以不過乎崑崙，不遊乎太虚。」

發語之端，着於是兩字，即是佛經「我聞一時」之上，着「如是」兩字也。〔二〕道之有數，謂可歷歷而言也。貴、賤、合、散，皆道之可以歷數者，約，合也。內，自得也；外，與道爲二也。不知之知，乃不可名言之妙也。形形之不形，即不物乃能物物也。當，對也，有道之名，則名與道對立，即離其本然之真矣，故曰道不當名。道本無問，問之而答，我已離道，彼之問者，所聞亦非道矣。問窮者，言其所見至於問而窮，蓋謂泥言語求知見之非也。無內者，中心未得此道也，得此道，則不應答之矣。宇宙，可見者也，故曰外；太初，不可見者也，故曰內。崑崙在於宇宙之外，太虛又在崑崙之外。崑崙且未過，安得至太虛乎？

校注

〔一〕「如是」、「我聞」、「一時」，佛經開卷語。「如是」指經中佛語，「我聞」指説經者自言，「一時」指説法之時期。相傳釋迦逝後，佛弟子結集經、律，由阿難誦經，諸經開頭都有「如是我聞，一時佛在」一語，乃經典序文六種成就之一。

光曜問乎無有曰：「夫子有乎？其無有乎？」光曜不得問，而熟視其狀貌，窅然空然，終日視之而不見，聽之而不聞，搏之而不得也。光曜曰：「至矣，其孰能至此乎？予能有無矣，而未能無無也；及爲無有矣，何從至此哉？」

孰視其狀數語，只形容道之不可見也。予能有無，未能無無，此言妙之又妙也。未能無無，則我猶在無字之内，爲無字所有矣，何從至於窅然空然者乎？圓覺曰：「説無覺者，亦復如是。」〔一〕覺而至於無覺，可謂妙矣，而猶以無覺爲未盡，即此未能無無，爲無所有之意。前之知、無爲、泰清、無始，此之光曜、無有，似此等名字，其寓意却甚明，非其他王倪、被衣等之比。

校注

〔一〕圓覺語，見一四一頁注〔三〕。

大馬之捶鉤者，年八十矣，而不失毫芒。大馬曰：「子巧與？有道與？」曰：「臣有守也。臣之年二十而好捶鉤，於物無視也，非鉤無察也。是用之者，假不用者也以長得其用，而況乎無不用者乎？物孰不資焉？」

鉤，帶也；大馬，大司馬也；捶，鍛也。大司馬之屬有鍛鉤者，老而精絶，至於無毫釐之差，言其巧也。非鉤無察，即前所謂唯蜩翼之知也，用心專於一，鉤之外無所見也。用者，巧也；不用者，道之自然者也；無不用者，道之無爲而無不爲者也。言我以不用自然之妙而用之於巧，且長得其用而至於老，況道之無爲無不爲者？天下之物，孰不資賴之乎？

冉求問於仲尼曰：「未有天地可知耶？」仲尼曰：「可。古猶今也。」冉求失問而退。明日復見，曰：「昔者吾問：『未有天地可知乎？』夫子曰：『可。古猶今也。』昔日吾昭然，今日吾昧然，敢問何謂也？」仲尼曰：「昔之昭然也，神者先受之；今之昧然也，且又爲不神者求邪？無古無今，無始無終。未有子孫而有子孫，可乎？」冉求未對。仲尼曰：「已矣，未應矣。不以生生死，不以死死生。死生有待邪？皆有所一體。有先天地生者物耶？物物者非物。物出不得先物也，猶其有物也。猶其有物也，無已。聖人之愛人也終無已者，亦乃取於是者也。」

太極之初，陰陽判而爲天地，天地之運行，陰陽之往來，循環而無已，古亦如是，今亦如是也，以古猶今而答未有天地之問，意蓋如此。昭昭，見之甚明也。神者，在我之知覺者也；不神者，知覺之靈爲氣所昏也。昔日之昭昭，虚靈知覺者在也，故能受之；今之昧然者，虚靈知覺者不在，故又有所求而未知也。無今古，無始終，言太極之理，一動一静，無時不然也。造化之理，生生不窮，如人之有子孫，不待其有而後知之也，有此人類，則有此子孫，有此宇宙，則有此陰陽，無一息之可間斷也。已矣，未應矣，言汝到此不必更形於言矣。纔有生字，則有死字，是因生而後生一死字也；纔有死字，則有生字，是因死之名而後死其生者也。此卽無生無死四字，又如此變換言句。死生之有待，一體而已，一體猶一本也，卽一理也，卽造化之自然也。物物者非物，則有非物者，必生於天地之先，豈可以物名之？故曰有先天地生者物邪。言非物之物，不可以物名也。既名爲物，則不得爲在天地之先者矣，如此便是有物也，故曰物出不得先物也，猶其有物也，此是一句。既曰有物，則物之相物，無窮已矣，故曰猶其有物也，無已。如此等處，皆其文字之妙者。聖人之愛人，則有迹可見矣，形迹之相求，至於無時而已者，蓋其所取在於有物，而不知物物者之非物也。

顔淵問乎仲尼曰：「回常聞諸夫子曰：『無有所將，無有所迎。』回敢問其遊。」仲尼曰：「古之人，外化而内不化，今之人，内化而外不化。與物化者，一不化者也，安化安不化。安與之相靡？必與之莫多。狶韋氏之囿，黄帝之圃，有虞氏之宫，湯、武之室，君子之人，若儒墨者師，故以是非相韲也，而况今之人乎？聖人處物不傷物。不傷物者，物亦不能傷也。唯無所傷者，爲能與人相將迎。」

無將無迎，卽無心於物者也。應物而不累於物，則爲外化，因感而應，不動其心，則爲内不化，故曰古之人，外化而内不化。與接爲構，日以心鬭，則爲内化，與物相劘相刃，而見役於内，則爲外不化，故曰今之人，内化而外不化。以我之内不化者而外應乎物，所過者化而無將迎，則化亦不知，不化亦不知，故曰與物化者，一不化者也，安化安不化。一不化者，無心之心也。安猶豈也。相靡，言相磨也，靡與劘同；安與，豈與也。多，求多也，求多，相勝也，莫多，則不求相勝也。必與之莫多，言至道之人，必與物不求多以相勝也。狶韋、黄帝、有虞、湯、武、儒、墨之師，皆未能盡内不化之道，故至於以是非相䪡，言其猶有是非之爭也。五味相奪而後可以爲䪡，故曰相䪡。以狶韋而下與儒墨對説，是以小抑大之意。囿、圃、宮、室者，謂其以此爲窠臼也。不傷物，即與物化也，既與物化，則物亦不能傷，謂其無所累也。惟其心無所累，所以能與人相將迎。前言無將迎，此言與人相將迎，即無爲無不爲，不物乃物物之意。

山林與，皋壤與，使我欣欣然而樂與。樂未畢也，哀又繼之。哀樂之來，吾不能禦，其去弗能止。悲夫，世人直爲物逆旅耳。夫知遇而不知所不遇，知能能而不能所不能。無知無能者，固人之所不免也。夫務免乎人之所不免者，豈不亦悲哉？至言去言，至爲去爲。齊知之所知，則淺矣。

凡人游於山林皋壤之間，其始也必樂，既樂則必有所感，感則哀矣，蘭亭記中正用此意。因物而樂，因物而哀，去來於我，皆不自由，則我之此心，是哀樂之旅舍也，此言自無主人公〔一〕，爲物所動也。遇，可見者也；不遇，不可見者也。可見者，人也；不可見者，天也。能其所能，人也；其所不能，天也。舉世之人，皆有不自知不自能者，既謂之人，皆不免此，故曰無知無能者，固人所不免也。唯其知人而不知天，故嘗用心用智，欲以免其所不可免者，豈不可悲也哉？至言則無言矣，故曰至言去言；至爲則無爲矣，故曰至爲去爲。不知其所不可知，而皆以其所可知者爲知，其所見淺矣，故曰齊知之所知。齊，同也，猶皆字也。

校　注

〔一〕「主人公」，見四八頁注〔一〕。

雜篇庚桑楚第二十三

老聃之役有庚桑楚者，偏得老聃之道，以北居畏壘之山，其臣之畫然知者去之，其妾之挈然仁者遠之；擁腫之與居，鞅掌之爲使。居三年，畏壘大穰。畏壘之民相與言曰：「庚桑子之始來，吾灑然異之。今吾日計之而不足，歲計之而有餘。庶幾其聖人乎？子胡不相與尸而祝之，社而稷之乎？」庚桑子聞之，南面而不釋然。弟子異之。庚桑子曰：「弟子何異於予？夫春氣發而百草生，正得秋而萬寶成。夫春與秋，豈無得而然哉？大道已行矣。吾聞至人，尸居環堵之室，而百姓猖狂不知所如往。今以畏壘之細民而竊竊焉欲俎豆予于賢人之間，我其杓之人邪？吾是以不釋於老聃之言。」

役，徒也，門人弟子也。偏得，獨得也。臣，僕也；畫然，分明之意。挈然，慈柔之意。擁腫，鈍朴也。鞅掌，猶支離也。灑然異之者，言見其瀟灑有異於人也。歲計有餘者，久而有益也。尸祝、社稷，只是敬祀之意，四字輕重一般，如此下語，皆是其筆端鼓舞處。南面者，必其所居向南；不釋然，不樂也。春秋之所以得而然者，天爲之也，故曰豈無得而然哉。大道已行矣，大道，自然也，此蓋自然無心之喻。尸居環堵之室而自託於猖狂，與百姓爲一，人皆不知其所行爲何如，故曰百姓猖狂不知所如往。如，亦往也。言與世相忘也。俎豆，猶言位置也。杓，小器也。必我淺而易見，故人得以知之，如釋氏言「我修行無力，爲鬼神覷破」〔一〕是也。不釋然於老聃之言者，恐負吾師之誨而不樂也。

校注

〔一〕「釋氏言」，景德傳燈録卷八：「師（南泉普願）擬取明日遊莊舍，其夜土地神先報莊主，莊主乃預爲備。師到，問莊主：『爭知老僧來？排辦如此。』莊主云：『昨夜土地報道和尚今日來。』師云：『王老師修行無力，被鬼神覷見。』」

弟子曰：「不然。夫尋常之溝，巨魚無所還其體，而鯢鰌爲之制；步仞之丘陵，巨獸無所隱其軀，而蘖狐爲之祥。且夫尊賢授能，先善與利，自古堯、舜以然，而況畏壘之民乎？夫子亦聽矣。」庚桑子曰：「小子來。夫函車之獸，介而離山，則不免于罔罟之患；吞舟之魚，碭而失水，則螘能苦之。故鳥獸不厭高，魚鼈不厭深。夫全其形生之人，藏其身也，不厭深眇而已矣。且夫二子者，又何足以稱揚哉？是於其辯也，將妄鑿垣墻而殖蓬蒿也。簡髮而櫛，數米而炊，竊竊乎又何足以濟世哉？舉賢則民相軋，任知則民相盜。之數物者，不足以厚民。民之於利甚勤，子有殺父，臣有殺君，正晝爲盜，日中穴阫。吾語汝，大亂之本，必生于堯、舜之間，其末存乎千世之後。千世之後，其必有人與人相食者也。」

鯢鰌雖小，可以主尋常之溝，蘖狐雖小，而可以主步仞之山，此言地無細大，皆有所尊也。先善與利，言名出則利入也。堯、舜之時，其於賢能亦然，言人有賢能之善，則人必尊敬之，今畏壘之地雖小，而其敬賢之心亦與古同，謂夫子當聽從之也。函車、吞舟，函亦吞也；介，獨也；碭，流蕩也。此喻名見於世，能害其身也。全其形生，長生久視者也。藏身不厭深眇，欲遯世而無名也。二子，指堯、舜也。以堯、舜爲辯，猶垣墻之上將欲種草，無此理也，謂引證失其宜也。簡髮而櫛，數米而炊，形容其屑屑容心之意。舉賢則民必爭，以知爲任則民愈詐。之數物者，言以上數事也。民於利甚勤者，言爲生甚苦也。阫，牆也，日中穴牆，卽晝爲盜也。千世之後必有人與人相食者，謂天下之患自堯、舜始也。

南榮趎蹙然正坐曰：「若趎之年者已長矣，將惡乎託業以及此言耶？」庚桑子曰：「全汝形，抱汝生，無使汝思慮營營。若此三年，則可以及此言也。」南榮趎曰：「目之與形，吾不知其異也，而盲者不能自見；耳之與形，吾不知其異也，而聾者不能自聞；心之與形，吾不知其異也，而狂者不能自得。形之與形亦辟矣，而物或間之邪，欲相求而不能相得。今謂趎曰：『全汝形，抱汝生，勿使汝思慮營營。』趎勉聞道達耳矣。」庚桑子曰：「辭盡矣。曰奔蜂不能化藿蠋，越雞不能伏鵠卵，魯雞固能矣。雞之與雞，其德非不同也，有能與不能者，其才固有巨小也。今吾才小，不足以〔一〕化子。子胡不南見老子？」

託業，言受學也；及此言者，欲及庚桑子之所誨也。具人之形，其心耳目皆同，故曰吾不知其異也。人人有此心，而狂者不自得，亦猶盲聾者之無所見聞也。辟，開也，我之形與人之形亦皆開明而無所蔽，而我乃爲物欲所間，我欲以心求心，愈不可得，故曰欲相求不能相得。我方求心，了不可得，而夫子謂我勿使思慮營營，若於此黽勉以求聞道，亦庶幾其能達乎？趎爲此言，未有脱離處。庚桑子更欲點化之，而未盡其言，欲指其往見老子，故曰辭盡矣，蓋託爲謙言，非果辭窮也。奔蜂，小蜂也；藿蠋，豆中大蟲也。越雞小，魯雞大，鵠亦大鳥也。小蜂〔二〕不能呪大蟲，小雞不能覆大卵，此喻其力量尚小，不能點化汝也，遂使之往見老子。

校注

〔一〕「足以」，原作「以足」，據宋本、道藏本乙正。

〔二〕「蜂」，原作「將」，據宋本、道藏本改。

南榮趎贏糧，七日七夜至老子之所。老子曰：「子自楚之所來乎？」南榮趎曰：「唯。」老子曰：「子何與人偕來之衆也？」南榮趎懼然顧其後。老子曰：「子不知吾所謂乎？」南榮趎俯而慙，仰而歎曰：「今者吾忘吾答，因失吾問。」老子曰：「何謂也？」南榮趎曰：「不知乎，人謂我朱愚。知乎，反愁我軀。不仁則害人，仁則反愁我身；不義則傷彼，義則反愁我己。安逃此而可？此三言者，趎之所患也，願因楚而問之。」老子曰：「向吾見若眉睫之間，吾因以得汝矣，今汝又言而信之。若規規然若喪父母，揭竿而求諸海也。汝亡人哉，惘惘乎。汝欲反汝情性而無由入，可憐哉。」

趎方獨見，而老子以爲與衆人偕來，正釋氏所謂「汝胸中正鬧」〔一〕也。忘吾答因失吾問者，言其心茫然，失所問答也。去其知而不知，則人以我爲愚矣。朱，專也，朱愚，猶顓蒙也。若有心乎用知，則反爲我身之累，此意蓋謂無心既不可，有心又不可，卽釋氏所謂「恁麼也不得，不恁麼也不得。」〔二〕其言仁義處亦同，三言之患，其疑卽一也。若，汝也，見汝眉睫，已知汝爲未知道。今觀汝言果然，故曰又言而信之。規規，蹇淺之貌。揭竿而求諸海，言求無於有，茫乎而無歸着也。亡人者，失其本心之人也。惘惘，憂愁不自得也。欲反情性而無由入，言欲見自然之道而不可得，亦可憐憫也。

校注

〔一〕釋氏所言，五燈會元卷三載無業國師問馬祖道一：「如何是祖師西來密傳心印？」祖曰：「大德正鬧在，且去，别時來。」

〔二〕「恁麽也不得」二句，五燈會元卷五：「（藥山惟儼）首造石頭（希遷）之室，便問：『三乘十二分教，某甲粗知，嘗聞南方直指人心，見性成佛，實未明了，伏望和尚慈悲指示。』頭曰：『恁麽也不得，不恁麽也不得，恁麽不恁麽總不得。子作麽生？』」

南榮趎請入就舍，召其所好，去其所惡，十日自愁，復見老子。老子曰：「汝自灑濯，孰哉，鬱鬱乎。然而其中津津乎猶有惡也。夫外韄者不可繁而捉，將内揵；内韄者不可繆而捉，將外揵。外内韄者，道德不能持，而况放道而行者乎。」

召其所好，欲求其是也，去其所惡，欲離其非也，有好有惡，其中自惑，故十日自愁。孰哉，孰與熟同，言用功亦久矣。鬱鬱乎，未寧一之意也。纔有所惡，則心有所着，故津津然而可見。韄，以皮束物也，揵，閉門之牡也，二者皆執捉斂束之喻。應物於外，欲自檢柅，則繁多而不可執捉，外既不定，則將反而求之於内，故曰將内揵。心中之擾擾，欲自檢柅，則綢繆纏繞而不可執捉，内既不定，則又將求之於外。此言學道而不得其要，或欲制之於外，或欲制之於内，皆無下手處。若此者，其在身所有之道德且不能自持守，况欲行道乎？放道而行，言循自然之理而行之也，能循自然而行，此至人之事也。

南榮趎曰：「里人有病，里人問之，病者能言其病，然其病病者猶未病也。若趎之聞大道，譬猶飲藥以加病也，趎願聞衛生之經而已矣。」老子曰：「衛生之經，能抱一乎？能勿失乎？能無卜筮而知吉凶乎？能止乎？能已乎？能舍諸人而求諸己乎？能翛然乎？能侗然乎？能兒子乎？兒子終日嗥而嗌不嗄，和之至也；終日握而手不掜，共其德也；終日視而目不瞚，偏不在外也。行不知所之，居不知所爲，與物委蛇，而同其波，是衛生之經已。」

病者方病，人有問之，能自言其病之狀，則是其病猶未甚也，病至於甚，則不能言矣。我今欲聞大道，而不自知其受病之處，言蔽惑之甚也。雖有教誨之言，使我愈見惑亂，故曰猶飲藥以加病。今皆不敢請教，只願學衛生之道而已。抱一者，全其純一也。勿失者，得於天者，無所喪失也。無卜筮而知吉凶者，至誠之道可以前知也。能止，能定也。能已，即釋氏所謂大休歇〔二〕也。舍諸人而求己，不務外而務内也。翛然，無所累之貌。侗然，無所知之貌。能兒子乎，不失赤子之心也。嗥，哭也；嗌，喉也；嗄，聲乾也。赤子嗥啼而聲不乾，無容心而不傷其和也。掜，屈不可伸也，人之手久握而不伸，則伸時必有窒礙，小兒則不然者，其自然之性，箇箇如此。共，同也；德，性也。目視而不瞚，雖視而無所視也，未知外物也，知有外物，則爲偏矣。瞚與瞬同。行不知所之，居不知所爲，卽言無心也。委蛇，隨順也，或行或居，動而與物隨順。波，流也，同波，卽與物偕往之意。如此則可以爲衛生之常，故曰是衛生之經已。

校注

〔一〕「大休歇」，如言大死底，言拂盡一切妄想，心智俱盡也，當此之時，則真智忽現，直契本心矣。景德傳燈錄卷二十八載大達無業國師曰：「大丈夫兒，如今直下，便休歇去，頓息萬緣，越生死流，迥出常格，靈光獨照，物累不拘。」古尊宿語錄卷三十七投子和尚語錄：「大事未辦，宗脉不通，切忌記持言句，意識裏作活計。不見道，意爲賊，識爲浪，盡被漂淪没溺去，無自由分。諸和尚必若大事未通，不如休去，大歇去，身心純靜去好，時中莫駐着事，却易得露。」

南榮趎曰：「然則是至人之德已乎？」曰：「非也，是乃所謂冰解凍釋者。夫至人者，相與交食乎地而交樂乎天，不以人物利害相攖，不相與爲怪，不相與爲謀，不相與爲事，翛然而往，侗然而來，是謂衛生之經已。」曰：「然則是至乎？」曰：「未也。吾固告汝曰：『能兒子乎？』兒子動不知所爲，行不知所之，身若槁木之枝而心若死灰。若是者，禍亦不至，福亦不來。禍福無有，惡有人災也？」

趎問衛生之經，求其次者也，及聞老子之言如此之妙，故有至人之德之問。此問自是，而老子又曰非也，蓋恐其住着於此，又成窠臼，卽釋氏所謂立處非真是也。冰解凍釋，卽脱洒自悟之意。相與交食於地，與人同也；交樂於天，自同乎天也。交，俱也，同也。相攖，相觸也；爲怪，爲異也；不爲謀，無計度之心也；不爲事，無事事之迹也。又曰是衛生之經已，上言夫至人者，此曰衛生，則所言衛生之道，卽至人事矣。以此而觀，則前面非也兩字，分明不是實話。趎既聞此，又曰然則是至乎，意謂此道卽至道矣。而老子又曰未也，既曰未也，則當别有話頭，却又提起前頭能兒子乎之語，則所謂未也，亦非實話。禍福無有者，言超出禍福之外也。人災者，世情之患害也。我〔一〕既超出禍福之外，則去世遠矣，又何有世間之患害乎？曰非也，曰未也，蓋不欲與之盡言，使之自悟也，禪宗多用此一解。

宇泰定者，發乎天光。發乎天光者，人見其人。人有修者，乃今有恒；有恒者，人舍之，天助之。人之所舍，謂之天民；天之所助，謂之天子。學者，學其所不能學也；行者，行其所不能行也；辯者，辯其所不能辯也。知止乎其所不能知，至矣；若有不卽是者，天鈞敗之。

自此以下，莊子泛言至理也。宇，胸中也，泰然而定，則天光發見，卽誠而明〔二〕也，故曰宇泰定者，發乎天光。天光既發，則人雖見其爲人，而已自同於天矣。人有修者，修真之人也，修真之人至於天光既發，則有恒矣，恒，久也，便是至誠悠久也。至誠而至於悠久，則天亦助之，人亦歸之。舍，止也，歸也。天民，天人也，言非常人也。天子者，天愛之如子也。學、行、辯，皆有迹者也，所不能學，所不能行，所不能辯，自然者也。人之所知，至其所不能知而止，則爲所造之極，故曰至矣。天鈞，卽造化也。有不卽是者，不就是也，卽，就也。不就是，反是也，反是則失造化自然之理矣。敗，失也。

校注

〔一〕「我」，原作「言」，據宋本、道藏本改。

〔二〕「誠而明」，禮記中庸：「自誠明，謂之性；自明誠，謂之教。誠則明矣，明則誠矣。」

備物以將形，藏不虞以生心，敬中以達彼，若是而萬惡至者，皆天也，而非人也，不足以滑成，不可內於靈臺。靈臺者有持，而不知其所持，而不可持者也。

備物者，備萬物之理也，「萬物皆備於我」〔二〕也；將形者，順其生之自然也。不虞，不計度，不思慮也。退藏於不思慮之地，而其心之應物，隨時而生，卽佛家所謂「無所住而生其心」〔三〕也。存於中者敬，則應於外者無不通，即「敬以直內，義以方外」〔三〕也。達，通也；彼，在外者也。萬惡者，不如意之事也。吾之所造既至於是，而猶有萬惡至者，則是天實爲之，非人事之失有以致之，又何足以滑我胸中渾成之德？故曰皆天也，而非人也，不足以滑成。靈臺，心也，不納於靈臺，外物不入其心也，外物不入其心，所以不滑其成也。有持者，言有所主也，不知其所持者，雖有所主而不知其所主，「大而化」〔四〕也。不可持者，言有所持守，則未化矣。此一句三持字，最說得精微，不可草草看過。

校注

〔一〕「萬物皆備於我」，見一九五頁注〔一〕。

〔二〕「無所住而生其心」，見九六頁注〔一〕。

〔三〕「敬以直內」二句，見易坤之文言。

〔四〕「大而化」，見二六一頁注〔三〕。

不見其誠己而發，每發而不當，業入而不舍，每更爲失。爲不善乎顯明之中者，人得而誅之；爲不善乎幽間之中者，鬼得而誅之。明乎人，明乎鬼者，然後能獨行。

此數句又説不善之人，未能誠己，而有所作爲，妄發也。妄發則每事皆不當，業已入於其間，雖知之而不能自舍，此恥過作非者也。更，換也，恥過而作非，每有所更改，轉見差錯，故曰每更爲失。業亦〔一〕訓事，今人曰業已成行，業已如此，便是此業字。如此之人，所爲既不善矣，非有人誅，則有鬼責，言幽明之間有不可得而逃者。人能知幽明之可畏，則能謹獨矣，故曰明乎人，明乎鬼，然後能獨行。此卽「莫見乎隱，莫顯乎微，是以君子慎其獨也」〔二〕。獨行，卽慎獨也。似此數語，入之經書亦得。

校注

〔一〕「亦」，原作「不」，宋本同，據道藏本改。

〔二〕「莫見乎隱」三句，見禮記中庸。

券内者，行乎無名；券外者，志乎期費。行乎無名者，唯庸有光；志乎期費者，唯賈人也，人見其跂，猶之魁然。與物窮者，物入焉；與物且者，其身之不能容，焉能容人？不能容人者無親，無親者盡人。

券内者，所求在我之分内也，卽孟子所謂「求則得之」，求在内者也。無名者，人無得而名也。券外，求在外者也，務外之人，志之所期，不過爲費用之資耳，言求以自利也。惟庸有光，充實而有輝光也，庸，常也，光常在也。舍己而求外，志在得利，商賈者之用心也，故曰唯賈人也。跂，高而自立之貌，人見其外，或富或貴，有過於人，則以爲魁然而可尊。而不知其與〔一〕物欲相爲終始，至於窮盡而後已，是其一身皆没入於物欲之内矣，故曰與物窮，物入焉。且，苟也，逐逐於物，苟且以求得，有至於喪身而不悔者，故曰與物且者，其身之不能容。身且不能容，於人何有？以其不能容人之心，及其甚者，則親戚骨肉皆疎棄矣，故曰不能容人者無親。人而無親，則人道絶矣，故曰無親者盡人。盡，絶也。看此數句，莊子如何不理會世法？

校　注

〔一〕「與」，原脱，據宋本、道藏本補。

兵莫憯于志，鏌鋣爲下；寇莫大於陰陽，無所逃於天地之間。非陰陽賊之，心則使之也。

志者，心有所着也。心有所着，皆能自傷，人之自害，莫憯於此，志尤甚於兵之鏌鋣，故曰兵莫憯于志，鏌鋣爲下。陰陽之氣，皆能傷人，猶寇也。然此心若平和，則陰陽豈能爲害？故曰非陰陽賊之，心則使之，即所謂其熱焦火，其寒凝冰是也。此兩句極佳，在心學工夫，此語最切。

道通其分也，其成也毁也。所惡乎分者，其分也以備；所以惡乎備者，其有以備。

成毁二事，分而爲二，以道觀之，一而已矣，故曰道通其分也。人心既分彼我，則於其私也必求備，故曰其分也以備。凡有皆歸於無，而私於求備者，但求其有，知道者惡之，故曰所惡乎備者，其有以備也。

故出而不反，見其鬼；出而得是，謂得死。

應於外者，能反於内，則爲德，爲德則能神，能天。逐乎外而不知反，則淪於鬼趣矣，故曰出而不反，見其鬼，釋氏曰「鬼窟裏活計」〔一〕，即此是也。無是無非，則此心常生，執是非而不化，則此心爲死。出而得是，言役於外而得自是之見者也。齊物曰近死之心，不可復陽，即此意也。

校注

〔一〕「鬼窟裏活計」，幽鬼所棲之處，闇黑之處，以譬陷於俗情妄念，盲昧無所見之學人境界。坐禪儀：「法雲圓通禪師亦呵人閉目坐禪，以謂黑山鬼窟。」碧巖錄第一則：「向鬼窟裏作活計。」

滅而有實，鬼之一也。以有形者象無形者而定矣。

實者，天地之間實理也。無心則虚，虚則實，若以私心滅之，而以有者爲實，則其人與鬼同矣，故曰滅而有實，鬼之一也。鬼趣淪没，皆私心滅理，貪着諸有，而不知真空實有者也。人能於有形之中而視之似無形，則見理定矣，象，似也，釋氏云「但可空諸所有，不可實諸所無」〔一〕，便是此意。

校　注

〔一〕「釋氏」句，見一八七頁注〔一一〕。

出無本，入無竅。有實而無乎處。

出，生也，萬物之所由始也，未嘗無本，而不可知，故曰無本。入，死也，萬物之所由終也，雖知其所終，而不見其所入之處，故曰無竅。實理雖有，而無方所之可求，故曰無乎處。

有長而無乎本剽，有所出而無竅者有實。有實而無乎處者，宇也；有長而無本剽者，宙也。有乎生，有乎死，有乎出，有乎入，入出而無見其形，是謂天門。

自此以下，解上三句也。理在今古，千萬年如是，故曰有長，然而不見其始終，故曰無乎本剽。本，始也；剽，末也，終也。老子曰：「虚而不屈，動而愈出。」雖出者不窮，而不可屈，其竅虚也，虚乃所以爲實，故曰有所出而無竅者有實。出入一也，此解入字，却曰所出，可見其意。宇，四方上下也，道無定所，四方上下皆是也，故曰宇，即「『鳶飛于天，魚躍于淵』，言其上下察也」〔二〕。古往今來曰宙，道之往來，千萬年而常如是者，卽宙也。生，出也；死，入也。生死出入，皆有所自而無形可見，此造化之妙也。天門卽造化也，自然也，因言出入，故下門字。

校　注

〔一〕「鳶飛于天」三句，見禮記中庸。詩旱麓：「鳶飛戾天，魚躍于淵。」

天門者，無有也，萬物出乎無有。有不能以有爲有，必出乎無有。而無有一無有，聖人藏乎是。

有不生於有，而生於無，故曰有不能以有爲有，必出於無有。而此無有者，又一無有也，故曰無有一無有。齊物曰有無也者，有未始有無也者，卽是此意。藏者，「退藏於密」〔一〕也，聖人之心藏於無有，故曰藏乎是。

校　注

〔一〕「退藏於密」，見三七頁注〔三〕。

古之人其知有所至矣，惡乎至？有以爲未始有物者，至矣，盡矣，弗可以加矣。其次以爲有物矣，將以生爲喪也，以死爲反也，是以分已。其次曰始無有，既而有生，生俄而死；以無有爲首，以生爲體，以死爲尻。孰知有無死生之一守者，吾與之爲友。是三者雖異，公族也，昭、景也，著戴也，甲氏也，著封也，非一也。

無物之始，死生始終無分。其次則有死生之名矣。喪，旅寓也，齊物言弱喪而不知歸，以生爲喪，即寓形宇内之意。以死爲反，言歸真也。以生爲寄，以死爲樂，纔有生死之分，便是有物，故曰是以分已。上焉者無物，太極之初也，次焉者有物，陰陽既分也。又其次者曰有生，有生則有我矣，雖知有我，猶以死生有無爲一，是知其分而又知其不分者也。三者雖有次第，而皆未離於道，譬如公族，分而爲三，姓則同也。昭氏、景氏，以有職任而著也，甲氏以有封邑而著也。戴，任也；任，職也。昭、景、甲，雖非一氏，而皆楚國之公族也。上言三者雖異，同乎公族，却於四也字之下，以非一也結之，就上生下，絶而不絶之體，此皆文字妙處。

有生，黬也，披然曰移是。嘗言移是，非所言也。雖然，不可知者也。

黬，黶也，釜底黑也，亦疵病也，喻氣之凝聚也，天地之氣聚而爲人，元氣之病也。前言生者，喑噫氣也，與此意同。人之生也，同是此氣，而强自分别，故曰披然。披者，分也。既有分别，則各私其私，既私其私，則各是其是，而所謂是者移矣。移，不定也。彼亦一是非，此亦一是非，移也。

其意只與齊物論同，而又撰出移是兩字。非所言者，謂不當言也，謂移是之說，在人皆不當言，言之皆爲私也。人雖各有一是，而其所是者不定，故曰雖然，不可知者也。

臘者之有膍胲，可散而不可散也。

臘，祭也；膍，牛百葉也；胲，足指也，牲之一體也。方祭之時，既殺此牲，其四體與五臟皆散而置列俎之間。謂之散則所祭之牲本只是一物，謂之不可散，則五臟四體已分於鼎俎矣，譬猶人之所謂是者，移而無定也。五臟只舉百葉，四體只舉胲，文法也。

觀室者周於寢廟，又適其偃焉，爲是舉移是。

一室之中，有寢有廟，又有偃息之所，在在不同。謂之寢，謂之廟，謂之偃，則同乎一室，謂之室，則又有寢、廟、偃之異名，亦猶移是之不可定也。此兩句卽移是之喻也。舉，皆也。以臘祭與室而觀，則其所爲是者皆移易而不可定之是也，故曰爲是舉移是。

請嘗言移是，是以生爲本，以知爲師，因以乘是非；果有名實，因以己爲質，使人以爲己節，因以死償節。若然者，以用爲知，以不用爲愚，以徹爲名，以窮爲辱。移是，今之人也，是蜩與鷽鳩同於同也。

上面既結一結，又提起移是字再説。是以生爲本，言既有是字，則以生者爲本，以其所知之智爲師，因此而後以是非相乘。孰爲名乎？孰爲實乎？故曰果有名實。曰果有者，言其非必有也。質，本也，因吾一己之師，以此爲本，而欲人皆聽己之節度，故曰因以爲己質，使人以爲己節。惟其因此自私是非之爭，雖以死償之，而亦甘心焉，故曰因以死償節，下節字因上節字而生也。唯其如此，故於用舍窮通之際，有知愚榮辱之分。今世之人皆移是者也，故曰移是，今之人也。徹，通也。蜩與鶯鳩皆同譏大鵬，亦猶移是之人不知至道之士而非笑之，其見識與蜩、鳩同矣。蜩與鳩同，人又與蜩、鳩同，故曰同於同也。此鼓舞之文。

蹍市人之足，則辭以放驁，兄則以嫗，大親則已矣。故曰：至禮有不人，至義不物，至知不謀，至仁無親，至信辟金。

此數行又別一項說話。與市人行而蹍踏其足，則必以放傲自責而辭謝之，恐其怒也。若兄蹍弟之足，則嫗詡之而已，必無所辭謝，蓋其情親，不待謝也。大親，父母也，若父母而踏其子之足，則併與嫗詡亦無之矣，情親之至，自相乎也。至禮有不人，謂禮之至者，無人己之分，忘其揖遜也。至義不物，謂義之至者，不待物物而度其宜也。至知不謀，無容於謀度也。至仁無親者，言不見其相愛之跡也。至信辟金者，言不待以金寶爲質也。辟，音屏，除也。蹍足之喻爲下面〔一〕禮義五者設也。

校注

〔一〕「面」，原脱，據宋本、道藏本補。

徹志之勃，解心之謬，去德之累，達道之塞。富、貴、顯、嚴、名、利六者，勃志也；容、動、色、理、氣、意六者，謬心也。惡、欲、喜、怒、哀、樂六者，累德也；去、就、取、與、知、能六者，塞道也。此四六者不盪胸中則正，正則靜，靜則明，明則虛，虛則無爲而無不爲也。

徹，與撤同。解，釋也。顯，華顯也；嚴，威嚴也。勃志，言六者能悖亂其志也。動，舉動也；理，辭理也。謬心者，言六者能綢繆牽繫其心也。累德者，情勝則累其自得之真也。知，心知也；能，才能也。塞道，障道也。盪，蕩亂也。去此勃志、謬心、累德、塞道四者之六害，則胸中不爲之蕩亂。此教人下工夫處也。

道者，德之欽也；生者，德之光也；性者，生之質也。性之動，謂之爲；爲之僞，謂之失。知者，接也；知者，謨也；知者之所不知，猶睨也。動以不得已之謂德，動無非我之謂治，名相反而實相順也。

欽，持守而恭敬也。生，德之發見者也，發見則有光華矣。性，在我者也；質，本然也。性之動而後有爲，有爲而流於人僞，則爲性之失。接，應也；謨，謀也。應接而至於有謀慮，皆性中之知也。此處字義，與語、孟不同，以莊子讀莊子可也，不可自拘泥。嬰兒之視而無所視曰睨，知者以其所不知而爲知，亦猶嬰兒之睨也，此即「智者行其所無事」〔一〕之意。凡所動用，皆以不得已爲之，則謂之德，即忘我也。於忘我之中而又無非我，此即形中之不形，不形中之形也。治，安也，物不能亂，謂之治。曰德，曰治，曰不得已，曰無非我，名雖相反，而其實未嘗不相順，此又是一般説話。

校注

〔一〕「智者行其所無事」，見孟子離婁下。

羿工乎中微而拙乎使人無己譽，聖人工乎天而拙乎人。夫工乎天而俍乎人者，唯全人能之。唯蟲能蟲，唯蟲能天。全人惡天，惡人之天，而況吾天乎人乎？

微，妙也，射之中，至於微妙，故曰中微。羿之不能使人無譽己，亦猶聖人不能逃天下之名也。工乎天者，盡天道也。俍乎人，能自晦於人也。俍，音良，善也，能也。全人者，全德之人也。蟲，鳥獸百物之總名也。物物雖微，皆有得諸天者，如能飛，能走，能蹄，能嚙，能鳴，能躍，皆能遂其天性，故曰能蟲、能天。謂之全人，則不以天自名矣，有天之名則有人之名，故曰全人惡天。惡者，不樂有其名也。在人而有天人之分，吾已惡之，而况我自分别天人乎？故曰惡人之天，而况吾天乎人乎？唯蟲能蟲，唯蟲能天，此八字極妙。

一雀適羿，羿必得之，威也；以天下爲之籠，則雀無所逃。是故湯以庖人籠伊尹，秦穆公以五羊之皮籠百里奚。是故非以其所好籠之而可得者，無有也。介者拸畫，外非譽也；胥靡登高而不懼，遺死生也。

羿之射，見雀必得，雀亦畏之，猿見養由基，抱樹而啼，〔一〕即此意也。以天下爲籠，則雀皆在籠之中，不待射之矣。主意不在羿，只引生下句而已，此意蓋謂人有所好惡，則必爲好惡所迷，伊尹、百里奚亦因其所好而爲人所籠耳。我若無所好，則超出乎萬物之外，誰得而籠之？介者，兀者也；畫，華飾之服也；拸，擔去之也。其足既兀，華飾何足爲美？蓋其心於毁譽棄外之矣，故曰外非譽也。非，毁也。胥靡，城旦舂之人也，彼爲罪人，不愛其身，故登高而不懼，此心無所愛，則無所著之喻。

校注

〔一〕「猿見養由基」二句，淮南子説山訓：「楚王有白蝯，王自射之，則搏矢而熙。使養由基射之，始調弓矯矢，未發而蝯擁柱號矣。」

夫復謵不餽而忘人，忘人，因以爲天人矣。

復，反復也，猶易之「反復道也」；謵，習熟也；不餽者，不以遺予於人也。言此道在己不是賣貨，但知爲己而無爲人之心，則忘人矣。忘人則在我者純乎天矣，故曰天人。謵，與習同。徐無鬼篇有曰我必賣之，彼故鬻之，觀此可知不餽之意。

故敬之而不喜，侮之而不怒者，唯同乎天和者爲然。出怒不怒，則怒出於不怒矣；出爲無爲，則爲出於無爲矣。欲靜則平氣，欲神則順心。有爲也，欲當則緣於不得已，不得已之類，聖人之道。

敬我亦不以爲喜，侮我亦不以爲怒，卽所謂舉世譽之而不加勸，舉世非之而不加沮也。天和，造物之和氣也，同乎天和，與之爲一也。怒雖出而不怒，則是其怒者本自不怒而出，自然之怒，非有心之怒也，以此一句喻下一句。至人出而有爲於世，無所容心，雖爲亦無爲也，是其所以爲者，本自無爲而出，卽是無爲無不爲，又如是變換言句。欲靜則必平其氣，氣不平，則不能靜矣。欲全其神，則必順其心而無所拂，少動其心，則神不全矣。凡有爲而欲得其當，則必緣順不得已而後起之意。不得已者，無心之應也，應事而無心，則爲聖人之道，故曰不得已之類，聖人之道。此篇文字，何異於内篇？或曰外篇文粗，内篇文精，誤矣。

莊子鬳齋口義卷八

雜篇徐無鬼第二十四

徐無鬼因女商見魏武侯，武侯勞之曰：「先生病矣。苦於山林之勞，故乃肯見於寡人。」徐無鬼曰：「我則勞於君，君有何勞於我？君將盈嗜欲，長好惡，則性命之情病矣；君將黜嗜欲，掔好惡，則耳目病矣。我將勞君，君有何勞於我？」武侯超然不對。少焉，徐無鬼曰：「嘗語君，吾相狗也。下之質執飽而止，是狸德也；中之質若視日；上之質若亡其一。

盈嗜欲，長好惡，則失其性命之理；去其嗜欲好惡，則頓失耳目之常，皆病也。掔音攀，引却也。狸德，言其資質與狸同，狗之下品者也，狸德字下得好。視日者，凝然上視而目不眴也。一，生之性也，其生也如死狗然，故曰若亡其一，猶雞之似木雞也，此上品也。

吾相狗，又不若吾相馬也。吾相馬，直者中繩，曲者中鉤，方者中矩，圓者中規，是國馬也，而未若天下馬也。天下馬有成材，若卹若失，若喪其一，若是者，超軼絶塵，不知其所。」武侯大説而笑。

馬之中規矩繩墨，言其身件件合法，故借方圓曲直以言之，不必就馬身上泥而求之。成材者，言天成之材也。若卹若失，卽悶然之意。喪其一，卽亡其一也。不知其所，去而不知其所止也。此皆借喻之言，武侯悟其無心自然之意，故大悦而笑。

徐無鬼出，女商曰：「先生獨何以説吾君乎？吾所以説吾君者，横説之則以詩、書、禮樂，從説之則以金版六弢，奉事而大有功者不可爲數，而吾君未嘗啓齒。今先生何以説吾君，使吾君説若此乎？」徐無鬼曰：「吾直告之吾相狗馬耳。」女商曰：「若是乎？」曰：「子不聞夫越之流人乎？去國數日，見其所知而喜；去國旬月，見所嘗見於國中者喜；及期年也，見似人者而喜矣；不亦去人滋久，思人滋深乎？夫逃虚空者，藜藋柱乎鼪鼬之逕，踉位其空，聞人足音跫然而喜矣，又况乎昆弟親戚之謦欬其側者乎？久矣夫莫以真人之言謦欬吾君之側乎。」

金版六弢，卽太公兵法也，此書藏於朝廷，故曰金版，猶曰金匱石室之書也。從横，反覆鋪説之意也，不可泥詩、書爲横，六弢爲從也。奉事，從王事也，以詩、書、六弢之説見之行事，皆有效驗，故曰奉事而大有功。啓齒，笑也。流人，去國流落之人也。所知，舊知識也；所嘗見，僅識面也；似人者，似其鄉人也。山間之蹊曰鼪鼬之逕；柱，塞也。踉，音郎，類篇云「欲行貌也」〔一〕；位，居也，止也。言其困倦欲行而又止伏於谷中也，空，谷也。聞足音而喜，但是人，則喜之矣，不必其知識鄉人也。此意蓋言武侯本然之真，離失已久，略聞此語，如逃空谷而聞足音，所以喜也，禪家所謂久客還家〔二〕是也。謦欬，喉中之聲也。

校注

〔一〕「類篇云」句，類篇卷六：「踉，呂張切，踉蹡，欲行也；又盧當切，踉蹡，行貌。」

〔二〕「久客還家」，五燈會元卷四載長沙景岑禪師之投機偈曰：「今日還鄉入大門，南泉親道遍乾坤。法法分明皆祖父，回頭慚愧好兒孫。」南泉答曰：「今日投機事莫論，南泉不道遍乾坤。還鄉盡是兒孫事，祖父從來不出門。」投機謂大悟徹合於佛祖心機也。

徐無鬼見武侯，武侯曰：「先生居山林，食芧栗，厭葱韭，以賓寡人，久矣夫。今老邪？其欲干酒肉之味邪？其寡人亦有社稷之福邪？」徐無鬼曰：「無鬼生於貧賤，未嘗敢飲食君之酒肉，將來勞君也。」君曰：「何哉，奚勞寡人？」曰：「勞君之神與形。」武侯曰：「何謂邪？」徐無鬼曰：「天地之養也一，登高不可以爲長，居下不可以爲短。君獨爲萬乘之主，以苦一國之民，以養耳目鼻口，夫神者不自許也。夫神者，好和而惡姦；夫姦，病也，故勞之。唯君所病之，何也？」武侯曰：「欲見先生久矣。吾欲愛民而爲義偃兵，其可乎？」徐無鬼曰：「不可，愛民，害民之始也；爲義偃兵，造兵之本也；君自此爲之，則殆不成。凡成美惡，器也；君雖爲仁義，幾且僞哉。形固造形，成固有伐，變固外戰。君亦必無盛鶴列於麗譙之間，無徒驥於錙壇之宮，無藏逆於得，無以巧勝人，無以謀勝人，無以戰勝人。夫殺人之士民，兼人之土地，以養吾私與吾神者，其戰不知孰善？勝之惡乎在？君若勿已矣，修胸中之誠，以應天地之情而勿攖。夫民死已脱矣，君將惡乎用夫偃兵哉？」

賓與擯同，棄也。養者，生也，生於天地之間，皆此人也，故曰天地之養也一。一者，同也。登高不爲長，居下不爲短，無貴賤之喻也。外物之養者形，而於心中不自得，故曰神者不自許也。和，與物和同而爲一也；姦，自私也。在我之神，得於天者，本與萬物爲一，情慾自私所以害之，則是其所惡也，惡其自私則神者病矣。君有此病，而不自知其爲何病，我欲勞之，故曰故勞之，唯君所病之，何也。有意於愛民，乃害民之所由始；有意於偃兵，乃用兵之所由造。殆，危也。以此心爲之，但見危而無所成也。美惡之成，皆爲有迹，故曰器也。以有爲之心，而爲有迹之事，則非所過者化矣，故曰形固造形。成，定也，執其心一定而不化也，此心不化，則克伐怨慾行焉〔一〕，傷其內也，故曰成固有伐。變，爲外物所變亂也，心與物鬬，故曰外戰。鶴列猶魚麗之類，兵陣之名也。徒，步兵也；驥，騎卒也；麗譙，宮樓之門也；錙壇，祭祀之地也。古人祭祀必於路寢，此言宮之内也。其意蓋曰君之用心，若與物鬭，則一室之内，皆若步兵騎卒列陣於前，無非爭奪之境界也，釋氏所謂一切由心造是〔二〕也。有得則有失。得，順境也；失，逆境也。無得則無失，故曰無藏逆於得，此一句下得亦好。巧，機心也，智謀自機巧而出也，戰爭又自智謀而出也。以此而求勝於人，雖殺其人民，兼并其土地，以快吾耳目之私，是若勝矣，而不知吾之胸次爲物所撓，是形與神戰，外雖勝而神者勞矣，勝於人而自勞其神，孰爲得失？故曰不知孰善，言那箇是也。如此而爲勝，何以爲勝？故曰勝之惡乎在。勿已者，言君莫如此也。但修吾本然之誠，以應天地自然之實而與物無所攖拂，此不爭而善勝也。我能不爭而善勝，則民脱於死，各得其生，又何偃兵之求哉？

校注

〔一〕「克伐怨慾行焉」，論語憲問：「『克、伐、怨、欲不行焉，可以爲仁矣？』子曰：『可以爲難矣，仁則吾不知也。』」

〔二〕「一切由心造」，舊譯華嚴經十地品：「三界虚妄，但是一心作。」古尊宿語録卷一：（南嶽懷讓）示徒云：「一切萬法，皆從心生，心無所生，法無能住。」

黄帝將見大隗乎具茨之山，方明爲御，昌寓驂乘，張若、謵朋前馬，昆閽、滑稽後車。至於襄城之野，七聖皆迷，無所問塗。適遇牧馬童子，問塗焉，曰：「若知具茨之山乎？」曰：「然。」「若知大隗之所存乎？」曰：「然。」黄帝曰：「異哉小童。非徒知具茨之山，又知大隗之所存。請問爲天下。」小童曰：「夫爲天下者，亦若此而已矣，又奚事焉？予少而自遊於六合之内，予適有瞀病，有長者教予曰：『若乘日之車而遊於襄城之野。』今予病少痊，予又且復游於六合之外。夫爲天下亦若此而已。予又奚事焉？」黄帝曰：「夫爲天下者，則誠非吾子之事。雖然，請問爲天下。」小童辭。黄帝又問。小童曰：「夫爲天下者，亦奚以異乎牧馬者哉？亦去其害馬者而已矣。」黄帝再拜稽首，稱天師而退。

七聖，黄帝與方明、昌寓、張若、謵朋、昆閽、滑稽也，此等人名皆是寓言。若以大隗爲大道之隗然者，亦鑿説也。〔二〕瞀，目眩也。乘日者，與日俱往，即日新也。言六合之内，未離於物，則有目昏之病。能離此病，遊於自然，則爲六合之外。意謂爲天下者亦然，無累於有物之内而已。非吾子之事者，言汝物外之人，雖不預此，亦須與我説破也。馬成羣而牧之，各隨水草，但順其性而使之無所害，則牧馬之道盡矣，亦牧羊而鞭其後者之意。天師者，言天人可以爲我之師也。

校注

〔一〕「若以」二句，此指成玄英疏。

知士無思慮之變則不樂，辯士無談説之序則不樂，察士無淩誶之事則不樂，皆囿於物者也。

思慮之變，百種變換思量也。談説之序，説得成條理也。淩，陵轢也；誶，訊也。好察之士則與人爭分爭毫。三者皆隨其所長而自以爲喜，故一日無之則不樂，此爲物慾所籠罩者也，故曰囿於物。

招世之士興朝，中民之士榮官，筋力之士矜難，勇敢之士奮患，兵革之士樂戰，枯槁之士宿名，法律之士廣治，禮教之士敬容，仁義之士貴際。

興朝，興起而立於朝廷之上也；招世者，立招子〔二〕而爲名於世，即好名者也。中民者，庸人也；榮官，但以爵祿爲榮也。筋力，有才力者也；矜難，以濟患難爲矜誇也。勇敢，武士也；奮患，見患難而喜也。枯槁，隱士也；宿名，留意於聲名也。法律，法家者流也；廣治，多求治事也。敬容，矜持容貌而爲外飾也。貴際，以交際爲重也。

校注

〔一〕「招子」，宋人口語，指招牌之類。

農夫無草萊之事則不比，商賈無市井之事則不比。庶人有旦暮之業則勸，百工有〔一〕器械之巧則壯。

草萊，耕種之事也；市井，商販之事也；比，和樂也。旦暮之業，日積月累其贏餘也；勸，喜而自力之意也。工藝之人以其能自壯，卽自誇也。

校注

〔一〕「有」，原脱，據宋本、道藏本補。

錢財不積則貪者憂，權勢不尤則夸者悲，勢物之徒樂變。

夸誕之人趨附權勢，一日退失，則悲矣。尤，甚也，欲愈盛之意；不尤，不甚盛也。有倚恃者曰勢，有積聚者曰物，徒，趨附者也，勢物之徒，卽依附富貴之門者。樂變，以變詐爲樂也。依附小人，好動而不好靜，多是從臾主家，使其有所作爲而後可以得志，故曰勢物之徒樂變。自此以上與不樂三句，皆是一意，但長短變換，如此下語，文法也。

遭時有所用，不能無爲也。此皆順比於歲，不物於易者也，馳其形性，潛之萬物，終身不反，悲夫。

遭時有所用，言時使之然，雖其身亦不自由，雖欲無爲，亦不可得也。譬如一歲之間，百物生成，皆順比其序，其所變易者，皆非物之所自由，故曰順比於歲，不物於易。此一句乃上句之喻也，不物於易，猶言非物自爲變易也。馳其形性，言役其身心也。潛之萬物，潛，没也，汩没於萬物之中。終其身而不知反，反者，猶釋氏言回光自照〔一〕也。

校注

〔一〕「回光自照」，即回光返照。典原出淮南子覽冥訓：「魯陽公與韓搆難，戰酣日暮，援戈而撝之，日爲之反三舍。」禪家宗師借此表其反躬把握自己真性的修行方法。古尊宿語錄卷四鎮州臨濟慧照禪師語錄：「你言下便自迴光返照，更不別求，知身心與祖佛不別，當下無事，方名得法。」

莊子曰：「射者非前期而中，謂之善射，天下皆羿也，可乎？」惠子曰：「可。」莊子曰：「天下非有公是也，而各是其所是，天下皆堯也，可乎？」惠子曰：「可。」莊子曰：「然則儒、墨、楊、秉四，與夫子爲五，果孰是邪？或者若魯遽者邪？其弟子曰：『我得夫子之道矣，吾能冬爨鼎而夏造冰矣。』魯遽曰：『是直以陽召陽，以陰召陰，非吾所謂道也。吾示子乎吾道。』於是爲之調瑟，廢一於堂，廢一於室，鼓宮宮動，鼓角角動，音律同矣。夫或改調一絃，於五音無當也，鼓之二十五絃皆動，未始異於聲，而音之君已。且若是者邪？」

前期而中，言有所指的之地也，有的而後見其精，若舍的而射，則中者皆爲羿矣。此句喻下句也，其文極妙。天下既無歸一之是，人人各持其説，則人皆爲堯矣。楊，楊朱也；秉，公孫龍也。儒、墨〔一〕、楊、秉與惠子爲伍，其學既不同，則孰爲真是？冬寒之時，不以火而爨鼎，夏熱之時，能以水而爲冰，其違時也若難矣。然冬至之日，陽氣已生，夏至之日，陰氣已生，以陽召陽，則冬不寒矣，以陰召陰，則夏不熱矣，雖似違時，而有可召之理，故曰非吾所謂道，言其術未高也。廢，置也，置一瑟於堂上，一瑟於室，相去雖遠，而鼓此則彼動，宮之應宮，角之應角，以其音同，猶曰易也。只調一絃，而於五音之中，不定其一，言〔二〕鼓宮亦得，鼓徵亦得，故曰五音無當。纔鼓其一於此，而相去之遠者二十五絃皆動，比之鼓宮宮動，鼓角角動，又難矣。然以理觀之，不問宮商角徵羽，皆是以音爲音，故曰音之君；皆不離乎絃上之聲，故曰未始異於聲。如此則與以陰召陰，以陽召陽者何異？魯遽乃自以爲勝，其弟子亦各是其是，而非真是也。且若是者邪，言惠子之所謂是，亦即如此魯遽也。

校注

〔一〕「儒、墨」，原作「墨翟」，道藏本同，據宋本改。

〔二〕「言」，原作「絃」，據宋本、道藏本改。

惠子曰：「今夫儒、墨、楊、秉，且方與我以辯，相拂以辭，相鎮以聲，而未始吾非也，則奚若矣？」莊子曰：「齊人蹢子於宋者，其命閽也不以完，其求鈃鍾也以束縛，其求唐子也而未始出域，有遺類矣。夫楚人寄而蹢閽者，夜半於無人之時而與舟人鬭，未始離於岑而足以造於怨也。」

相拂以辭，以言語相抗對也；相鎮以聲，以名聲相屈服也。未始吾非，言要終以我爲是也。蹢音擲，的，說文云：「住足也。」蹢而不能行之子曰蹢子。齊人以其蹢子而寄之宋，謂其可以守閽也，守閽不用完全之人，以此處其子，自以爲是矣。然而求致鈃鍾，乃知束縛而愛護之，何愛物而不愛子乎？彼何嘗不自以爲是？鈃鍾，小鍾也。唐，亡也，子亡在外，而只求於鄉域之内，是其惑也，彼何嘗自以爲惑？此又另是一句，不與上蹢子之意相關。遺，餘也，略也，類似也，言此三事皆與惠子、楊、墨之徒略相似也，故曰有遺類矣，亦猶前言若是也耶。然不結於「怨也」之下，而先結於此，正是其作文之妙處。寄，客也，楚有蹢閽之人，寄於外國，不能自歸，附舟而返，方至於岸，而是夜之半，即與舟人有爭，忘其濟己之恩，已造成仇怨矣。岑，岸也，未始離岸，言載之而來，舟未離岸，又非久而忘之也。蹢，住足也，病足而爲閽者，故曰蹢閽。忘恩之鬬，是夜固不自知，旦而視之，能無愧乎？方其鬬時，彼亦自以爲是也。凡此數句，皆設喻以譏惠子之自是，但以惠子好辯，故特爲詭譎之辭，有不可遽曉者以困之，此乃二人平生戲劇之言，東方朔與舍人爭辯〔一〕，亦有此意，可以參看。

校注

〔一〕「東方朔與舍人爭辯」，見漢書卷六十五東方朔傳。

莊子送葬，過惠子之墓，顧謂從者曰：「郢人堊漫其鼻端若蠅翼，使匠石斲之，匠石運斤成風，聽而斲之，盡堊而鼻不傷，郢人立不失容。宋元君聞之，召匠石曰：『嘗試爲寡人爲之。』匠石曰：『臣則嘗能斲之。雖然，臣之質死久矣。』自夫子之死也，吾無以爲質矣，吾無與言之矣。」

堊，白泥，以白泥墁其鼻端，其薄如蠅之翼，乃使匠石削而去之。運斤成風，言其急也。泥盡而鼻不傷，斲者固難矣，然其人若立得不定，匠石雖巧，安得其鼻不傷？是立者尤難也。質是用巧之地也。此意蓋言有惠子之辯，而後我得以窮之，惠子既死，則無可與語者矣。

管仲有病，桓公問之，曰：「仲父之病病矣，可不謂云，至於大病，則寡人惡乎屬國而可？」管仲曰：「公誰欲與？」公曰：「鮑叔牙。」曰：「不可。其爲人潔廉善士也，其於不己若者不比之，又一聞人之過，終身不忘。使之治國，上且鉤乎君，下且逆乎民。其得罪於君也，將弗久矣。」公曰：「然則孰可？」對曰：「勿已，則隰朋可。其爲人也，上忘而下畔，愧不若黃帝而哀不己若者。以德分人謂之聖，以財分人謂之賢。以賢臨人，未有得人者也；以賢下人，未有不得人者也。其於國有不聞也，其於家有不見也。勿已，則隰朋可。」

屬國，托國也。不比之，不比數其人也。鉤，要束之意也。逆，強民以禮義之意也。凡此數語，謂其黑白太分明也。上忘者，忘其勢也；下畔者，離遠而無求於下也，畔，離也。以德分人，猶曰「德乃降，黎民懷」〔二〕也。以財分人，不自私也。以賢臨人，擅其名以矜乎下也。有不聞、有不見者，言其不察察也。此事不見於他書，只見於列子，亦寓言而已。謂，語我也；云，自言也，故曰可不謂云，至於大病。

校注

〔一〕「德乃降」二句，見書大禹謨。

吳王浮于江，登乎狙之山。衆狙見之，恂然棄而走，逃於深蓁。有一狙焉，委蛇攫抓〔二〕，見巧乎王。王射之，敏給搏捷矢。王命相者趨射之，狙執死。王顧謂其友顔不疑曰：「之狙也，伐其巧、恃其便以敖予，以至此殛也。戒之哉。嗟乎，無以汝色驕人哉。」顔不疑歸而師董梧以鋤其色，去樂辭顯，三年而國人稱之。

委蛇攫抓，跳躍來去，攀執樹枝之意。敏給，射之矢去速也，狙能搏接其矢，亦甚捷速。相者，王左右也。衆人齊射之，狙雖巧捷，力不敵而死矣，死而見執，故曰執死。鋤其色者，去其驕矜之色也。去樂，甘於自苦也；辭顯，退而就辱也。此爲矜能掇禍者之諭。

校注

〔一〕「抓」，宋本、道藏本作「搔」。下同。

南伯子綦隱几而坐，仰天而噓。顏成子入見曰：「夫子，物之尤也。形固可使若槁骸，心固可使若死灰乎？」曰：「吾嘗居山穴之口矣。當是時也，田禾一覩我，而齊國之衆三賀之。我必先之，彼故知之；我必賣之，彼故鬻之。若我而不有之，彼惡得而知之？若我而不賣之，彼惡得而鬻之？嗟乎。我悲人之自喪者，吾又悲夫悲人之悲者，其後而日遠矣。」

物之尤也，言人物之中爲最大也。田禾，齊君也，國人以其見賢者，故賀之。我在當時不能自晦其迹，故有此名。曰先曰賣，言我必有形迹可見，故彼得而知我也。以形迹自見者，乃自喪者也。能悲人之自喪，而不能自覺其身，則其悲人者又可悲也。山穴之口，地名也。我在當時，惟以悲人之悲而自覺，所以其後道日加進，遂至今日形若槁骸，而心若死灰也，故曰其後日遠矣。遠者，道愈高遠也。

仲尼之楚，楚王觴之，孫叔敖執爵而立，市南宜僚受酒而祭曰：「古之人乎，於此言已。」曰：「丘也聞不言之言矣，未之嘗言，於此乎言之。市南宜僚弄丸而兩家之難解，孫叔敖甘寢秉羽而郢人投兵。丘願有喙三尺。」彼之謂不道之道，此之謂不言之辯，故德總乎道之所一，而言休乎知之所不知，至矣。道之所一者，德不能同也；知之所不能知者，辯不能舉也；名若儒、墨而凶矣。故海不辭東流，大之至也；聖人并包天地，澤及天下，而不知其誰氏。是故生無爵，死無謚，實不聚，名不立，此之謂大人。狗不以善吠爲良，人不以善言爲賢，而况爲大乎？夫爲大不足以爲大，而况爲德乎？夫大備矣，莫若天地，然奚求焉，而大備矣。知大備者，無求，無失，無棄，不以物易己也。反己而不窮，循古而不摩，大人之誠。

古之人乎，於此言已，意謂飲酒之時，可以劇談，雖古人亦然也。夫子答曰，我有不言之言，未嘗與人言，今於此言之。弄丸，戲事也；秉羽扇而甘寢，無作爲之意也。汝二人皆能爲無爲之爲，又何待我説？喙三尺者，言無如此之長喙也。宜僚、叔敖之事，與史家所載殊異，亦寓言而已。〔一〕道之所一，自然者也；德者，得之在己者也。在造物之一者，與人爲者不同，故曰德不能同，看此德字與本書他處説得又自不同。名若儒、墨，便非不言之辯矣，故曰凶。不知其誰氏，民無得而名也。實不聚者，言己雖有善，而不以歸之一身也。賢者且不以多言爲能，况大人乎？有大之名，則不足以爲大，而况自然之德又可名乎？大備，大成也，唯其無求，所以無失，無棄。不以物易己者，己貴於物也〔二〕。循古者，順古道而行也；不摩，不容力也。

校注

〔一〕「與史家所載殊異，亦寓言而已」，道藏本同，宋本作「與史異，亦寓言爾」。

〔一二〕「也」上，原衍「物」字，據宋本、道藏本删。

子綦有八子，陳諸前，召九方歅曰：「爲我相吾子，孰爲祥？」九方歅曰：「梱也爲祥。」子綦瞿然喜曰：「奚若？」曰：「梱也將與國君同食以終其身。」子綦索然出涕曰：「吾子何爲以至於是極也？」九方歅曰：「夫與國君同食，澤及三族，而況父母乎？今夫子聞之而泣，是禦福也。子則祥矣，父則不祥。」子綦曰：「歅，汝何足以識之，而梱祥邪？盡於酒肉，入於鼻口矣，而何足以知其所自來？吾未嘗爲牧而牂生於奥，未嘗好田而鶉生於宎，若勿怪，何邪？吾所與吾子遊者，遊於天地。吾與之邀樂於天，吾與之邀食於地；吾不與之爲事，不與之爲謀，不與之爲怪；吾與之乘天地之誠而不以物與之相攖，吾與之一委蛇而不與之爲事所宜。今也然有世俗之償焉。凡有怪徵者，必有怪行。殆乎。非我與吾子之罪，幾天與之也。吾是以泣也。」無幾何而使梱之於燕，盜得之於道，全而鬻之則難，不若刖之則易，於是乎刖而鬻之於齊，適當渠公之街，終身食肉而終。

酒肉入於鼻口而未知其何所自來，言何自以得也。牂，牝羊也；奥，西南隅也；宎，室之東北隅也。未嘗牧，未嘗田，而此物忽生於室中，異事也。此意蓋喻我與吾子無求於世，安得有此？邀樂於天者，順天以自樂也；遨食於地者，隨世自養而無他求也。事，世事也；謀，私謀也。世事、私謀則於自然之道爲怪異。我未嘗與吾子爲之，言無心於世也，故曰不與之爲事，不與之爲謀，不與之爲怪。一委蛇者，一循乎自然也；不求應乎事，亦不知事之宜不宜，故曰不與之爲事所宜。償，還債也，我方樂於無爲，而彼之相與國君同食，則是其分劑之中，有此世俗之債未償也。如此之相，怪證也，我子不應得之，將來必有乖異之事，故曰怪行。渠公之街，臨街之門也，爲閽者也。此一段又言人世有出於意外之事者，亦其命也。

齧缺遇許由，曰：「子將奚之？」曰：「將逃堯。」曰：「奚謂耶？」曰：「夫堯，畜畜然仁，吾恐其爲天下笑。後世其人與人相食與？夫民，不難聚也，愛之則親，利之則至，譽之則勸，致其所惡則散。愛利出乎仁義，捐仁義者寡，利仁義者衆。夫仁義之行，唯且無誠，且假夫禽貪者器。是以一人之斷制利天下，譬之猶一覕也。夫堯知賢人之利天下也，而不知其賊天下也，夫惟外乎賢者知之矣。」

愛之則親，利之則至，譽之則勸，致其所惡則散，知此四者，則可以聚其民也。致其所惡，非其所欲也，致所惡，則民不歸也。順其好惡，求以得民，皆容心者也。仁義之行施之於外，有爲之爲，故曰無誠。貪如禽獸者，或假此仁義之名以爲用，故曰假夫禽貪者器。覕，割也，一覕者，猶言一截截斷也。有心於斷制，以此而利天下，則其純朴自然之質，皆一截截斷矣。外乎賢者，出乎賢者之上也，必出乎賢者之上而後知有心於利天下者，反以賊天下也。

有暖姝者，有濡需者，有卷婁者。所謂暖姝者，學一先生之言，則暖暖姝姝而私自説也，自以爲足矣，而未知未始有物也，是以謂暖姝者也。濡需者，豕蝨是也，擇疏鬣自以爲廣宮大囿，奎蹄曲隈，乳間股脚，自以爲安室利處，不知屠者之一旦鼓臂布草操煙火，而已與豕俱焦也。此以域進，此以域退，此其所謂濡需者也。卷婁者，舜也。羊肉不慕蟻，蟻慕羊肉，羊肉羶也。舜有羶行，百姓悦之，故三徙成都，至鄧之墟而十有萬家。堯聞舜之賢，舉之童土之地，曰冀得其來之澤。舜舉乎童土之地，年齒長矣，聰明衰矣而不得休歸，所謂卷婁者也。

暖姝，淺見自喜之意，此以譏刺好學者。未知未始有物者，言不知無物之妙也。濡需，濡滯而有所需待，貪着勢利之人也。疏鬣，豕之毛也。奎蹄者，蹄之勢似奎星也，奎曲猶今曰斗折也，必古有此語。〔一〕曲隈，蹄之曲處也；股脚，腰下腹邊與足相近之處。此卽「乞兒向火倚冰山」之意，言所恃者，不足恃也。域者，囿其心於富貴之間而不自知也，故曰以域進，以域退。卷婁，傴僂而自苦之貌，其意蓋言修德之人，自以爲名，而人皆歸之，反爲所苦，終身勞役，不能自已，借此以譏侮帝王也。童土，猶童山也，謂其始之所居在於不毛之地。

校注

〔一〕「奎蹄者，蹄之勢似奎星也，奎曲猶今曰斗折也，必古有此語」，原無此二十三字，道藏本同，據宋本補。

是以神人惡衆至，衆至則不比，不比則不利也。故無所甚親，無所甚疎，抱德煬和以順天下，此謂真人。於蟻棄知，於魚得計，於羊棄意。以目視目，以耳聽耳，以心復心。若然者，其平也繩，其變也循。古之真人，以天待之，不以人入天。古之真人，得之也生，失之也死；得之也死，失之也生。

衆至者，衆人之所歸也；不比，不和也；不利，自害也。抱德煬和，養其德而不露也，煬者，内自温暖之意。蟻，至微之物也，而猶未盡能無知；羊，至愚者也，而猶未盡能無意。唯真人則無知矣，無意矣，故曰於蟻棄知，於羊棄意。魚之在水，悠悠自得，真人之自爲計，但如魚然，蓋以水喻造物，以魚喻其身也。蟻之與羊，其所食者猶在外，未能無求，故不若魚也。真人之心與其耳目皆與人同，但無心以用之，故曰以目視目，以耳聽耳，以心復心。繩之平，自然之平也；變而循之，順其動也。不以有心而預其自然之理，故曰不以人入天。其生也若得若失，其死也亦若得若失，不以死生爲得失，聽其如何，生而曰得亦可，死而曰得亦可，死而曰失亦可，生而曰失亦可。

藥也其實，堇也，桔梗也，雞壅也，豕零也，是時爲帝者也，何可勝言？

堇，川烏也；雞壅，雞頭也；豕零，木豬苓。醫者制藥，隨其所用，各有所主。主者爲帝，其他爲臣，謂之藥者，其實皆同，隨其所用而有輕重。亦由人之在世，得時而用則爲貴，不得時而用則爲賤，其在我者，初無貴賤也。此數句，奇文。

勾踐也以甲楯三千棲於會稽。唯種也能知亡之所以存，唯種也不知其身之所以愁。故曰：鴟目有所適，鶴脛有所節，解之也悲。

大夫種能爲勾踐報吳，於已亡之中而求存，可謂智矣，而不知反以殺其身。始者之用種，爲帝之時也，及其殺之，又一時也。鴟之目用於夜而不用於晝，亦隨時也。鶴脛之節，雖長而不可斷。解，斷也。言鶴之立，其兩脛或伸或屈，亦要隨時而用也。

故曰：風之過河也有損焉，日之過河也有損焉。請只風與日相與守河，而河以爲未始其攖也，恃源而往者也。

河上之風日皆能損水，而河未始以爲損者，其源長也。其源出於自然，故物雖損己，而我無所攖拂也。此五句自是一意。只，但也；請，使也。使風與日但相與守河，謂風日共守而不去也。

故水之守土也審，影之守人也審，物之守物也審。

水土自然相入，形影自然相依。守，不相離也。物之守物，如水流濕，火就燥，本乎天者親上，本乎地者親下是也。審，定也，信也，謂決定如此也。此三句是一意，天地之間自然一定之理，決不可易也。看此三箇審字，方知第七篇淵名之審，不可以蟠字易之。

故目之於明也殆，耳之於聰也殆，心之於殉也殆，凡能其於府也殆。殆之成也不給改，禍之長也茲萃。

殆，危也，有心於用明，有心於用聰，有心於殉物，皆非自安之道，故曰殆。府，臟府也，智出於臟〔一〕腑，自以爲能，凡如此者皆危，故曰凡能其於府也殆。不給，即猶不及也，危殆既成，則不及改矣。茲萃，愈多也，茲與滋同。

校注

〔一〕「臟」，宋本、道藏本作「胸」。

其反也緣功，其果也待久。而人以爲己寶，不亦悲乎？故有亡國戮民無已，不知問是也。

反，覆也；緣，因也。因謀功之心，則必至於自覆敗。果，必也。有待久之謀，則其心固必而不化。此皆爲身之害，而人人以此自喜，如得寶然，故曰人以爲己寶。古今之亡國與夫被刑戮之人，相尋而無已，皆不知於此致問而已，言其不問道也。

故足之於地也踐，雖踐，恃其所不蹍而後善博也；人之知也少，雖少，恃其所不知而後知天之所謂也。

人之行地，兩足所踐，不過少許，若皆削去其地，僅能容足，則難行矣。博，遠也。於其所踐之外，必有足所不踐之地，則其行也可以致遠。蹍，亦踐也。此句以譬下句。人之所知者能幾何，其所不知者皆天也，不恃吾之所知，而恃吾之所不知，則知天矣。

知大一，知大陰，知大目，知大均，知大方，知大信，知大定，至矣。大一通之，大陰解之，大目視之，大均緣之，大方體之，大信稽之，大定持之。

大一，造化之運者也，天向一中分造化是也。陰，靜也，大陰，至靜也，極其靜定則無所不解矣，解音蟹，猶佛書所謂解脱〔一〕也。大目，所見者廣也。大均，大分劑也；緣，順也。大方，太虛也，大方無隅，混然一體，故曰大方體之。大信，真實之理也；稽者，決也。知此真實之理，則無疑可決矣。大定，物物之定理也；持，總持也。總天下之物者，此一定之理也。

校注

〔一〕「解脱」，一般指擺脱煩惱業障繫縛而得自在，特殊地説，指斷絶生死原因，不再拘於業報輪迴，與涅槃圓寂含義相通。成唯識論述記卷一：「言解脱者，體卽圓寂。由煩惱障縛諸有情，恒處生死；證圓寂已，能離諸縛，立解脱名。」由定慧諸途皆可趨向涅槃，得到解脱，故某些禪定亦稱解脱。

盡有天，循有照，冥有樞，始有彼。則其解之也似不解之者，其知之也似不知之也，不知而後知之。

凡事到盡處，便見天命，故曰盡有天，卽人事盡而天理見也。循乎自然，則吉凶、禍福、榮辱、得喪其理皆見，故曰循有照。冥冥之中，自有執其樞要者，卽所謂主張綱維是者也，故曰冥有樞。無物之始，必有物以始之，齊物論曰「非彼無我，非我無所取」，卽此彼字，故曰始有彼。彼，造物自然之理也。曰天、曰照、曰樞、曰彼，雖可解之知之，亦似不解不知者，謂不敢以爲可知可解也，惟其以不知爲知，乃眞知也。

其問之也，不可以有崖，而不可以無崖。頡滑有實，古今不代，而不可以虧，則可不謂有大揚搉乎？闔不亦問是已，奚惑然爲？以不惑解惑，復於不惑，是尚大不惑。

問者，問造物之理也，言我欲問造物之理，以爲有崖際不可也，以爲無崖際亦不可也。頡，頡頏也；滑，旋轉也。言造物之妙，無所捉摸也。不可捉摸，則若無物而又實有之，故曰頡滑有實。從古至今，只是一箇造化，初無更代，而用之不窮，何嘗有一毫虧損？故曰古今不代，而不可以虧。以此理言之，豈不爲一項大議論乎？揚搉，提掇發揚而論之也。闔，何也；是，造物之理也。何不問此造物之理，又奚疑乎？故曰奚惑然爲。以此不疑之理而解天下之疑，而又復歸於不疑之地，則庶幾乎至於大不疑矣。趙州問南泉不疑之道〔一〕，便是此數語之意。尚，庶幾也。只不疑二字，莊子鼓舞出來，却撰出此數句，以結一篇之文，可謂奇特。此篇亦與内篇何異？

校注

〔一〕「趙州問南泉」句，景德傳燈録卷十：「異日（趙州從諗）問南泉：『如何是道？』南泉曰：『平常心是道。』師曰：『還可趣向否？』南泉曰：『擬向卽乖。』師曰：『不擬時如何知是道？』南泉曰：『道不屬知、不知，知是妄覺，不知是無記。若是真達不疑之道，猶如太虛，廓然虛豁，豈可強是非邪？』師言下悟理。」

雜篇則陽第二十五

則陽游於楚，夷節言之於王，王未之見，夷節歸。彭陽見王果曰：「夫子何不譚我於王？」王果曰：「我不若公閱休。」彭陽曰：「公閱休奚爲者邪？」曰：「冬則擉鼈于江，夏則休乎山樊。有過而問者，曰：『此予宅也。』夫夷節已不能，而況我乎？吾又不若夷節。夫夷節之爲人也，無德而有知，不自許以之神，其交固顛冥乎富貴之地，非相助以德，相助消也。夫凍者假衣於春，暍者反冬乎冷風。夫楚王之爲人也，形尊而嚴；其於罪也，無赦如虎。非夫佞人正德，其孰能撓焉？故聖人，其窮也使家人忘其貧，其達也使王公忘爵祿而化卑。其於物也，與之爲娛矣，其於人也，樂物之通而保己焉；故或不言而飲人以和，與人並立而使人化，父子之宜，彼其乎歸居，而一間其所施。其於人心者若是其遠也，故曰待公閱休。」

則陽，姓彭，名陽，字則陽。夷節嘗薦則陽於王，未用而歸也。此予宅者，言其無定居也。彭陽好進，故以隱者語之，欲其自悟也。無德而有知，不知有天理而純用私智也。神，在我之自然者也。

顛迷富貴之交，堅固不解而失其本心，不復知本身有自然之神，故曰不自許以之神也。其於人也，非相與爲善，乃相率以爲自損之道也，故曰非相助以德，相助消也，此句自下得好。凍者得衣，則其暖如春，暍者得風，則其冷如冬，言人之相與，必以有餘濟其不足也。彭陽之好進，是其不足者也，我告汝以隱退，如執熱之以濯，禦寒之授衣，將於汝有補也。形尊而嚴，言恃勢以陵下也。罪人而不赦，好殺如虎，是不仁也。撓，自屈也，非真小人，孰能屈撓其身以事之？有佞人之正德，謂真小人也，却如此下四字，自佳。故聖人其窮也以下，皆言有道而隱，無求進用之意。王公，尊者也，忘其爵祿而能下士，化尊爲卑也。窮萬物之理以自樂，故曰其於物也，與之爲娛。其於人世，循乎萬物之理，而略無窒礙，以自保其真爲樂，故曰樂物之通而保己。有不言之教，可以悟人，如以至和飲之也，佛書所謂如飲醍醐〔一〕是也。目擊而道存，正容使人意也消，故曰與人並立而使人化。彼其，猶詩曰「彼其之子」也。此一句倒下，意謂彼其之子，若歸而居乎，尊卑長幼，各得其宜，故曰父子之宜，彼其乎歸居。而其所施一本於閒暇，殊不容力焉，故曰而一閒其所施，此言其在家在鄉，各得其和也。其於人心若是其遠，猶言人之度量相遠如是哉。蓋謂公閱休之心如此，而彭陽之心若彼，其相去遠矣。吾又不若夷節者，言夷節佞人也，彼亦好進者也，所以進汝於王，我豈肯似彼耶？此鄙薄夷節之意也。父子之宜，彼其乎歸居，是一句。〔二〕

校　注

〔一〕「如飲醍醐」，酥上如油者爲醍醐。大般涅槃經卷三：「醍醐者，名爲世間第一上味。」「諸藥中醍醐第一，善治衆生熱惱亂心。」如飲醍醐喻聞法豁然領悟之狀，如景德傳燈録卷五載懷讓對道一說法：「一聞示誨，如飲醍醐。」

〔二〕「又子之宜，彼其乎歸居，是一句」，原無此句，據宋本、道藏本補。

聖人達綢繆，周盡一體矣，而不知其然，性也。復命摇作而以天爲師，人則從而命之也。憂乎知，而所行恒無幾，時其有止也若之何？

綢繆者，陰陽造化往來相因而不已之意。一體者，精粗合而爲一也。聖人達乎造化之理，而窮盡周偏精粗合一之妙，所以循乎自然而不知其所以然，故曰性也。性，自然者也。摇作，卽動用也，動用作爲，皆復歸於天命，而以自然爲主，故曰以天爲師。命之者，稱名之也，以聖人之名從而稱之，聖人初何心哉？故曰人則從而命之也。憂乎知者，以人之私智，其憂萬端，多少計較，能有幾件計較得行？故曰所行恒無幾。我將有爲有行，而尼之於命，人亦如之何？故曰時其有止也若之何。時，命也；止，尼也。此兩句曲盡世情，推原其患，皆自知字始，若知其所不知，則無憂矣，故下面有美鑑之喻。

生而美者，人與之鑑，不告則不知其美於人也。若知之，若不知之，若聞之，若不聞之，其可喜也終無已，人之好之亦無已，性也。聖人之愛人也，人與之名，不告則不知其愛人也。若知之，若不知之，若聞之，若不聞之，其愛〔一〕人也終無已，人之安之亦無已，性也。

妍生於醜，若不告之以醜者，則亦不自知其妍矣。有妍媸美惡分別，便是憂端之所由生，故曰不知不聞，其喜終無已。我既無美惡之别，與物以無心，則人之好我也亦無已，此自然之理也，故曰性。因鑑美之喻，又及聖人愛人之名，其意蓋謂愛人至於有名，則有心矣，有心則離本真之性矣。

校注

〔一〕「愛」，原作「憂」，據宋本、道藏本改。

舊國舊都，望之暢然；雖使丘陵草木之緡，入之者十九，猶之暢然。况見見聞聞者也，以十仞之臺縣衆間者也。冉相氏得其環中以隨成，與物無終無始，無幾無時，日與物化者，一不化者也，闔嘗舍之。

久旅而歸，見其舊國都，必有暢然之意，言有所感也。縱使入其舊國之中，人物已變，丘陵之上，草木皆荒穢錯合，比之昔日，十失其九，但有一分相似處，猶且暢然有感。而况求道之人，忽然自悟，得見其所自見，聞其所自聞者，皆本然固有之物，能不喜乎？佛氏所謂「本來面目」、「本地風光」〔一〕，便是此意。十仞之臺，最高處也；縣，張樂也；衆，縣多也；間，猶言笙鏞間作〔二〕也。處甚高之地，而聽交奏迭作之樂，可以聳動世俗之耳目，而况古之聖人，以虚中無爲自然之理，隨萬物而絲之。其自處之高也如何？環，空中之物，虚之喻也。無終而無始，終始如一也。無幾無時，無古今也，幾者，時節之變也。日與物化，言與物俱往，日新又新，即我之所得，一箇不化底如此用出來。舍者，去也；闔者，何也。言世俗之人何不舍去故習而歸至道也。冉相氏，即古聖人也。

校　注

〔一〕「本來面目」、「本地風光」義同，指人本來之真如自性。六祖大師法寶壇經行由品載慧能爲惠明説法曰：「不思善，不思惡，正與麽時，那個是明上座本來面目？」敦煌本壇經：「妄念浮雲蓋覆，自性不能明，故遇善知識開真法，吹却迷妄，内外明徹。」

〔二〕「笙鏞間作」，書益稷：「笙鏞以間。」

夫師天而不得師天，與物皆殉，其以爲事也若之何？夫聖人未始有天，未始有人，未始有始，未始有物，與世偕行而不替，所行之備而不洫，其合之也若之何？湯得其司御門尹登恒爲之傅之，從師而不囿；得其隨成，爲之司其名。

師天而不得師天，言以自然爲法而無法自然之名，不過與物相順而已，故曰與物皆殉。若有心於爲事，則末如之何矣，纔有爲事之意，便非自然也。有人，有爲也；天，無爲也。非惟無有爲之迹，亦併與其無爲者無之，故曰未始有天，未始有人。有物，迹也，無物之始，無迹也，非惟無有物之迹，亦併與其無迹者無之，故曰未始有始，未始有物。行乎斯世，未嘗不與人同，於人世初無廢事也，故曰與世偕行而不替。不替，不廢也。萬行俱備，而不着於其一，故曰所行之備而不洫。齊物曰以言其老洫也，洫者，泥着而陷〔一〕溺之意也。與道爲一，則不求而自合，若求合於道，則不可得而合之矣，故曰其合之也若之何？湯之於伊尹，學焉而後臣之，莊子把這一句却改名換字，以其官爲司御，又曰門尹登恒，皆是做此詭怪説話。傅者，輔也，言尹輔湯也，湯雖以尹爲師，而不爲其所籠也，故曰從師而不囿。湯之無爲也，自得萬物之成理而隨之，自處於無爲自然之地，使其輔相之尹而主其名，故曰得其隨成，爲之司其名。言湯無爲，而尹有爲也；湯無名，而尹有名也。司，主也，言門尹擔當了許多有爲之名也。

校注

〔一〕「陷」，原作「滔」，宋本同，據道藏本改。

之名嬴法，得其兩見。仲尼之盡慮，爲之傅之。容成氏曰：「除日無歲，無內無外。」之名，此名也；嬴，餘也，剩也。言此名之在世間，是剩法也，猶言長物也。兩見，身與名爲二也，有心於爲名，則不得其混然之一者，故曰得其兩見。伊尹之所擔當，已自未爲奇特，而孔子又慕之，盡其思慮，將以爲輔相於斯世，言夫子又欲爲伊尹之事也，此是譏侮聖人之意。容成氏，借古聖人之名也。合三百六十日而後爲一歲，逐日而除去之，則但可謂之日，不可謂之歲，故曰除日無歲。此一句自好，老子曰「數車無車」，亦此意。外之名因內而生，無內則無外矣，故曰無內無外。畢此二句以證自然之意。

魏瑩與田侯牟約，田侯牟背之，魏瑩怒，將使人刺之。犀首聞而耻之曰：「君爲萬乘之君也，而以匹夫從讎。衍請受甲二十萬，爲君攻之，虜其人民，係其牛馬，使其君內熱發於背，然後拔其國。忌也出走，然後抶其背，折其脊。」季子聞而耻之曰：「築十仞之城，城者既十仞矣，則又壞之，此胥靡之所苦也。今兵不起七年矣，此王之基也。衍亂人，不可聽也。」華子聞而醜之曰：「善言伐齊者，亂人也；善言勿伐者，亦亂人也；

謂伐之與不伐亂人也者，又亂人也。」君曰：「然則若何？」曰：「君求其道而已矣。」

魏瑩，魏惠王也；田侯，齊威王也。胥靡，刑餘之人，城築之所役也。城既成而又壞之，則役者以爲苦矣。兵不起七年，此魏王之業之美也，而犀首教之用兵，猶壞其已成之城也。衍，犀首之名也。華子之言，蓋謂着一伐字則皆未免於容心，故以三者皆爲亂人，知道則併與兵不言矣，故曰君求其道而已矣。

惠子聞之而見戴晉人。戴晉人曰：「有所謂蝸者，君知之乎？」曰：「然。」「有國於蝸之左角者曰觸氏，有國於蝸之右角者曰蠻氏，時相與爭地而戰，伏尸數萬，逐北旬有五日而後反。」君曰：「噫，其虛言與？」曰：「臣請爲君實之。君以意在四方上下有窮乎？」君曰：「無窮。」曰：「知遊心於無窮，而反在通達之國，若存若亡乎？」君曰：「然。」曰：「通達之中有魏，於魏中有梁，於梁中有王。王與蠻氏，有辨乎？」君曰：「無辨。」客出而君惝然若有亡也。客出，惠子見。君曰：「客，大人也，聖人不足以當之。」惠子曰：「夫吹管也，猶有嗃也；吹劍首者，吷而已矣。堯、舜，人之所譽也；道堯、舜於戴晉人之前，譬猶一吷也。」

此一段極好。惠子聞華子有求道之説，故薦戴晉人而見之王〔一〕，戴晉人，有道者也。蝸角之喻，似若虛言，而下面説得來却成真箇，故曰請爲君實之。無窮，太虛之間也。通達之國，即中國也。

以太虚而觀中國，則至爲微細，若有若無，故曰若存若亡乎。杜子美曰：「俯視但一氣，焉能辨皇州？」即此意也。以中國而觀魏，又爲小矣；梁是其都也，於魏國之中而觀所都之地，又小矣；於所都之中而求王之一身，愈微而愈小矣。自太虚之上，等而下之，則觀王之身與蝸角之蠻、觸何異？故曰無辨，言其同也。惝然若有亡者，茫然自失而知其所爭之不足爭也。管猶有竅，比之簫笛，雖無音節，其吹之者，猶有嗃然之聲。若以劍首而吹，則一吷而已，言其全無聲也。此意蓋謂有道者之前，雖欲説仁、説義、説道、説理，皆無所容其聲也。

校注

〔一〕「王」，原脱，據宋本、道藏本補。

孔子之楚，舍於蟻丘之漿。其鄰有夫妻臣妾登極者，子路曰：「是稯稯何爲者邪？」仲尼曰：「是聖人僕也。是自埋於民，自藏於畔。其聲銷，其志無窮，其口雖言，其心未嘗言，方且與世違而心不屑與之俱。是陸沉者也，是其市南宜僚邪？」子路請往召之。孔子曰：「已矣。彼知丘之著於己也，知丘之適楚也，以丘爲必使楚王之召己也，彼且以丘爲佞人也。夫若然者，其於佞人也羞聞其言，而况親見其身乎？而何以爲存？」子路往視之，其室虚矣。

蟻丘之地，有賣漿之家，夫子宿於其家也。登極者，升其屋極而望人也。稯稯，紛紛也。聖人僕者，言聖人之徒也。自埋於民，自隱於民間也。畔，鄰也，藏居於比鄰，人亦不知之也。其聲銷，逃名也。沉不在水而在陸，喻隱者之隱於市廛也。言此人必爲市南宜僚之徒，宜僚姓熊，居於市南，楚人也。著於己者，謂我必知之。著，知也。佞人，多言之人也。何以爲存，言其必去而不留矣。其室虚者，逃而去，恐夫子言之楚王而召之，故逃去也。

長梧封人問子牢曰："君爲政焉勿鹵莽，治民焉勿滅裂。昔予爲禾，耕而鹵莽之，則其實亦鹵莽而報予；芸而滅裂之，其實亦滅裂而報予。予來年變齊，深其耕而熟耰之，其禾繁以滋，予終年厭飧。"莊子聞之曰："今人之治其形，理其心，多有似封人之所謂；遁其天，離其性，滅其情，亡其神，以衆爲。故鹵莽其性者，欲惡之孽爲性萑葦，蒹葭始萌，以扶吾形，尋擢吾性。並潰漏發，不擇所出，漂疽疥癰，内熱溲膏是也。"

封人因耕而喻政，莊子又以喻學，東坡稼説實倣此也。變齊者，變易其法也。厭飧，飽食也。以衆爲，言世間此等人多也。惡，好惡也；孽，妖孽也。好惡之害，其蔽塞本然之性，猶萑葦也，即茅塞其心之意。性既蔽塞，則其昏欲之長，如蒹葭之始萌，充滿其身，言通身皆是人慾也。扶，助也。以物欲而助其形，則視聽言動，起居飲食，皆失其自然之理，故曰尋擢吾性。尋，漸也；擢，拔也。始者真性只爲之蔽塞，及其甚也，漸漸拔而去之，是天理盡滅。真性既失，氣亦爲病，故有並潰者，有漏發者，不擇所出，觸則成病也。並潰者，漂疽疥癰也，此膿血之病也；漏發者，内熱溲膏也，今之消病也。此一段所以戒世人之縱情慾而不知學道者，終必殺其身也。

柏矩學於老聃，曰：「請之天下遊。」老聃曰：「已矣。天下猶是也。」又請之，老聃曰：「汝將何始？」曰：「始於齊。」至齊，見辜人焉，推而強之，解朝服而幕之，號天而哭之曰：「子乎子乎。天下有大菑，子獨先離之，曰莫爲盜？莫爲殺人？榮辱立，然後覩所病；貨財聚，然後覩所爭。今立人之所病，聚人之所爭，窮困人之身使無休時，欲無至此，得乎？

天下猶是者，言天下皆如此。莫爲盜，莫爲殺人者，言汝之所以被罪而囚者，或爲盜乎？或爲殺人乎？莫爲，言莫是如此也。榮辱，名也；貨財，利也；病，患害也。在上者尚名，而後有此患害，爲國好聚財，而後有此爭競，謂此事皆自上始也。老子曰：「不尚賢，使民不爭；不貴難得之貨，使民不爲盜。」即此意。以名利而役人，使之自困，無時而已，安得不至於此？其意蓋言，太古之時，無名無利，故風俗醇厚，國無刑人也。

古之君人者，以得爲在民，以失爲在己；以正爲在民，以枉爲在己；故一形有失其形者，退而自責。今則不然，匿爲物而愚不識，大爲難而罪不敢，重爲任而罰不勝，遠其塗而誅不至。民知力竭，則以僞繼之，日出多僞，士民安取不僞？夫力不足則僞，知不足則欺，財不足則盜，盜竊之行，於誰責而可乎？」

失得、正枉兩句，卽「百姓有過，在予一人」〔一〕。一人之形有不得其生，則人君退而自責，卽匹夫不被澤，若己納之溝中也。〔二〕今則不然者，言後世也。匿爲物，蔽其物而不言，而以不知者爲愚；大爲難行之事，而以其不敢爲者爲罪。重爲任，不量人之力也；遠其塗，不計人之行程也。強人所不能，而乃罰其不勝者，誅其不至者。在上之人，其所出政令，一日僞於一日，士民安得不僞乎？強其力所不能，必以僞應之；強其智所不及，必以欺應之；過取而無厭，必爲盜以輸之。是我使之爲僞、爲欺、爲盜也，又誰責乎？三句一體，卽就下句盜竊上結，非惟此一句意易明，亦文法也。

校注

〔一〕「百姓有過，在予一人」，見書泰誓。

〔二〕「匹夫不被澤」二句，孟子萬章下：「思天下之民，匹夫匹婦，有不被堯、舜之澤者，若己推而內之溝中。」

蘧伯玉行年六十而六十化，未嘗不始於是之而卒詘之以非也，未知今之所謂是之非五十九非也。

年六十而六十化，一年之見勝如一年也。然安知六十歲之是便爲是耶？此一則話也。

萬物有乎生而莫見其根，有乎出而莫見其門。人皆尊其知之所知，而莫知恃其知之所不知而後知，可不謂大疑乎？已乎已乎，且無所逃。此所謂然與，然乎？

其生也必有根，其出也必有門，但人不見之耳，此是其所不可知者。凡人知其所知，而不知其所不知者乃爲至妙，此大惑之人也。且無所逃者，言自然而然，不知之知，通古今、徹上下皆如此，何處而非此理？如何逃得？然與，然乎者，疑〔一〕辭也，謂之然與，而其所然果然乎？子貢對曰：「然。非與？」即此意也，見衛靈公篇。然與，音餘。

校注

〔一〕「疑」，原作「後」，道藏本同，據宋本改。

仲尼問於太史大弢、伯常騫、狶韋曰：「夫衛靈公飲酒湛樂，不聽國家之政；田獵畢弋，不應諸侯之際，其所以爲靈公者何耶？」大弢曰：「是因是也。」伯常騫曰：「夫靈公有妻三人，同濫而浴。史鰌奉御而進所，搏幣而扶翼。其慢若彼之甚也，見賢人若此其肅也，是其所以爲靈公也。」狶韋曰：「夫靈公也死，卜葬於故墓不吉，卜葬於沙丘而吉。掘之數仞，得石槨焉，洗而視之，有銘焉，曰：『不馮其子，靈公奪而埋之。』夫靈公之爲靈也久矣，之二人何足以識之？」

畢弋，取鳥獸之用也。諸侯交際之禮，皆不應答之，其人如此，謚之以靈公何耶？言未足當其惡也。大弢曰，此亦因國人所同是而謚之，上是字猶此字也。進所，進所居之處也；奉御，猶今言召對也。搏幣者，執其贄見之幣，而靈公使人扶翼之，言有禮也。肅，敬也。沙丘石槨先有靈公之名，則未生之前，此名已定，於人何力焉？此段蓋言世事皆出於自然也。之二人，大弢與伯常騫也。沙丘，古人葬處也。不馮其子者，其子孫不可託，遂爲靈公所奪也。馮，託也。

少知問於太公調曰：「何謂丘里之言？」太公調曰：「丘里者，合十姓百名而以爲風俗也，合異以爲同，散同以爲異。今指馬之百體而不得馬，而馬係於前者，立其百體而謂之馬也。是故丘山積卑而爲高，江河合水而爲大，大人合并而爲公。是以自外入者，有主而不執；由中出者，有正而不距。四時殊氣，天不賜，故歲成；五官殊職，君不私，故國治；文武大人不賜，故德備；萬物殊理，道不私，故無名。無名故無爲，無爲而無不爲。時有終始，世有變化。禍福淳淳，至有所拂者而有所宜；自殉殊面，有所正者有所差。比于大澤，百材皆度；觀乎大山，木石同壇。此之謂丘里之言。」

聚井爲丘，聚丘爲里，故曰丘里。一里之中有十姓百名，人物雖異，而風俗則同，合異以爲同之喻也。丘里之言者，公一里之言也。合異以爲同，萬物同一理也；散同以爲異，物物各具一理也。合百體以爲馬，一體之上無馬之名，此散同以爲異也。立其百體乃謂之馬，合異以爲同也。積而爲山，合而爲水，亦此意也。合并而爲公，合萬物之異以爲同也。有主而不執也，言所主雖在内而無所執，執則非自然矣。正者，萬物之理也。出乎胸中者，其理與萬物同，則自然相順而不相距也。不執不拒，乃順自然而無同異之意。天不賜，不以爲功也，猶言非相爲賜也。五官，列爵惟五也，各職其職，君何私輕重焉？大人於文武之德，時乎而文，時乎而武，可用則用，亦非相與賜也，故爲全備之德。萬物各具一理，故曰殊理。以大道合之而爲公，故曰不私。無名者，無得而名也。淳淳，流行自然也。吉凶禍福之至，倚伏無常，或有所拂逆而反爲宜，塞翁得馬失馬之意也。拂，逆也，不如意也；宜，如意也。人有自殉之心，則如其面然，皆不同矣。有所正者，執定而拘泥之也，有所泥者或失之，卽今人謂擬則差〔一〕也，故曰有所正者有所差。比，譬也，譬如大澤之中，百物之材，各中其度，無小無大，皆可用也。同壇，卽同地也，木之與石，本在一山，初何分別？此合異以爲同也。

校注

〔一〕「擬則差」，見四一五頁注〔一〕。

少知曰：「然則謂之道，足乎？」太公調曰：「不然。今計物之數，不止於萬，而期曰萬物者，以數之多者號而讀之也。是故天地者，形之大者也；陰陽者，氣之大者也。道者爲之公，因其大以號而讀之則可也。已有之矣，乃將得比哉？則若以斯辯，譬猶狗馬，其不及遠矣。」

物不止於萬，而言萬物，其總數也。期，約也，約言之也。天地陰陽，亦形氣之總名爾，形氣不止於天地陰陽，但以其大者言之。道之爲公，亦因其大而借言之耳。雖已有道之名，而亦豈可以此相比喻而言邪？故曰已有之矣，乃將得比哉。狗馬，不可爲類者也；斯，此也。因道之名若以相比並而爲此辯説，則如犬馬之異類，不可得而合也。不及，不相若也；遠，甚也。

少知曰：「四方之内，六合之裏，萬物之所生惡起？」太公調曰：「陰陽相照，相蓋相治，四時相代，相生相殺，欲惡去就於是橋起，雌雄片合於是庸有。安危相易，禍福相生，緩急相摩，聚散以成。此名實之可紀，精之可志也。隨序之相理，橋運之相使，窮則反，終則始。此物之所有，言之所盡，知之所至，極物而已。覩道之人，不隨其所廢，不原其所起，此議之所止。」

萬物之生，從何而始？故曰惡起。相照，相應也；相蓋，相合也；相治，相消長也。四時相代，春生秋殺，隨時各有不同也。因此于後有欲惡、去就、雌雄、分合、安危、禍福、緩急、聚散之事，謂因有天地陰陽，而後有人世之事也。凡此數者，皆是其同中之異者。橋然而起，橋，拱高也；片，判也，片合，即分合也；庸有，常有也；以成，即相成之意，但換下一字，文法也。自欲惡而下，至於聚散，其名實皆可紀，其精微皆可志，謂件件可見，非惟可言，亦可書也。隨其時序而相理，即陰陽之相治也。橋，起也，橋起而運，相爲消長，故曰相使。窮而反爲通，終而復爲始，此皆萬物之所必有者。言而至於盡，亦此而已；知而及其至，亦此而已；盡心盡力，只説得箇物字，故曰極物而已。惟知道之人，則於其所以廢、所以起者，皆歸之於無，皆歸之自然，則其言議至於此而止，謂到這裏無可説處矣。

少知曰：「季真之莫爲，接子之或使，二家之議，孰正於其情，孰偏於其理？」太公調曰：「雞鳴狗吠，是人之所知，雖有大知，不能以言讀其所自化，又不能以意其所將爲。斯而析之，精至於無倫，大至於不可圍。或之使，莫之爲，未免於物而終以爲過。

季真、接子，當時有此二人，各爲其説：一曰莫爲，一曰或使。莫爲者，言冥冥之中，初無主宰，皆偶然爾；或使者，有主宰，無非使然，所謂「行或使之，止或尼之」〔一〕是也。正於其情，正得其實也，偏於其理，見之偏也，二者孰當孰否也。雞鳴狗吠，不同之喻也。言人所知，既有不同，則雖有大智之人，亦不能盡其言，亦不能盡其意。所自化者，言其所自見之妙。讀，猶誦也，其自見之妙，豈能誦其言而知之？所將爲，所欲爲也，其所欲爲之意，豈能以意度之？斯者，此理也，若以此理而分析之，可以語大，可以語小，言不可窮也。無倫，小之極；不可圍，大之極也。二者之說，皆未免於物累，而要終皆有過患，言其皆有節病也。

校注

〔一〕「行或使之」二句，見孟子梁惠王下。

或使則實，莫爲則虛。有名有實，是物之居；無名無實，在物之虛。可言可意，言而愈疏。

或使則實者，謂冥冥之中有物以司之，是實也；莫爲則虛者，謂冥冥之中，本無所主，是虛也。既有實則與名俱矣，則是累於物矣。居者，在也，言在於物之中也，故曰是物之居。若謂之無，則名實俱無，而所謂無者終在，未能併與無者無之，亦是累於物也，故曰在物之虛。大抵曰有曰無，皆可以言傳，可以意度，皆未免於言，則去道愈疏遠矣。

未生不可忌，已死不可阻。死生非遠也，理不可覩。

忌者，禁也。未生之初，不容不生；既生而死，豈可得而違阻也？死生之理，本在目前，初非甚遠，但欲見而不可見，故曰理不可覩。

或之使，莫之爲，疑之所假。吾觀之本，其往無窮；吾求之末，其來無止。無窮無止，言之無也，與物同理。

若以爲或之使，若以爲莫之爲，則世之疑情，方假此而起，又安得爲無累乎？本，始也，未動之時也。卽未動之時觀之，已見其往者無窮矣。末，終也，既動而止之時也。就其既止之時而觀之，已見其方來者無止。以此而觀，但泯於無言，方可合萬物而同一理，故曰言之無也，與物同理。

或使莫爲，言之本也，與物終始。道不可有，有不可無。道之爲名，所假而行。或使莫爲，在物一曲，夫胡爲於大方？

二者之言，推求其本，謂之或使，謂之莫爲，皆未能遠離於物，但見與物終始而已，故曰與物終始。不能離物，則是有也，謂之道，可有乎？故曰道不可有。既曰有，則所謂有者，何可得而無之？言離不去也，故曰有不可無。若以真實而觀，道之一字，本是假名以行於世，故曰道之爲名，所假而行。二者之言，皆爲泥物，而在於一偏，安得謂之大道？一曲，一偏也；大方，大道也。既結了上面説話，却别説兩句，又妙。

言而足，則終日言而盡道；言而不足，則終日言而盡物。道物之極，言默不足以載；非言非默，議有所極。」

同乎此言也，但我果有所見，雖謂之言，亦可盡道，終日言之，亦自不妨，故曰言而足，終日言而盡道。若我無所見，則言不足以盡道，言之縱多，亦不離於形似而已，故曰言而不足，終日言之而盡物。道，精也；物，粗也。以精粗之極而求之，言亦不足盡，默亦不足盡。載，在也，謂不在此也。非言非默之中，自有至極之議。極議，至言也，佛氏所謂「如我按指，海印發光，似汝舉心，塵勞先起」〔一〕，卽此意也。又曰：「我爲法王，於法自在。」〔二〕蓋言造道之人，說亦是，不說亦是，汝未造道，便說得是，也不是。此篇亦與内篇何異？

校注

〔一〕「如我按指」四句，楞嚴經卷四：「寶覺真心，各各圓滿，如我按指，海印發光。汝暫舉心，塵勞先起，由不勤求無上覺道，愛念小乘，得少爲足。」這四句後來也成爲禪師們常討論的題目。

〔二〕「我爲法王，於法自在」，出於法華經譬喻品。法王爲佛陀稱號之一。無量壽經：「佛爲法王，尊超衆聖，普爲一切天人之師。」

雜篇外物第二十六

外物不可必，故龍逢誅，比干戮，箕子狂，惡來死，桀、紂亡。人主莫不欲其臣之忠，而忠未必信。故伍員流于江，萇弘死于蜀，藏其血三年而化爲碧。人親莫不欲其子之孝，而孝未必愛，故孝己憂而曾參悲。

外物，身外之事也，是求在外〔一〕者也。桀、紂之時，賢者、不肖者均於被禍，是不可必也。此皆紂事，却併桀説，以意逆之可也。萇弘被放歸蜀，刳腸而死，蜀人以匱盛血，三年而化爲碧玉，此事與左傳所載〔二〕稍異，其言似誕。晉元帝託運糧不至而殺其臣，其血逆柱而上，〔三〕齊以明月之讖殺斛律光，其血在地，去之不滅，〔四〕則亦世間所有之事也。孝己，殷高宗之子，見逐於後母；曾子未見悲泣之事，想以芸瓜大杖則走〔五〕之事言之。讀此書者，但觀其意，若此類皆不必拘。蓋謂忠孝人之所貴，而或害其身，是皆外物不可必也。

校　注

〔一〕「外」，原作「我」，道藏本同，據宋本改。

〔二〕「左傳所載」，左傳哀公三年：「六月，癸卯，周人殺萇弘。」

〔三〕晉元帝事，晉書卷六十九劉隗傳：「建興中，丞相府斬督運令史淳于伯而血逆流。」時元帝尚未即位，位居丞相，斬淳于伯事則爲其執法僚屬所爲。

〔四〕齊殺斛律光事，北史卷五十四斛律光傳：「周將韋孝寬懼光，乃作謠言，令間諜漏之於鄴曰：『百升飛上天，明月照長安。』」光字明月。北齊後主殺斛律光，「血流於地，剗之，迹終不滅」。

〔五〕「芸瓜大杖則走」，孔子家語六本：「曾子耘瓜，誤斬其根，曾皙怒，建大杖以擊其背，曾子仆地而不知人久之。有頃乃蘇，欣然而起。」「子曰：『汝不聞乎？昔瞽瞍有子曰舜，舜之事瞽瞍，欲使之，未嘗不在於側，索而殺之，未嘗可得，小棰則待過，大杖則逃走。』」芸、耘通。

木與木相摩則然，金與火相守則流。陰陽錯行，則天地大絯，於是乎有雷有霆，水中有火，乃焚大槐。

木與木相摩，則其火自出，今舟人用榆柳亦然。火與金相守，烊鎔之事也。木本無火，相摩而生，金爲至堅，見火而流，亦言不可必之意。大絯，大異也。大雷雨之時，或焚樹木，故曰水中有火，乃焚大槐。不曰他木，而曰槐者，槐能生火，故以槐言之，淮南子曰「老槐生火」，見氾論篇。亦非專焚大槐也，此皆陰陽錯行而爲災，事之不常見者，亦言其不可必也。

有甚憂，兩陷而無所逃，螴蜳不得成，心若縣於天地之間，慰暋沉屯，利害相摩，生火甚多，衆人焚和，月固不勝火，於是乎有僓然而道盡。

甚憂者，極憂也；兩陷，非有人道之患，則有陰陽之患也，人間世云是兩也，即此意。螴蜳者，怵惕不自安之意；不得成者，言甚憂無所逃而不成情緒也。心若縣於天地之間，言心有繫縛，自苦也。慰暋，鬱悶也；沉屯，陷溺險難也。利害相戰於胸中，其内熱也甚於焦火，故曰生火甚多。此皆世俗一等不知道之人，不知外物之不可必，而過用其心，故至此焚傷其胸中至和之氣，故曰衆人焚和。月，性也，衆人之生，其得於天者，全此至和之理，猶如月然，但爲物慾所昏，其炎如火，故其爲月者不能勝之，遂至於焚和也。山谷云：「本心如日月，利慾蝕之既。」正用此意。僓然者，弛然而自放也；道盡者，言其天理滅盡也。蓋謂衆人汩於利欲，終身不悟，至於滅盡天理而後已也。

莊周家貧，故往貸粟於監河侯。監河侯曰：「諾。我將得邑金，將貸子三百金，可乎？」莊周忿然作色曰：「周昨來，有中道而呼者。周顧視車轍中，有鮒魚焉。周問之曰：『鮒魚來，子何爲者邪？』對曰：『我，東海之波臣也。君豈有斗升之水而活我哉？』周曰：『諾。我且南遊吳、越之王，激西江之水而迎子，可乎？』鮒魚忿然作色曰：『吾失我常與，我無所處。吾得斗升之水然活耳，君乃言此，曾不如早索我於枯魚之肆？』」

監河侯，説苑曰魏文侯也，亦未必然，或是監河之官，以侯稱之，不然，則侯是其姓也。邑金者，采邑之租金也。波臣，猶曰水官也。此段必當時有此戲言，因記於此，亦今人所謂遠水不救近火之意。枯魚之肆者，言待得此水之來，吾已爲鱐矣。常與，常時相與者也。

任公子爲大鉤巨緇，五十犗以爲餌，蹲乎會稽，投竿東海，旦旦而釣，期年不得魚。已而大魚食之，牽巨鉤，錎没而下，騖〔二〕揚而奮鬐，白波若山，海水震蕩，聲侔鬼神，憚赫千里。任公子得若魚，離而腊之，自淛河以東，蒼梧以北，莫不厭若魚者。已而後世輇才諷説之徒，皆驚而相告也。夫揭竿累，趨灌瀆，守鯢鮒，其於得大魚難矣。飾小説以干縣令，其於大達亦遠矣，是以未嘗聞任氏之風，俗其不可與經於世亦遠矣。

巨緇，大黑索也。犗音界，牛也。錎與陷同。海水震蕩，聲侔鬼神，言此魚摇動海水，其聲可畏也。憚赫，驚恐也，千里之人皆聞其聲而懼也。厭，厭飫而食之也。輇才，揣量淺見之士也；諷説，道聽塗説者。知其常而不知異，見其小而不見大，故驚以相告也。累，小繩也。灌，注也，灌瀆，言流水之小瀆也。鯢鮒，小魚也。縣令，猶今揭示也，縣與懸同，縣揭之號令，猶今賞格之類。言見小之人，飾其辭說，干求于上，求合其所示之令格，縱得之，能幾何？故曰其於大達亦遠矣。俗，世俗之士也，俗士不可與言經世之道，故曰俗其不可與經於世亦遠矣。遠矣，猶甚矣也。

校注

〔一〕「鶩」，道藏本同，宋本作「騖」。

儒以詩、禮發冢，大儒臚傳曰：「東方作矣，事之何若？」小儒曰：「未解裙襦，口中有珠。詩固有之曰：『青青之麥，生於陵陂。生不布施，死何含珠爲？』」「接其鬢，壓其顪，儒以金椎控其頤，徐別其頰，無傷口中珠。」

此段蓋喻游說之士，借詩、書聖賢之言，以文其姦者。自上語下曰臚，自下語上曰句，臚傳者，大儒爲首而告其下也。青青之麥，生於陵陂，賦墓田也。生不布施，死何含珠爲，譏富者也。此詩只四句，或是古詩，或是莊子自撰，亦不可知。接其鬢以下，大儒教小儒之語。接，撮也；壓，以手按之也；顪，頤下也。控其頤者，控開其頤也。別，亦開也。言歌此詩，教其徒徐取其珠，而欲無所損也。詩曰何以含珠爲，則我今取之，亦合古詩之意矣。

老萊子〔一〕弟子出薪，遇仲尼，反以告，曰：「有人於彼，修上而趨下，末僂而後耳，視若營四海，不知其誰氏之子。」老萊子曰：「是丘也。召而來。」仲尼至。曰：「丘，去汝躬矜與汝容知，斯爲君子矣。」仲尼揖而退，蹙然改容而問曰：「業可得進乎？」老萊子曰：「夫不忍一世之傷而驁萬世之患，抑固窶耶，亡其略弗及邪？惠以歡爲驁，終身之醜，中民之行進焉耳，相引以名，相結以隱。與其譽堯而非桀，不如兩忘而閉其所譽。反無非傷也，動無非邪也。聖人躊躇以興事，以每成功。奈何哉其載焉終矜爾？」

出薪者，出而採薪也。修上，上長也；趨下，其行趨鏘也。末，微也，言其背微有僂曲之狀。後耳者，面前視之，不見其耳也。視若營四海，卽蒿目以憂當世之患之意。躬矜，汝身矜持之行也；容知，容，外飾也，知，思慮也。業可得進者，言道業可得而學否也。一世之傷，一時之人憔悴可傷也；驁，傲然而不恤之意。言汝爲一時而憂，過用其心，能貽後世之患，汝皆驁然而不顧也。汝既如此，道之窮宜也。窶，窮也；固，宜也。汝之道其窮如此，是不知天下之事有非智略所能及者，故曰亡其略弗及耶，亡與忘同。惠，施惠於人也；歡，欲得人之歡心也。以施惠而得人之歡心爲驁，以此自驁於世不可，此乃終身可醜之行也。庸人之所爲，則務進〔二〕於此而已，故曰中民之行進焉耳。中民，庸人也。以名而相汲引，以隱蔽之計而自相交結，此形容中民之爲也。堯、桀兩忘，則不惟無毀，亦無譽矣，故曰閉其所譽。反，背也，反背自然之理，則無非傷道之事也。不好靜而好動，則無非邪僻之行也。聖人則不然。躊躇者，欲進不進之意，以躊躇興事，卽不得已而後應也。惟其無心，所以每每成功。載，自負也，汝奈何終身以矜持之意而自負，故曰奈何哉其載焉終矜爾，此一句下得奇。

校注

〔一〕「老萊子」，宋本、道藏本作「老萊之」。

〔二〕「進」，原作「入」，道藏本作「人」，據宋本改。

宋元君夜半而夢人披髮闚阿門，曰：「予自宰路之淵，予爲清江使河伯之所，漁者余且得予。」元君覺，使人占之，曰：「此神龜也。」君曰：「漁者有余且乎？」左右曰：「有。」君曰：「令余且會朝。」明日，余且朝。君曰：「漁何得？」對曰：「且之網得白龜焉，其圓五尺。」君曰：「獻若之龜。」龜至，君再欲殺之，再欲活之，心疑，卜之，曰：「殺龜以卜，吉。」乃刳龜，七十二鑽而無遺筴。仲尼曰：「神龜能見夢於元君，而不能避余且之網；知能七十二鑽而無遺筴，不能避刳腸之患。如是，則知有所困，神有所不及也。雖有至知，萬人謀之，魚不畏網而畏鵜鶘。去小知而大知明，去善而自善矣。嬰兒生無石師而能言，與能言者處也。」

阿，曲也，阿門，曲側之門也。宰路，淵名也。清江之神使我使於河伯。再欲殺之，再欲活之，再三遲疑而不決也。卜以殺爲吉，遂殺之。七十二鑽，言用之而占七十二次也。龜靈於人，而不靈於己，故曰知有所困，神有所不及也，此意蓋謂名之以知，則有窮時。此下數句，却汎言世情以實之。人有至知者，豈能以一身而勝萬人之謀？鵜鶘之取魚，飲涸其水而後盡其魚，此有心害魚者，非網之比也。上言人若有心而害我，一人之智豈能敵之。此言我苟有心，則人亦以有心應我，故以此喻之。惟能去其小知，而付之自然，則大知明矣。去吾爲善自名之意，則善自歸我，故曰去善而自善矣。石與碩同，石師，碩大之師，能教人者。嬰兒之能言，不待求師而自能者，與能言者同處，則自然能言也。大知自善，自然之理也；不教能言，自然之喻也。

惠子謂莊子曰：「子言無用。」莊子曰：「知無用而始可與言用矣。夫地非不廣且大也，人之所用容足耳。然則厠足而塹之致黃泉，人尚有用乎？」惠子曰：「無用。」莊子曰：「然則無用之爲用也亦明矣。」

塹，掘也，容足之外皆爲深淵，則不可行矣，卽前謂足也踐，恃其所不蹍之意，故曰無用之用。

莊子曰：「人有能遊，且得不遊乎？人而不能遊，且得遊乎？夫流遁之志，決絕之行，噫，其非至知厚德之任與。覆墜而不反，火馳而不顧，雖相與爲君臣，時也，易世而無以相賤。故曰至人不留行焉。夫尊古而卑今，學者之流也。且以狶韋氏之流觀今之世，夫孰能不波？唯至人乃能遊於世而不僻，順人而不失己。彼教不學，承意不彼。

能遊者則遊之，不能遊者終於不能，此言世有達者，有不達者也。遊，自樂之意也。流遁，逐物而忘返也；決絶，與世判然自異也。任，爲也，至知厚德，循自然之人，則其所爲無流遁決絶之失矣。覆墜，言陷溺於世故也；火馳，逐於世如火之急也。此皆爲世俗所累而不能反身自顧，故曰不反不顧，言不能回光返照〔一〕也。雖一時之間，有貴有賤，名爲君臣，而没身之後，貴賤何有？言王侯與螻蟻同盡，隨丘墟也。惟至人之所行，則於世無留戀之意，故曰至人不留行焉。古今人情，大抵相類，安有淳澆之别？學者尊古而卑今，不知世變者也。狶韋氏，三皇五帝之先也。若以天地之初上古之世而觀於今日，則皆爲波蕩流逐而失其性者矣〔二〕，故曰夫孰能不波。學者之古今，只自三皇五帝爲始，此蓋譏貶古帝王之意。僻，偏也，遊於世而無所偏倚，不以古今爲是非也。雖和光同塵〔三〕，不與世相忤，而我之所存者自在，故曰順人而不失己。彼之所教，自以爲是，我固不學之，然亦承順其意而無彼我之分，此即齊物因是之意，故曰承意不彼。

校　注

〔一〕「回光返照」，見三九九頁注〔一〕。

〔二〕自「有言王侯」至「失其性者矣」一段，宋本在「貴賤何」下，道藏本錯簡在「無彼我之分此」下，施本同，而以「貴賤何」不成文，因補一「異」字，「此有言」不可通，故改作「此猶言」，今皆據宋本乙正。

〔三〕「和光同塵」，老子五十六章：「塞其兑，閉其門，挫其鋭，解其忿，和其光，同其塵，是謂玄同。」

目徹爲明，耳徹爲聰，鼻徹爲顫，口徹爲甘，心徹爲知，知徹爲德。凡道不欲壅，壅則哽，哽而不止則跈，跈則衆害生。物之有知者恃息，其不殷，非天之罪。天之穿之，日夜無降，人則顧塞其竇。

徹，通也，得自然之理而大通徹，則耳目之所視聽爲真聰真明，鼻口之所嗅味爲真顫真甘，心之所知者爲真知，德爲至德矣。壅，壅塞窒礙也；哽，哽咽而不通也；跈者，足所踐之迹也。我之見道，苟窒礙哽塞而不能自覺，則累於形迹矣。不止，迷而不知止也。既累於形迹，則衆害生矣。息，生也，生之謂性，人皆有之，有此受生之性而後有所知覺，所謂知覺者，恃此息也，人莫不然。而或至於不當其理者，豈天靳之？不殷，不當也。天理之在人心，日夜發見，其孔竅發見處，何嘗有止息？故曰天之穿之，日夜無降。穿，心竅也；無降，無止也。竇，亦心竅也。人以物慾而自蔽惑，是塞其竇也。顧，乃也。

胞有重閬，心有天遊。室無空虛，則婦姑勃磎。心無天遊，則六鑿相攘。大林丘山之善於人也，亦神者不勝。德溢乎名，名溢乎暴，謀稽乎諡，知出乎爭，柴生乎守，官事果乎衆宜。春雨日時，草木怒生，銚鎒於是乎始修，草木之到植者過半而不知其然。

胞，脬膜也，人身皮肉之内，有一重膜包絡此身。重閬者，空曠也。人身之内，如此空曠，而心君主之，以天理自樂，則謂之天遊。勃磎，爭鬬也，窄小之屋，婦姑常在面前，則易至於爭鬬，此即不虚曠之喻。心纔蔽塞，不知天理之樂，則六鑿必至於相攘逆。六鑿，六根也。大林丘山，人見之而必喜者，是其平日耳目窄隘，不能存自然之神以勝外物，忽然一見空遠之地，則以爲喜，故曰亦神者不勝。求名於外，則德性自蕩溢矣；暴急而不自安，則名亦蕩溢矣，言併與名失之也。有諡急之意，而後稽度於智謀之事，諡與弦同；有爭競之心，而後〔一〕智謀所由出；守執不化，而後柴梗不樂之意所由生。果，實也，塞也，逍遥遊〔二〕曰腹猶果然之果也。求衆事之皆宜而後分職以任事者，有固必不通之弊，此言癡兒了官事，官事不可了也。〔三〕銚鎒，田器也。春雨時至，草木奮然而生，故曰怒生。當此之時，人知修田器以爲耕種之事，則必鋤拔其草木，其草木之得雨而方生植者皆傾倒過半矣。到與倒同，子美曰「霜倒半池蓮」，即此倒字。銚鎒之人，豈戕賊草木之生哉？爲耕種之計，不得不然，亦不自知其於生意有害也。此意蓋言生者方生，拔者自拔，草木雖去，而耕種之物又生，便是其成也，毁也，其毁也，成也。〔四〕由此而觀，則成敗、得喪、死生、禍福，皆當聽其自然，何必容心乎？自德溢乎名而下，皆容心之失也，能無容心，則有天遊矣。

校注

〔一〕「後」，原脱，據宋本、道藏本補。

〔二〕「逍遥遊」，原作「齊物」，道藏本同，據宋本改。

〔三〕「癡兒」二句，晉書卷四十七傅咸傳：「（夏侯）駿弟濟素與咸善，與咸書曰：『江海之流混混，故能成其深廣也。天下大器，非可稍了，而相觀每事欲了。生子癡，了官事，官事未易了也。了事正作癡，復爲快耳。』」

〔四〕「其毁也，成也」，原無此五字，據宋本、道藏本補。

静然可以補病，眥㸚可以休老，寧可以止遽。雖然，若是，勞者之務也，非佚者之所，未嘗過而問焉。

静然者，安然也；補病者，去故即新，捨末而歸本也。此心能安然，則向之失者，可以補而全之矣。眥音剪，㸚音滅，眥㸚者，屏去〔一〕物欲而全其天理，則可以優游而至老。遽，急也，能寧其心，則可以止遽矣。此三句皆言既失而復得〔二〕，楊子曰「先病而後瘳」〔三〕也，故曰雖然，若是，勞者之務也。若是句絶，言其已見物累之若是，而後能自悔，若夫安佚自得之人，胸中本來泰然自得，則不問及此矣。佚，自得者也，非佚者之所，猶曰非佚者之事也。所，猶「所其無逸」〔四〕之所也。

校　注

〔一〕「去」，宋本、道藏本作「除」。

〔二〕「得」，宋本、道藏本作「猶」。

〔三〕「楊子曰」句，揚雄法言孝至：「或問德，有始而無終，與有終而無始也，孰寧？曰：寧先病而後瘳乎？寧先瘳而後病乎？」

〔四〕「所其無逸」，見書無逸。

聖人之所以駴天下，神人未嘗過而問焉；賢人所以駴世，聖人未嘗過而問焉；君子所以駴國，賢人未嘗過而問焉；小人所以合時，君子未嘗過而問焉。演門有親死者，以善毁，爵爲官師，其黨人毁而死者半。

因未嘗問一句，又生下四句。駴與駭同，聖人以仁義而治天下，是駴之也，神人則無此矣。賢者以盛德而駭世，聖人則無此矣。君子則以聲名而駭其一國，賢人則無此矣。小人則營營以求合於一時，君子則無此矣。演門，地名也。善毁，孝也，以孝而得爵，遂爲官師，其黨人慕之，乃至有哀毁而死者，言好名之爲累也。官師，猶今曰官員也。

堯與許由天下，許由逃之。湯與務光，務光怒之。紀他聞之，帥弟子而踆於窾水，諸侯弔之。三年，申徒狄因以踣河。

許由、務光以隱得名，紀他慕之，亦相率而隱於窾水。踆與蹲同，此一字，鄙薄之之意也。紀他之意，亦欲諸侯以國讓之，而諸侯但以其苦，弔之而已，已自可笑。三年之後，申徒狄又慕隱名，以至自投於河。此蓋極言好名之累也。

筌者所以在魚，得魚而忘筌；蹄者所以在兔，得兔而忘蹄；言者所以在意，得意而忘言。吾安得夫忘言之人而與之言哉？」

上面既説盡了，却以筌蹄之語結末，亦與前篇言而足、言而不足體格一同。筌、蹄，取魚、取兔之具也，既得則無用矣。言，寓意也，得其意則忘言矣，不能忘言，則泥着而失其意矣，惟忘言者而後可與言。此篇文亦精細。在兔，意在於得兔也。

莊子鬳齋口義卷九

雜篇寓言第二十七

寓言十九，重言十七，巵言日出，和以天倪。寓言十九，藉外論之。親父不爲其子媒，親父譽之，不若非其父者也。非吾罪也，人之罪也。與己同則應，不與己同則反。同於己爲是之，異於己爲非之。

此篇之首，乃莊子自言，其一書之中，有三種説話。寓言者，以己之言借他人之名以言之；十九者，言此書之中十居其九，謂寓言多也，如齧缺、王倪、庚桑楚之類是也。重言者，借古人之名以自重，如黄帝、神農、孔子是也；十七者，言此書之中，此類十居其七也。巵，酒巵也，人皆可飲，飲之而有味，故曰巵言；日出者，件件之中有此言也。和，調和也；天倪，天理也。以天理而調和衆人之心也。藉，借也，不出於己而出於他人曰外，故曰藉外論之。父譽其子以求婚，則其人必不信，故必借他人以譽之，此譬喻也。此罪不在我，因人之不見信，故有此寓言也。若以爲出於我，則在人之見必有同異之分。應，是之也；反，非之也。與己、不與己，此言他人自私之見也。

重言十七，所以已言也，是爲耆艾。年先矣，而無經緯〔一〕本末，以期年耆者，是非先也。人而無以先人，無人道也。人而無人道，是之謂陳人。

已，止也，已言，可以止其爭辯也。借重於耆艾之人，則聞者不敢以爲非，可以止塞其議論也。古先帝王聖賢，皆耆艾也。經緯本末，言知常知變、知首知終也；期年，期頤之年也。年雖先矣，而學無所見，但以期頤之年而稱爲耆宿，則其年雖先，不足爲先，謂無以過人也。人而無以過人，則是不能盡其爲人之道，此陳人而已。陳人，謂世間陳久無用之人也。此意蓋謂我之所借重者，皆耆艾可尊之人，非徒以爲前輩人物而借重之也。

校注

〔一〕「緯」，原作「綸」，據宋本、道藏本改。

卮言日出，和以天倪，因以曼衍，所以窮年。不言則齊，齊與言不齊，言與齊不齊也，故曰無言。言無言，終身言，未嘗言；終身不言，未嘗不言。有自也而可，有自也而不可；有自也而然，有自也而不然。惡乎然？然於然。惡乎不然？不然於不然。惡乎可？可於可。惡乎不可？不可於不可。物固有所然，物固有所可，無物不然，無物不可。非卮言日出，和以天倪，孰得其久？萬物皆種也，以不同形相禪，始卒若環，莫得其倫，是謂天均。天均者，天倪也。

曼衍者，游衍自得也。窮年者，以此送日月也。不言則齊，以無言之言，則歸於一理。齊，一也。以此一而形諸言，以其言而論此一，皆爲有所容心，則不得爲齊一矣，故曰齊與言不齊，言與齊不齊也。惟無言則齊，無言，無心之言也。終身言，未嘗言，無心於言也。終身不言，未嘗不言，不言之中亦可悟理，則非不言也。有自，有所由來也，言凡人之所謂可，所謂不可，所謂然，所謂不然，其言皆有所自來，故各是其所是，我則何從而然可之？惟隨其然者、可者而然之、可之，隨其不然者、不可者而不然之、不可之。物固有所然，謂凡物各有所是也，既各有所是，則物物皆是，故曰無物不然，無物不可，此意齊物中論之甚詳。非卮言日出，和以天倪，孰得其久者，言我非以自然之言而調和衆口，若與之同爲是非，則豈能要諸久遠哉？蓋謂自然之理，千古萬古跌不破也。萬物之種，同出於造物，以其不同形而相代於天地之間，則人以草爲草，木爲木，禽爲禽，獸爲獸，但見其形之不同，而不知同出於元氣，其種則一也。萬物之在天地，往來終始，若循環然，其倫理之妙，人莫得而窮之，謂其不可盡知也。此之謂天均，均者，同也，天理之同者，故曰天均。

莊子謂惠子曰：「孔子行年六十而六十化，始時所是，卒而非之，未知今之所謂是之，非五十九非也？」惠子曰：「孔子勤志服知也。」莊子曰：「孔子謝之矣，而其未之嘗言。孔子云：『夫受才乎大本，復靈以生。鳴而當律，言而當法，利義陳乎前，而好惡是非，直服人之口而已矣。使人乃以心服，而不敢蘁立，定天下之定。』已乎已乎，吾且不得及彼乎。」

服知者，服，事也，知，知見也，勤心以從事於知見，謂博學也。謝者，去也，言孔子已謝去博學之事而進於道，但未嘗與人言爾。孔子云者，莊子舉孔子之言，謂孔子嘗有此語也。受才乎大本，猶言受性於太始也，大本卽造物也。靈，知覺之性也，復，返也，反而歸之本來知覺之性，而後可以盡人生之道，故曰復靈以生。鳴，亦言也；律，卽法也；當者，言皆當理也。以利義陳於前，而有所是非好惡，則人與我對立，可以服其口，而未能服其心。是必舍去義利，而忘其是非好惡，乃可以使人心服，而無敢與我對立而爲忤者，而後可以定天下之定理矣。蘁，忤逆也，蘁立者，對面而立，則我爲順，而彼爲逆。周禮曰「以受諸侯之逆」〔一〕，亦言向我而來者爲逆也。莊子既稱夫子之言，乃對惠子而歎曰：已乎已乎，我安得及彼孔子哉？只此可見，莊子非不知敬吾聖人者。

校注

〔一〕「以受諸侯之逆」，周禮夏官司馬：「掌諸侯之復逆。」

曾子再仕而心再化，曰：「吾及親仕，三釜而心樂。後仕，三千鍾不洎，吾心悲。」弟子問于仲尼曰：「若參者，可謂無所縣其罪乎？」曰：「既已縣矣。夫無所縣者，可以有哀乎？彼視三釜、三千鍾，如觀雀蚊虻相過乎前也。」

不洎，言不及其親也〔一〕。無所縣其罪乎者，縣，繫累也，謂曾子此言，有繫累之罪乎，無繫累之罪乎？蓋疑其前後兩變，有悲有喜也。既已縣矣者，謂止此悲喜之心，便是有所繫累也。若無所繫累，則外物之輕重過於吾之前者，猶鳥雀蚊虻然，豈以此爲悲喜哉？纔有悲喜，則有心矣。

校注

〔一〕「也」，原作「見」，據宋本、道藏本改。

顏成子游謂東郭子綦曰：「自吾聞子之言，一年而野，二年而從，三年而通，四年而物〔二〕，五年而來，六年而鬼入，七年而天成，八年而不知死、不知生，九年而大妙。」

一年而野，返其朴也。二年而從，從順也，於是非喜惡無所逆也。三年而通，大通徹也。四年而物，猶槁木死灰也。五年而來，寂滅之中又有不寂滅者也，禪家所謂大死人却活〔三〕是也。鬼入者，納造化於其胸中也。天成者，與天爲一也。不知死、不知生，無入而不自得也。大妙者，極其玄也。自一年至九年，此卽借爲節次之語，此事非可以歲月計也。

校注

〔一〕「四年而物」，原脱此四字，據宋本、道藏本補。

〔二〕「大死人却活」，碧巖錄四十一則：「趙州問投子：『大死底人却活時，如何？』」言一切妄想都斷盡，却又智慧朗照。

生有爲，死也。勸公，以其死也，有自也；而生陽也，無自也。而果然乎？惡乎其所適？惡乎其所不適？

此數句言無生無死之理。生有爲者，言以生爲有生，則有死矣，有死生之見，自私者也。若以至公之理而勸之，欲其知造物之間，無不死之物，故曰勸公，以其死也。然謂之死，則是有所自矣。謂之死而有所自，則求其生於萌動之始，本無所自，旣其始也無生，則安得有死？陽，動之始也。以死生之理如此言之，不知其果然乎否也。所適，然也，所不適，不然也，要其盡而觀，則惡乎然，惡乎不然？言謂之有亦非，謂之無亦非，故曰而果然乎？惡乎其所適？惡乎其所不適？

天有歷數，地有人據，吾惡乎求之？莫知其所終，若之何其無命也？莫知其所始，若之何其有命也？有以相應也，若之何其無鬼耶？無以相應也，若之何其有鬼耶？」

歷數，星辰日月之往來，有曆書度數也；人據，人迹之所至，有可考據者，猶言圖經也。以歷數及人據而求之，果可以盡天地之理乎？故曰吾惡乎求之。天地之間，日還月往〔一〕，誰能知其所終？其運而往也，必有造物主之，安得謂之無命？然芒芒之初，本來無物，安得謂之有命？朝必有暮，寒必有暑，時至氣應，毫髮不差，如此相應，安得謂之無鬼神？然謙者未必福，仁者未必壽，幽明之間，有時而不相應，安得謂之有鬼神？此數句乃發明造物不可知之意。

校注

〔一〕「往」，宋本、道藏本作「化」。

衆罔兩問於景曰：「若向也俯而今也仰，向也括而今也被髮，向也坐而今也起，向也行而今也止，何也？」景曰：「叟叟也，奚稍問也？予有而不知其所以。予，蜩甲也，蛇蜕也，似之而非也。火與日，吾屯也；陰與夜，吾代也。彼，吾所以有待邪？而况乎以有待者乎？彼來則我與之來，彼往則我與之往，彼强陽則我與之强陽。强陽者又何以有問乎？」

叟叟，若隱若顯之意也。稍，略也，率略意也，謂其何爲率然有此問也。予之所有，本自不知其所以然者，故曰予有而不知其所以。蜩已化而甲在，蛇已化而蜕在，蓋以形之動者，比蛇蜩之生，而以影比蜕甲也。似之而非者，言以此爲比，亦近似之而非果然也。在日與火之中，則有此影，故曰屯。屯，聚也。晝陰而無日，夜至而無火，則影不可見，是代去也。彼，指形也，吾，影也，言吾之所待者彼乎？故曰彼，吾所以有待邪？然形之動也，又有所待，故曰而况乎以有待者乎。强陽，動也，形待强陽之氣而動，彼形之所以往來者，强陽也，彼以强陽而動，我亦從之。其爲强陽者，本非形之所知，汝又何問我乎？此段與齊物同，但添强陽、火日之説，又要弄筆頭，禪家所謂重説偈言〔一〕也。

校注

〔一〕「重説偈言」，禪家謂重覆説法之義。古尊宿語録卷二十舒州白雲山海會演和尚初住四面山語録：「師入院，開堂日，宣疏了，乃云：『疏帖一時讀了，若是具金剛眼睛底，何必重説偈言？』」

陽子居南之沛，老聃西遊於秦，邀於郊，至於梁而遇老子。老子中道仰天而歎曰：

「始以汝爲可教，今不可也。」陽子居不答。至舍，進盥漱巾櫛，脱屨户外，膝行而前曰：「向者弟子欲請夫子，夫子行不閒，是以不敢。今閒矣，請問其過。」老子曰：「而睢睢盱盱，而誰與居？大白若辱，盛德若不足。」陽子居蹴然變容曰：「敬聞命矣。」其往也，舍者迎將，其家公執席，妻執巾櫛，舍者避席，煬者避竈。其反也，舍者與之爭席矣。

請問其過者，言夫子謂我不可教，其過在何處也。睢睢盱盱，矜持而不自在之貌。誰與居者，言其物我未忘，常若與人同居也。大白若辱者，明而自晦之意。盛德若不足者，言其雖有而不自居也。迎將，迎送也；家公，旅邸之主也；執席、執巾櫛，奉承之也；煬者，炊者也；避舍、避竈，敬之也；爭席者，不知其可敬也。未聞老子之言之先，有矜持自名之意，故人見而敬之。既得點化，則退然自晦，而人視之以爲常人矣。此篇文亦細。

雜篇讓王第二十八

堯以天下讓許由，許由不受。又讓於子州支父，子州支父曰：「以我爲天子，猶之可也。雖然，我適有幽憂之病，方且治之，未暇治天下也。」夫天下，至重也，而不以害其生，又況他物乎？唯無以天下爲者，可以託天下也。舜讓天下於子州支伯，子州支伯曰：「予適有幽憂之病，方且治之，未暇治天下也。」故天下，大器也，而不以易生，此有道者之所以異乎俗者也。

幽憂者，猶今言暗疾也。無以天下爲者，言不欲爲天子者，方可託之以天下，是有天下而不與者也。異於俗者，言其與世俗不同也。

舜以天下讓善卷，善卷曰：「予立於宇宙之中，冬日衣皮毛，夏日衣葛絺；春耕種，形足以勞動；秋收斂，身足以休食；日出而作，日入而息，逍遥於天地之間而心意自得。吾何以天下爲哉？悲夫，子之不知予也。」遂不受，於是去而入深山，莫知其處。舜以天下讓其友石户之農，石户之農曰：「捲捲乎后之爲人，葆力之士也。」以舜之德爲未至也，於是夫負妻戴，攜子以入於海，終身不反也。

捲捲，自勞之貌。葆力，勤苦用力也。德爲未至者，言非自然之德。二人皆逃而去之，妻以首戴，夫以背負，共攜其子而逃。此二段無斷語者，卽與前意同。

大王亶父居邠，狄人攻之。事之以皮帛而不受，事之以犬馬而不受，事之以珠玉而不受，狄人之所求者土地也。大王亶父曰：「與人之兄居而殺其弟，與人之父居而殺其子，吾不忍也。子皆勉居矣。爲吾臣與爲狄人臣奚以異？且吾聞之，不以所用養害所養。」因杖筴而去之。民相連而從之，遂成國於岐山之下。夫大王亶父可謂能尊生矣。能尊生者，雖富貴不以養傷身，雖貧賤不以利累形。今世之人居高官尊爵者，皆重失之，見利，輕亡其身，豈不惑哉？

所用養者，謂資之以自養者也，卽土地也。所養，百姓也。尊生者，以身爲重，以外物爲輕也，此譏當時患失之士。

越人三世弑其君，王子搜患之，逃乎丹穴。而越國無君，求王子搜不得，從之丹穴。王子搜不肯出，越人薰之以艾，乘以王輿。王子搜援綏登車，仰天而呼曰：「君乎君乎，獨不可以舍我乎？」王子搜非惡爲君也，惡爲君之患也。若王子搜者，可謂不以國傷生矣，此固越人之所欲得爲君也。

君乎君乎，言以我爲國君乎。惟無意於爲君者，方可託以國，故曰越人所欲得爲君也。

韓、魏相與爭侵地。子華子見昭僖侯，昭僖侯有憂色。子華子曰：「今使天下書銘於君之前，書之言曰：『左手攫之則右手廢，右手攫之則左手廢，然而攫之者必有天下。』君能攫之乎？」昭僖侯曰：「寡人不攫也。」子華子曰：「甚善。自是觀之，兩臂重於天下也，身亦重於兩臂。韓之輕於天下亦遠矣，今之所爭者，其輕於韓又遠。君固愁身傷生以憂戚不得也。」僖侯曰：「善哉，教寡人者衆矣，未嘗得聞此言也。」子華子可謂知輕重矣。

攫，拏取之也。銘，猶契約也。廢，斷而去之也。攫其銘而可以有天下，愛其身者，且不攫之，況以韓國比之天下，則輕矣。以不得爲憂戚，乃至於愁身傷生，將以自喪，又重於失一臂矣，故曰知輕重。此喻甚有益於世俗。此段文似内篇。

魯君聞顏闔得道之人也，使人以幣先焉。顏闔守陋閭，苴布之衣而自飯牛。魯君之使者至，顏闔自對之。使者曰：「此顏闔之家與？」顏闔對曰：「此闔之家也。」使者致幣，顏闔對曰：「恐聽者謬而遺使者罪，不若審之。」使者還，反審之，復來求之，則不得已。故若顏闔者，真惡富貴也。故曰：道之真以治身，其緒餘以爲國家，其土苴以治天下。由此觀之，帝王之功，聖人之餘事也，非所以完身養生也。今世俗之君子，多危身棄生以殉物，豈不悲哉？凡聖人之動作也，必察其所以之與其所以爲。今且有人於此，以隨侯之珠彈千仞之雀，世必笑之。是何也？則其所用者重而所要者輕也。夫生者，豈特隨侯之重哉？

苴布，粗布也。聽者謬，言誤聽也。土苴，糟粕也，其意謂帝王治天下國家之功，在聖人之道，皆餘事耳。身者，天下國家之本，修身則可以治天下國家，此聖賢之論也。莊子之言如此分別，人皆謂其以精粗分作兩截，殊不知其意只謂知道之人，不以外物累其本心，如堯之非心黄屋，如舜、禹之有天下不與，如此方可以盡無爲之治，但其言抑揚太甚耳。緒餘土苴四字，只就餘字上生，亦猶曰塵垢粃糠可以陶鑄堯、舜也。其造語過當處，皆此類。荆公之學，真箇把做兩截看了，却欲以此施用，多舉緒餘土苴之語，所以朱文公深辯之〔一〕。莊子立言之過，或誤後世，似亦可罪，然其心實不然也。危身棄生以殉物，便是以外物累其心也。所以之，所以往也。所以之、所以爲，兩句只一意。以珠彈雀，人必不肯，以物累身，人則不知，此譬喻甚明切。此一段文似内篇。

校　注

〔一〕朱文公之辯，朱文公文集卷七十讀兩陳諫議遺墨：「若夫道德性命之與刑名度數，則其精粗本末雖若有間，然其相爲表裏，如影隨形，則又不可得而分别也。今謂安石之學獨有得於刑名度數，而道德性命則爲有所不足，是不知其於此既有不足，則於彼也亦將何自而得其正耶？」

子列子窮，容貌有饑色。客有言之於鄭子陽者，曰：「列禦寇，蓋有道之士也，居君之國而窮，君無乃〔一〕爲不好士乎？」鄭子陽即令官遺之粟。子列子見使者，再拜而辭。使者去，子列子入，其妻望之而拊心曰：「妾聞爲有道者之妻子，皆得佚樂。今有饑色，君過而遺先生食，先生不受，豈不命邪？」子列子笑謂之曰：「君非自知我也。以人之言而遺我粟，至其罪我也，又且以人之言，此吾所以不受也。」其卒，民果作難而殺子陽。

鄭國之相曰子陽，列子，鄭人也。以人言而遺粟，言其非真知己，既非真知己則譽者可信，毁亦可信矣，此説亦甚切當。此段與列子同。

校注

〔一〕「乃」，原作「以」，據宋本、道藏本改。

楚昭王失國，屠羊説走而從於昭王。昭王反國，將賞從者，及屠羊説。屠羊説曰：

「大王失國，説失屠羊；大王反國，説亦反屠羊。臣之爵禄已復矣，又何賞之有？」王曰：「強之。」屠羊説曰：「大王失國，非臣之罪，故不敢伏其誅；大王反國，非臣之功，故不敢當其賞。」王曰：「見之。」屠羊説曰：「楚國之法，必有重賞大功而後得見，今臣之知不足以存國而勇不足以死寇。吳軍入郢，説〔一〕畏難而避寇，非故隨大王也。今大王欲廢法毀約而見説，此非臣之所以聞於天下也。」王謂司馬子綦曰：「屠羊説居處卑賤而陳義甚高〔二〕，子綦爲我延之以三旌之位。」屠羊説曰：「夫三旌之位，吾知其貴於屠羊之肆也；萬鍾之禄，吾知其富於屠羊之利也，然豈可以貪爵禄而使吾君有妄施之名乎？説不敢當，願復反吾屠羊之肆。」遂不受也。

大王反國，説反屠羊，言各得其本分事也。三旌，三公也，三公之車服，各有旌別，故曰三旌。此段亦佳。

校注

〔一〕「説」，原作「越」，據宋本、道藏本改。

〔二〕「高」，原作「焉」，據宋本、道藏本改。

原憲居魯，環堵之室，茨以生草，蓬户不完，桑以爲樞，而甕牖二室，褐以爲塞，上漏下濕，匡坐而弦。子貢乘大馬，中紺而表素〔一〕，軒車不容巷，往見原憲。原憲華冠縰履，杖藜而應門。子貢曰：「嘻，先生何病？」原憲應之曰：「憲聞之，無財謂之貧，學而不能行謂之病。今憲貧也，非病也。」子貢逡巡而有愧色。原憲笑曰：「夫希世而行，比周而友，學以爲人，教以爲己，仁義之慝，輿馬之飾，憲不忍爲也。」

茨者，苫也，以草蓋屋也。夫妻二室，皆以甕爲牖，故曰甕牖二室。壁中鑿而取明者曰牖。舊衣而塞其牖，抵風雨也，故曰褐以爲塞。弦，拊琴瑟也；匡坐，正坐也。紺，深青赤色也；表素者，以白色爲外衣也。軒車不容巷，言巷小而車大也。華冠，華皮爲冠也；縰履，曳其履也。希世而行，言其以所行而媚世也。比周而友，所交非人也。學不爲己而爲人，教人非爲道而爲利。假仁義以文姦，故曰仁義之慝。

校注

〔一〕「表素」，原作「素裳」，據宋本、道藏本改。

曾子居衛，緼袍無表，顏色腫噲，手足胼胝。三日不舉火，十年不製衣，正冠而纓絶，捉衿而肘見，納屨而踵決。曳縰而歌商頌，聲滿天地，若出金石。天子不得臣，諸侯不得友。故養志者忘形，養形者忘利，致道者忘心矣。

緼袍，今之絮衣也；無表者，外破而露其絮也。腫噲，虚浮也。正冠而纓絶，方欲正其冠，而纓又絶，纓所以維其冠也。肘見，衿之袖已破也。踵決，屨之後已破也。曳縰，扶曳而行也。商頌，所歌之曲也。若出金石，有節奏也。養志者忘形，不以養身者累其心也。養形者忘利，不逐外物以勞其身也。致道者忘心，無心則近道也。

孔子謂顔回曰：「回，來。家貧居卑，胡不仕乎？」顔回對曰：「不願仕。回有郭外之田五十畝，足以給飦粥；郭内之田十畝，足以爲絲麻；鼓瑟〔一〕足以自娱；所學夫子之道者足以自樂也。回不願仕。」孔子愀然變容曰：「善哉回之意。丘聞之：『知足者不以利自累也，審自得者失之而不懼，行修於内者無位而不怍。』丘誦之久矣，今於回而後見之，是丘之得也。」

郭外，田也；郭内，園也。顔子未必有此，莊子之言亦未必可信。所學夫子之道足以自樂，樂者何物也？故二程每教人求顔子樂處〔二〕，此不可草草看過也。知足者不以利自累，言足乎己，無待於外也。審者，信也，在我者真有以自得，則外物之失不足喜懼也。無位而不怍，不以人不知爲愧也。誦之久矣，於今見之，謂昔聞其語，今見其人也。丘之得者，言真得友也。

校注

〔一〕「瑟」，宋本、道藏本作「琴」。

〔二〕「二程」句，河南程氏粹言聖賢篇：「鮮于侁問曰：『顏子何以不能改其樂？』子曰：『知其所樂，則知其不改。謂其所樂者何樂也？』曰：『樂道而已。』子曰：『使顏子以道爲可樂而樂乎，則非顏子矣。』」河南程氏遺書卷十二：「簞瓢陋巷非可樂，蓋自有其樂耳。『其』字當玩味，自有深意。」尚有他處論及。

中山公子牟謂瞻子曰：「身在江海之上，心居乎魏闕之下，奈何？」瞻子曰：「重生。重生則利輕。」中山公子牟曰：「雖知之，未能自勝也。」瞻子曰：「不能自勝則從，神無惡乎？不能自勝而強不從者，此之謂重傷。重傷之人，無壽類矣。」魏牟，萬乘之公子也，其隱巖穴也，難爲於布衣之士，雖未至乎道，可謂有其意矣。

心居魏闕者，未能忘富貴也。重生則輕利，知本心之可貴，則外物輕也。雖知之，未能自勝者，理未能勝欲也。不能自勝則從者，謂此心未能自已，則且聽而順之，此言在江海之間而時起此念，不必強爲抑遏也。若強爲抑遏，則能內傷其神，亦或至於致病，故曰不能自勝則從。從，順之也。順之則於神無傷，故曰神無惡乎。不能自勝，一傷也，此念動時也，若於念起之時強抑遏而不順之，則苦於自制，是二傷也，故曰重傷。此非自壽之道。無壽類者，不入壽者之類也。魏牟以公子而爲隱者，故其自勝愈難，雖所學未至於道，亦有向道之意矣，此語卽中庸「勉而行者」〔一〕之事。

校注

〔一〕「勉而行者」，禮記中庸：「勉強而行之。」

孔子窮於陳蔡之間，七日不火食，藜羹不糁，顔色甚憊，而弦歌於室。顔回擇菜，子路、子貢相與言曰：「夫子再逐於魯，削迹於衛，伐木〔二〕於宋，窮於商周，圍於陳蔡，殺夫子者無罪，藉夫子者無禁。弦歌鼓琴，未嘗絶音，君子之無恥也若此乎？」顔回無以應，入告孔子。孔子推琴，喟然而嘆曰：「由與賜，細人也。召而來，吾語之。」子路、子貢入。子路曰：「如此者可謂窮矣。」孔子曰：「是何言也？君子通於道之謂通，窮於道之謂窮。今丘抱仁義之道以遭亂世之患，其何窮之爲？故内省而不窮於道，臨難而不失其德，天寒既至，霜雪既降，吾是以知松柏之茂也。陳蔡之隘，於丘其幸乎。」孔子削然反琴而弦歌，子路扢然執干而舞。子貢曰：「吾不知天之高也，地之下也。」古之得道者，窮亦樂，通亦樂。所樂非窮通也，道德於此，則窮通爲寒暑風雨之序矣。故許由娱於潁陽，而共伯得乎丘首。」

藜羹不糝，言有菜而無米也。藉，陵轢之也；無禁者，不以爲罪也。天寒既至，知松柏之茂，即所謂歲寒而後知松柏也。因陳蔡之阨，而後聖人固窮之道可以自見，可以爲法於後世，故曰於丘其幸乎。削然，瀟灑之意；反琴者，再取琴而彈之也。扢然，躍然也，子路聞此言而喜也。子貢以下數句，謂子貢因此而悟也。丘首，山名也；所謂共伯未必爲共和，大抵皆寓言，難以實求之。其意蓋謂子貢喜而有言，遂稱許由之徒所以能終隱者，亦是窮而樂其道也。許由、共伯，皆託子貢之言。商周者，周之都有商之舊地舊民也。

校注

〔一〕「木」，宋本、道藏本作「樹」。

舜以天下讓其友北人無擇，北人無擇曰：「異哉后之爲人也，居於畎畝之中而遊堯之門。不若是而已，又欲以其辱行漫我。吾羞見之。」因自投清泠之淵。

不若是而已，言舜之所爲已自不是，汝之自失止在一身，可以已矣，而又欲汙我，遂投淵而死。此事他無經見，亦只寓言也。辱行，猶曰穢德也。

湯將伐桀，因卞隨而謀，卞隨曰：「非吾事也。」湯曰：「孰可？」曰：「吾不知也。」湯又因瞀光而謀，瞀光曰：「非吾事也。」湯曰：「孰可？」曰：「吾不知也。」湯曰：「伊尹何如？」曰：「強力忍垢，吾不知其他也。」湯遂與伊尹謀伐桀，剋之，以讓卞隨。卞隨辭曰：「后之伐桀也謀乎我，必以我爲賊也；勝桀而讓我，必以我爲貪也。吾生乎亂世，而無道之人再來漫我以其辱行，吾不忍數聞也。」乃自投椆水而死。湯又讓瞀光曰：「知者謀之，武者遂之，仁者居之，古之道也。吾子胡不立乎？」瞀光辭曰：「廢上，非義也；殺民，非仁也；人犯其難，我享其利，非廉也。吾聞之曰：『非其義者，不受其祿，無道之世，不踐其土。』況尊我乎？吾不忍久見也。」乃負石而自沉於廬水。

強力，有作爲之意；忍垢，耐世俗汙辱之事。武者遂之，言戰伐者成功也；仁者居之，以瞀光爲仁者也。卞隨、瞀光，皆古之隱者，但其自沉一節亦不可考，或亦寓言而已。

昔周之興，有士二人，處於孤竹，曰伯夷、叔齊。二人相謂曰：「吾聞西方有人，似有道者，試往觀焉。」至於岐陽，武王聞之，使叔旦往見之，與之盟曰：「加富二等，就官一列。」血牲而埋之。二人相視而笑曰：「嘻，異哉。此非吾所謂道也。昔者神農之有天下也，時祀盡敬而不祈喜；其於人也忠信，盡治而無求焉。樂與政爲政，樂與治爲治，不以人之壞自成也，不以人之卑自高也，不以遭時自利也。今周見殷之亂而遽爲政，上謀而下行貨，阻兵而保威，割牲而盟以爲信，揚行以説衆，殺伐以要利，是推亂以易暴也。吾聞古之士，遭治世不避其任，遇亂世不爲苟存。今天下闇，周德衰，其並乎周以塗吾身也，不如避之以潔吾行。」二子北至於首陽之山，遂餓而死焉。若伯夷、叔齊者，其於富貴也，苟可得已，則必不賴高節戾行。獨樂其志，不事於世，此二士之節也。

叔旦，叔者，弟之稱也。加富二等者，言倍其祿也；就官一列，極其品也。殺牲而取其血以盟，而後埋之。舉神農而言，謂上古之世不如此也。時祀，祭以時也；不祈喜者，祀而不求福也。盡治而無求者，無求名之心也。與政爲政，與治爲治，雖有爲而無容心也。遽爲政者，汲汲然修其善政也。下行貨者，言以爵祿而招誘天下之士也。阻兵，行險也；保威，立武也。揚行，揚其名也。以亂易暴，言與紂同惡也。其並乎周者，我若與周同乎斯世，是塗辱吾身也，猶曰「如以朝服朝冠坐於塗炭也」〔二〕。不賴者，不取以爲資也，后山云「親年方賴祿」，是用此賴字。戾行，亢也，刻意曰爲亢而已矣，即戾行也。言伯夷、叔齊非欲爲高節戾行，使於富貴稍有可受〔三〕之義，則必受之矣，亦不至爲此高亢之舉，惟其於義無可受之理，所以如此。天下闇，商亂也。周德衰者，謂周方興，而其所爲又如此也，惡其以智謀取天下，故曰德衰。此篇不全似莊子之筆，但隨珠彈雀、兩臂重天下、説反屠羊數段猶佳，然終不及他篇矣，若盜跖、説劍、漁父則又甚焉。

校注

〔一〕「如以」句，孟子萬章下：「如以朝衣朝冠坐於塗炭也。」

〔二〕「受」，原作「愛」，宋本同，據道藏本改。

雜篇盜跖第二十九

孔子與柳下季爲友，柳下季之弟名曰盜跖。盜跖從卒九千人，横行天下，侵暴諸侯，穴室樞户，驅人牛馬，取人婦女，貪得忘親，不顧父母兄弟，不祭先祖。所過之邑，大國守城，小國入保，萬民苦之。孔子謂柳下季曰：「夫爲人父者必能詔其子，爲人兄者必能教其弟。若父不能詔其子，兄不能教其弟，則無貴父子兄弟之親矣。今先生，世之才士也，弟爲盜跖，爲天下害，而弗能教也，丘竊爲先生羞之。丘請爲先生往説之。」柳下季曰：「先生言『爲人父者必能詔其子，爲人兄者必能教其弟』，若子不聽父之詔，弟不受兄之教，雖今先生之辯，將奈之何哉？且跖之爲人也，心如涌泉，意如飄風，強足以拒敵，辯足以飾非，順其心則喜，逆其心則怒，易辱人以言。先生必無往。」孔子不聽，顔回爲馭，子貢爲右，往見盜跖。盜跖乃方休卒徒太山之陽，膾人肝而餔之。孔子下車而前，見謁者曰：「魯人孔丘，聞將軍高義，敬再拜謁者。」謁者入通，盜跖聞之大怒，目如明星，髮上指冠，曰：「此夫魯國之巧僞人孔丘非邪？爲我告之：『爾作言造語，妄稱文、武，冠枝木之冠，帶死牛之脅，多辭謬説，不耕而食，不織而衣，摇脣鼓舌，擅生是非，以迷天下之主，使天下學士不反其本，妄作孝悌而儌倖於封侯富貴者也。子之罪大極重，疾走歸。不然，我將以子肝益晝餔之膳。』」孔子復通曰：「丘得幸於季，願望履幕下。」謁者復通，盜跖曰：「使來前。」孔子趨而進，避席反走，再拜盜跖。盜跖大怒，兩展其足，案劍瞋目，聲如乳虎，曰：「丘來前。若所言，順吾意則生，逆吾心則死。」孔子曰：「丘聞之，凡天下有三德：生而長大，美好無雙，少長貴賤見而皆説之，此上德也；知維天地，能辯諸物，此中德也；勇悍果敢，聚衆率兵，此下德也。凡人有此一德者，足以南面稱孤矣。今將軍兼此三者，身長八尺二寸，面目有光，脣如激丹，齒如齊貝，音中黃鐘，而名曰盜跖，丘竊爲將軍耻，不取焉。將軍有意聽臣，臣請南使吳、越，北使齊、魯，東使宋、衛，西使晉、楚，使爲將軍造大城數百里，立數十萬户之邑，尊將軍爲諸侯，與天下更始，罷兵休卒，收養昆弟，共祭先祖。此聖人才士之行，而天下之願也。」盜跖大怒曰：「丘來前。夫可規以利而可諫以言者，皆愚陋恒民之謂耳。今長大美好，人見而説之者，此吾父母之遺德也。丘雖不吾譽，吾獨不自知邪？且吾聞之，好面譽人者，亦好背而毁之。今丘告我以大城衆民，是欲規我以利而恒民畜我也，安可長久也？城之大者，莫大乎天下矣。堯、舜有天下，子孫無置錐之地；湯、武立爲天子，而後世絶滅，非以其利大故邪？且吾聞之，古者禽獸多而人民少，於是民皆巢居以避之，晝拾橡栗，暮棲木上，故命之曰有巢氏之民。古者民不知衣服，夏多積薪，冬則煬之，故命之曰知生之民。神農之世，臥則居居，起則于于，民知其母，不知其父，與麋鹿共處，耕而食，織而衣，無有相害之心，此至德之隆也。然而黄帝不能致德，與蚩尤戰於涿鹿之野，流血百里。堯、舜作，立羣臣，湯放其主，武王殺紂。自是之後，以強凌弱，以衆暴寡。湯、武以來，皆亂人之徒也。今子修文、武之道，掌天下之辯，以教後世，縫衣淺帶，矯言僞行，以迷惑天下之主，而欲求富貴焉，盜莫大於子。天下何故不謂子爲盜丘，而乃謂我爲盜跖？子以甘辭説子路而使從之，使子路去其危冠，解其長劍，而受教於子，天下皆曰孔丘能止暴禁非。其卒之也，子路欲殺衛君而事不成，身〔一〕菹於衛東門之上，是子教之不至也。子自謂才士聖人邪？則再逐於魯，削迹於衛，窮於齊，圍於陳蔡，不容身於天下。子教子路菹此患，上無以爲身，下無以爲人，子之道豈足貴邪？世之所高，莫若黄帝，黄帝尚不能全德，而戰涿鹿之野，流血百里。堯不慈，舜不孝，禹偏枯，湯放其主，武王伐紂，文王拘羑里。此六子者，世之所高也，孰論之，皆以利惑其真而強反其性情〔二〕，其行乃甚可羞也。世之所謂賢士，伯夷、叔齊，伯夷、叔齊〔三〕辭孤竹之君而餓死於首陽之山，骨肉不葬。鮑焦飾行非世，抱木而死。申徒狄諫而不聽，負石自投於河，爲魚鱉所食。介子推至忠也，自割其股以食文公，文公後背之，子推怒而去，抱木而燔死。尾生與女子期於梁下，女子不來，水至不去，抱梁柱而死。此四者無異於磔犬流豕、操瓢而乞者，皆離名輕死，不念本養壽命者也。世之所謂忠臣者，莫若王子比干、伍子胥。子胥沈江，比干剖心，此二子者，世謂忠臣也，然卒爲天下笑。自上觀之，至于子胥、比干，皆不足貴也。丘之所以説我者，若告我以鬼事，則我不能知也；若告我以人事者，不過此矣，皆吾所聞知也。今吾告子以人之情，目欲視色，耳欲聽聲，口欲察味，志氣欲盈。人上壽百歲，中壽八十，下壽六十，除病瘦、死喪、憂患，其中開口而笑者，一月之中不過四五日而已矣。天與地無窮，人死者有時，操有時之具而託於無窮之間，忽然無異騏驥之馳過隙也。不能説其志意、養其壽命者，皆非通道者也。丘之所言，皆吾之所棄也，亟去走歸，無復言之。子之道，狂狂伋伋，詐巧虚僞事也，非可以全真也，奚足論哉？」孔子再拜，趨走出門，上車，執轡三失，目芒然無見，色若死灰，據軾低頭，不能出氣。歸到魯東門外，適遇柳下季。柳下季曰：「今者闕然數日不見，車馬有行色，得微往見跖耶？」孔子仰天而嘆曰：「然。」柳下季曰：「跖得無逆汝意若前乎？」孔子曰：「然。丘所謂無病而自灸也。疾走，料虎頭，編虎須，幾不免虎口哉。」

入保者，閉門自守也。心如涌泉，言其氣方旺也。意如飄風，虚驕輕颺之意也。妄稱文、武，言妄稱文王、武王之道以自名。枝木，削木枝之皮以爲冠。牛脅，牛皮也。得幸於季，言與下季得相親也。望履幕下，言一見於幕下而望其履也，此再通謁之辭。知維天地，知可以包羅天地，天地不能出其知之外也。能辯諸物，才能可以辯名諸物也，謂其無不知也。其卒之也，要其終也。禹偏枯，言其胼胝也。孰論之，詳論之也。磔犬流豕，言其身之自殺如殺犬豕也；操瓢而乞，有求於人也。離，麗也，泥着於名也，故曰離名。不念本，不知其本真之性。伋伋，卽汲汲也。執轡三失，言轡屢落也。車馬有行色，言其似有所往而方歸也。微，無也，得無往見跖乎。若前乎者，若我前日之所言也。

校注

〔一〕「身」，原脱，據宋本、道藏本補。

〔二〕「性情」，宋本、道藏本作「情性」。

〔三〕「伯夷、叔齊」，原脱此四字，據宋本、道藏本補。

子張問於滿苟得曰：「盍不爲行？無行則不信，不信則不任，不任則不利。故觀之名，計之利，而義真是也。若棄名利，反之於心，則夫士之爲行，不可一日不爲乎。」滿苟得曰：「無耻者富，多信者顯。夫名利之大者，幾在無耻而信。故觀之名，計之利，而信真是也。若棄名利，反之於心，則夫士之爲行，抱其天乎。」子張曰：「昔者桀、紂貴爲天子，富有天下，今謂臧聚曰『汝行如桀、紂』，則有怍色，有不服之心者，小人所賤也。仲尼、墨翟窮爲匹夫，今謂宰相曰『子行如仲尼、墨翟』，則變容易色稱不足者，士誠貴也。故勢爲天子，未必貴也；窮爲匹夫，未必賤也；貴賤之分，在行之美惡。」滿苟得曰：「小盜者拘，大盜者爲諸侯，諸侯之門，義士存焉。昔者桓公小白殺兄入嫂而管仲爲臣，田成子常殺君竊國而孔子受幣。論則賤之，行則下之，則是言行之情悖戰於胸中也，不亦拂乎？故書曰：『孰惡孰美？成者爲首，不成者爲尾。』」子張曰：「子不爲行，即將疏戚無倫，貴賤無義，長幼無序，五紀六位將何以爲別乎？」滿苟得曰：「堯殺長子，舜流母弟，疏戚有倫乎？湯放桀，武王殺紂，貴賤有義乎？王季爲適，周公殺兄，長幼有序乎？儒者僞辭，墨者兼愛，五紀六位將有別乎？且子正爲名，我正爲利。名利之實，不順於理，不監於道。吾日與子訟於無約曰：『小人殉財，君子殉名。其所以變其情，易其性，則異矣；乃至於棄其所爲而殉其所不爲，則一也。』故曰：無爲小人，反殉而天；無爲君子，從天之理。若枉若直，相爲〔二〕天極；面觀四方，與時消息。若是若非，執而圓機；獨成而意，與道徘徊。無轉而行，無成而義，將失而所爲。無赴而富，無殉而成，將棄而天。比干剖心，子胥抉眼，忠之禍也；直躬證父，尾生溺死，信之患也；鮑子立乾，申子不自理，廉之害也；孔子不見母，匡子不見父，義之失也。此上世之所傳，下世之所語，以爲士者正其言，必其行，故服其殃，離其患也。」

盍不爲行者，言何不修其德行也。觀之名，計之利，而義真是者，言欲求名利，惟修義爲是也。人若棄名利，則反逆其心，無以自樂，必欲求之，非行義不可，此學干祿之意也。多信者顯，言多爲可信之言以求榮顯，此言假信之名以自利者。子張言以義求利，滿苟得則曰今之求名利者，詐而已矣，若謂棄名利而反逆其心，必欲得之，則縱吾心之所欲，以爲苟得自滿之計，猶爲天真而無矯揉，故曰抱其天也。小盜者拘，大盜者爲諸侯，卽前胠篋篇之論。言行之情悖戰於胸中，謂其行不顧言，言不顧行也。成者爲首，不成者爲尾，卽前所謂得其時者爲義之徒，失其時爲篡夫，此意蓋以仁義之行，皆爲詐僞而非天真也。五紀，五常也；六位，三綱也，君臣、父子、夫婦也。子正爲名者，謂汝以仁義之名求得，我則但爲利而已，不假矯僞之名也。爲名爲利，皆非真實道理，故曰名利之實，不順於理，不監於道。無約，無拘束而聽其自然也。曰滿苟得，曰無約，此又寓意於其名者，如前篇知、無爲之類也。棄其所爲者，捨其所當爲而不爲，謂不能存生保性也；徇其所不爲者，謂爲利爲名，乃其所不當爲者也。徇天理自然，則無君子小人之名矣，故曰無爲小人，反循而天，無爲君子，從天之理。言亦不爲君子，亦不爲小人，則可以徇從汝天理之自然矣。而，汝也。無曲無直，相而視之，皆自然至極之理，故曰若枉若直，相爲天極。東西南北，各有其方，而春夏秋冬屬焉，消息往來皆一氣也，故曰面觀四方，與時消息。執圓機則無是非，故曰若是若非，執而圓機。信意而行，獨得於我，則從容體道矣，故曰獨成而意，與道徘徊。轉，背也，背道而行，自名以義，以求成功，則失其所謂本真者矣，故曰無轉而行，無成而義，將失而所爲。而，汝也。趨赴於富而求殉其成功，則將失其自然之天矣，故曰無赴而富，無徇而成，將棄而天。凡曰無者，言莫如此也，禁止之意也。正其言，謂以忠信廉義之言爲實也；必其行者，謂必爲忠信廉義之行也。服，被也，離，麗也，言必遭其殃害也。子張欲行義以求富貴，因干祿之語〔二〕而借其名也。滿苟得則以苟得而滿其欲爲自然之道，故設爲問答之辭，意謂矯飾以求利達，不如直情之爲愈，蓋矯孟子「天爵」、「人爵」之説〔三〕也。

校　注

〔一〕「爲」，宋本、道藏本作「而」。下「故曰若枉若直，相爲天極」同。

〔二〕「干祿之語」，論語爲政：「子張學干祿。」

〔三〕孟子之説，孟子告子上：「孟子曰：『有天爵者，有人爵者。仁義忠信，樂善不倦，此天爵也。公卿大夫，此人爵也。古之人，修其天爵，而人爵從之；今之人，修其天爵，以要人爵。既得人爵，而棄其天爵，則惑之甚者也，終亦必亡而已矣。』」

無足問於知和曰：「人卒未有不興名就利者。彼富則人歸之，歸則下之，下則貴之。夫見下貴者，所以長生安體樂意之道也。今子獨無意焉，知不足邪，意知而力不能行邪，故推正不忘耶？」知和曰：「今夫此人，以爲與己同時而生、同鄉而處者，以爲夫絶俗過世之士焉？是專無主正，所以覽古今之時、是非之分也，與俗化世，去至重，棄至尊，以爲其所爲也。此其所以論長生安體樂意之道，不亦遠乎？慘怛之疾，恬愉之安，不監於體；怵惕之恐，欣懽之喜，不監於心。知爲爲而不知所以爲，是以貴爲天子，富有天下，而不免於患也。」

推正不忘者，言汝之無意於富貴，豈其智不足耶？意，度也，度汝亦知此而力有不及耶？故推正理以遏求富貴之心而不能忘耶？此人，富貴之人也，言此等富貴之人皆與我同生斯世，同處此鄉，豈是絶俗過世之士？言其非有甚高而不可及也，其意蓋謂此亦眼前人耳，我豈不知之？此人其心全無所主，全失其性命之正，但知趨時以求己分之益而爲流俗所化，言其所爲皆俗人也。是非之分者，言以他人爲非，以己爲是，自求其身之益也。古今，久近也，前一時如何，今一時如何，覽察其時之向背以自求利也。至重、至尊者，天理之自然也，皆棄而去之，獨爲其所諸求富貴之事，此豈長生安身養心之道也？求富貴之人，其身其心，或安或否，或悲或喜，迷而不覺，不能自見，故曰不監於體，不監於心。爲爲者，爲其所爲，乃人爲也；所以爲者，天理也。知有人爲，而不知有天理，雖爲天子，猶不免於損身之患害，況其下者乎？

無足曰：「夫富之於人，無所不利，窮美究勢，至人之所不得逮，聖〔二〕人之所不能及，俠人之勇力而以爲威強，秉人之知謀以爲明察，因人之德以爲賢良，非享國而嚴若君父。且夫聲色滋味權勢之於人，心不待學而樂之，體不待象而安之。夫欲惡避就，固不待師，此人之性也。天下雖非，我孰能辭之？」知和曰：「知者之爲，故動以百姓，不違其度，是以足而不爭，無以爲故不求。不足故求之，爭四處而不自以爲貪；有餘故辭之，棄天下而不自以爲廉。廉貪之實，非以迫外也，反監之度。勢爲天子而不以貴驕人，富有天下而不以財戲人。計其患，慮其反，以爲害於性，故辭而不受也，非以要名譽也。堯、舜爲帝而雍，非仁天下也，不以美害生也；善卷、許由得帝而不受，非虛辭讓也，不以事害己也。此皆就其利，辭其害，而天下稱賢焉，則可以有之，彼非以興名譽也。」

此又不言貴，只言富。窮美者，可以盡求其所好也；究勢者，可以盡權勢之事也。雖至人聖人，亦有不及焉，言其力量之可以自用也。俠人、因人、秉人，皆言其富可以使人也，即「十萬通神」〔三〕之意。欲，欲富也；惡，惡貧也。避貧而就富，不待教而後能，故曰不待師，此出於天性之自然也。天下之人雖皆以爲非，而我安能辭避之？此設爲貪者之言，無足，貪而不知足也，故名以無足，滿苟得之類也。動以百姓者，言智者之所爲，每以百姓之同得於天者爲主，故不敢自違於法度。百姓所同得，「有物有則」〔三〕者也，度卽則也。足而不爭，德足於己而無所爭也。無以爲故不求，爲不在人而在天，人力無所與，故曰無以爲，知人力之無所與，則不求矣。使其在我有所不足，則窮極四方而爭求之，亦不以爲貪，此求德也，求在内者也。德足而有餘，則身外之物皆辭之，雖辭天下，亦不爲廉。此貪廉二者之實，非以爲人也，非務外也，而皆反求諸天理之法度而監之，故曰反監之度。以財戲人，鼓舞天下也。慮其反，反身而慮之也。雍，「黎民於變時雍」〔四〕也。不以美害生者，言其無爲而爲，不以美名而害其身，有天下而不與也。可以有之，言天下之賢名，可以自有而無愧也。其爲道爲德，出於中心之誠，非求以興名譽也，此又把堯、舜與許由皆作好說。

校　注

〔一〕「聖」，宋本、道藏本作「賢」。下「雖至人聖人」同。

〔二〕「十萬通神」，幽閒鼓吹載張延賞問一大獄，獄吏賄至十萬，遂不問，曰：「錢至十萬，可通神矣，無不可回之事。吾懼及禍，不得不止。」

〔三〕「有物有則」，見九九頁注〔一〕。

〔四〕「黎民於變時雍」，見書堯典。雍，和也。

無足曰：「必持其名，苦體絶甘，約養以持生，則亦久病長阨而不死者也。」知和曰：「平爲福，有餘爲害者，物莫不然，而財其甚者也。今富人，耳營鐘鼓管籥之聲，口嗛於芻豢醪醴之味，以感其意，遺忘其業，可謂亂矣；侅溺於馮氣，若負重行而上也，可謂苦矣；貪財而取慰，貪權而取竭，靜居則溺，體澤則馮，可謂疾矣；爲欲富就利，故滿若堵耳而不知避，且馮而不舍，可謂辱矣；財積而無用，服膺而不舍，滿心戚醮，求益而不止，可謂憂矣；内則疑刦請之賊，外則畏寇盜之害，内周樓疏，外不敢獨行，可謂畏矣。此六者，天下之至害也，皆遺忘而不知察，及其患至，求盡性竭財，單以反一日之無故而不可得也。故觀之名則不見，求之利則不得，繚意絶體而爭此，不亦惑乎？」

必持其名者，言必欲求名而不求富貴之利，則徒然自苦，其身雖存，如大病然。絶甘，去美味也。約養，儉以自奉也。久病長阨而不死，卽易所謂「貞疾，常不死」也。平爲福，有餘爲害，物莫不然，財其甚，此篇文字枝葉太粗，比之讓王、漁父又不及，但如此一句，亦好語也，豈可泯没？嗛，塞滿其口也，猿猴之頷曰嗛。感其意者，動其意也，言役其心也。遺忘其業，失其所當爲也。馮氣，怒其氣而不得通也；侅溺，不自在也。若人行負重物而登高然。取慰，取足也，取竭，用盡也，今諺云「有勢莫盡用」是也。靜居則溺，言不耐閒而自没溺於嗜慾也。體澤則馮者，其身充肥悦澤則馮滿，有驕漲之意也。滿若堵者，言積財而高於堵，所謂阿堵物〔一〕是也；不知避，不知足，趨求而未已也。馮，恃也，恃此以爲誇而不能舍。服膺，念念不忘也。念念不忘，但見憔憔戚戚之意滿於胸中，故曰滿心戚醮。不自得如此，猶求益而不止也。刦請，刦取也。藏於屋内者，恐有刦盜，故爲樓疏周環其室。運而出外，恐有大盜，必盛其徒旅，而不敢獨行。疏，窗也；樓，墻上之樓也。六者，曰亂、曰苦、曰疾、曰辱、曰憂、曰畏是也。遺忘而不察者，言皆失檢點而不自覺也。單，獨也，但也；故，事也；反，復也。及其病患已成，雖欲求全其生，去其財，但求一日復如貧居無事之初，而不可得也。盡性，全生也；竭，去也；反，願去富而就貧也。及至於此，則名亦何在，利亦何在？繚意絶體，纏縛其身心也。爭利之時，徒纏縛其身心，反以成此禍患，非愚乎？東坡謂讓王以下四篇，非莊子所作，此見極高。四篇之中，盜跖尤甚，而太史公莊子傳但謂作漁父、盜跖、胠篋以詆譏孔子之徒，略不疑其文字精粗異同，何也？豈子長之意，且以其非議夫子爲言，不暇及其文字乎？不然，則此書此篇，在漢而後，或因散軼爲人所竄易，亦猶今列子也。

校　注

〔一〕「阿堵物」，世説新語規箴：「王夷甫雅尚玄遠，常嫉其婦貪濁，口未嘗言『錢』字。婦欲試之，令婢以錢遶床，不得行。夷甫晨起，見錢閡行，呼婢曰：『舉却阿堵物。』」阿堵，猶這個，六朝人口語。

雜篇說劍第三十

昔趙文王喜劍，劍士夾門而客三千餘人，日夜相擊於前，死傷者歲百餘人，好之不厭。如是三年，國衰，諸侯謀之。太子悝患之，募左右曰：「孰能說王之意止劍士者，賜之千金。」左右曰：「莊子當能。」太子乃使人以千金奉莊子。莊子弗受，與使者俱往見太子，曰：「太子何以教周，賜周千金？」太子曰：「聞夫子明聖，謹奉千金以幣從者。夫子弗受，悝尚何敢言？」莊子曰：「聞太子所欲用周者，欲絕王之喜好也。使臣上說大王而逆王意，下不當太子，則身刑而死，周尚安所事金乎？使臣上說大王，下當太子，趙國何求而不得也？」太子曰：「然。吾王所見，唯劍士也。」莊子曰：「諾。周善爲劍。」太子曰：「然吾王所見劍士，皆蓬頭、突鬢，垂冠，曼胡之纓，短後之衣，瞋目而語難，王乃說之。今夫子必儒服而見王，事必大逆。」莊子曰：「請治劍服。」治劍服三日，乃見太子。太子乃與見王，王脫白刃待之。莊子入殿門不趨，見王不拜。王曰：「子欲何以教寡人，使太子先？」曰：「臣聞大王喜劍，故以劍見王。」王曰：「子之劍何能禁制？」曰：「臣之劍，十步一人，千里不留行。」王大説曰：「天下無敵矣。」莊子曰：「夫爲劍者，示之以虛，開之以利，後之以發，先之以至。願得試之。」王曰：「夫子休，就舍待命，令設戲請夫子。」王乃校劍士七日，死傷者六十餘人，得五六人，使奉劍於殿下，乃召莊子。王曰：「今日試使士敦劍。」莊子曰：「望之久矣。」王曰：「夫子所御杖，長短何如？」曰：「臣之所奉皆可。然臣有三劍，唯王所用，請先言而後試。」王曰：「願聞三劍。」曰：「有天子劍，有諸侯劍，有庶人劍。」王曰：「天子之劍何如？」曰：「天子之劍，以燕谿石城爲鋒，齊岱爲鍔，晉魏爲脊，周宋爲鐔，韓魏爲鋏；包以四夷，裹以四時；繞以渤海，帶以常山；制以五行，論以刑德；開以陰陽，持以春夏，行以秋冬。此劍，直之無前，舉之無上，案之無下，運之無旁，上決浮雲，下絕地紀。此劍一用，匡諸侯，天下服矣。此天子之劍也。」文王芒然自失，曰：「諸侯之劍何如？」曰：「諸侯之劍，以知勇士爲鋒，以清廉士爲鍔，以賢良士爲脊，以忠聖士爲鐔，以豪傑士爲鋏。此劍，直之亦無前，舉之亦無上，案之亦無下，運之亦無旁；上法圓天以順三光，下法方地以順四時，中和民意以安四鄉。此劍一用，如雷霆之震也，四封之内，無不賓服而聽從君命者矣。此諸侯之劍也。」王曰：「庶人之劍何如？」曰：「庶人之劍，蓬頭、突鬢，垂冠，曼胡之纓，短後之衣，瞋目而語難。相擊於前，上斬頸領，下決肝肺。此庶人之劍，無異於鬪雞，一臣命已絶矣，無所用於國事。今大王有天子之位，而好庶人之劍，臣竊爲大王薄之。」王乃牽而上殿。宰人上食，王三環之。莊子曰：「大王安坐定氣，劍事已畢奏矣。」於是文王不出宮三月，劍士皆服斃其處也。

喜劍者，喜劍鬭之戲也。夾門，擁門也，以劍術之士而客於王之門者三千餘人。以幣從者，言以此爲從者之奉也，猶今人言犒從也。蓬頭、突鬢，露其髮與鬢也；垂冠，不高其冠，如今包巾也。縵，繞於項下者也；曼胡，粗魯也。短後，不襜也。語難者，欲鬭之時，以語相詰難也。示以虛，開以利，與其進也；後發而先至，鷙鳥將擊必匿之勢也。設戲，設劍戲也。敦劍者，敦，斷也，以劍相擊也。御杖，御，用也，杖，執也。鋒，劍首也；鍔，刃也；鐔，劍口也；鋏，劍把也。裹以四時，言用之有時也。制以五行，順五行之理也。日爲德，月爲刑，日月陰陽，春夏秋冬，皆順造化自然之意。直之、舉之、案之、運之、上決、下絶，皆形容其所用廣大之意。芒然自失者，聞其所言之大，覺其所好之淺，故自失也。上法天，下法地，中和民意，即天時、地利、人和也。四鄉，四方也。牽而上殿者，挽之而上也。三環者，不坐而行，環所食之地三匝也，此自愧之意也。服與伏同，王既不用此戲，劍士皆退伏，自斃於其所居之處也。

莊子鬳齋口義卷十

雜篇漁父第三十一

孔子遊乎緇帷之林，休坐乎杏壇之上，弟子讀書，孔子弦歌鼓琴，奏曲未半。有漁父者，下船而來，鬚眉交白，被髮揄袂，行原以上，距陸而止，左手據膝，右手持頤以聽。曲終而招子貢、子路二人俱對。客指孔子曰：「彼何爲者也？」子路對曰：「魯之君子也。」客問其族。子路對曰：「族孔氏。」客曰：「孔氏者何治也？」子路未應，子貢對曰：「孔氏者，性服忠信，身行仁義，飾禮樂，選人倫，上以忠於世主，下以化於齊民，將以利天下。此孔氏之所治也。」又問曰：「有土之君與？」子貢曰：「非也。」「侯王之佐與？」子貢曰：「非也。」客乃笑而還，行言曰：「仁則仁矣，恐不免其身，苦心勞形以危其真。嗚呼，遠哉其分於道也。」子貢還，報孔子。孔子推琴而起曰：「其聖人與？」乃下求之，至於澤畔，方將杖拏而引其船，顧見孔子，還鄉而立。孔子反走，再拜而進。客曰：「子將何求？」孔子曰：「曩者先生有緒言而去，丘不肖，未知所謂，竊待於下風，幸聞咳唾之音以卒相丘也。」客曰：「嘻，甚矣子之好學也。」孔子再拜而起曰：「丘少而修學，以至於今，六十九歲矣，無所得。聞至教，敢不虛心？」客曰：「同類相從，同聲相應，固天之理也。吾請釋吾之所有而經子之所以。子之所以者，人事也。天子、諸侯、大夫、庶人，此四者自正，治之美也。四者離位而亂莫大焉。官治其職，人憂其事，乃無所陵。故田荒室露，衣食不足，徵賦不屬，妻妾不和，長少無序，庶人之憂也；能不勝任，官事不治，行不清白，羣下荒怠，功美不有，爵祿不持，大夫之憂也；廷無忠臣，國家昏亂，工技不巧，貢職不美，春秋後倫，不順天子，諸侯之憂也；陰陽不和，寒暑不時，以傷庶物，諸侯暴亂，擅相攘伐，以殘民人，禮樂不節，財用窮匱，人倫不飭，百姓淫亂，天子有司之憂也。今子既上無君侯有司之勢，而下無大臣職事之官，而擅飾禮樂，選人倫，以化齊民，不泰多事乎？且人有八疵，事有四患，不可不察也。非其事而事之，謂之總；莫之顧而進之，謂之佞；希意道言，謂之諂；不擇是非而言，謂之諛；好言人之惡，謂之讒；析交離親，謂之賊；稱譽詐僞以敗惡人，謂之慝；不擇善否，兩容頰適，偷拔其所欲，謂之險。此八疵者，外以亂人，内以傷身，君子不友，明君不臣。所謂四患者，好經大事，變更易常，以挂功名，謂之叨；專知擅事，侵人自用，謂之貪；見過不更，聞諫愈甚，謂之狠；人同於己則可，不同於己，雖善不善，謂之矜。此四患也。能去八疵，無行四患，而始可教已。」

緇帷，林名也。揄袂，揚袂也。選人倫者，揀選其理以教人也。行言者，不告子貢、子路而去，行且言也。遠哉其分於道者，言其離於道遠也。拏，船篙也。反走，退行數步而後進也。緒言，微言也，謂其畧言而未盡也。卒相丘者，言終以教助某也。同類相從，同聲相應者，言此理人人同得之也。釋吾之所有者，言釋去吾所有之道也；經子之所以者，條陳世人之所宜知也。釋，放下不説也；經，條陳也。四者自正，各任其職也；四者離位，相侵其事也。一官各治其一職，人人各憂其所事也。憂，思也，詩曰「職思其憂」是也。乃無所陵，乃不相陵奪也。徵賦不屬，不屬，不繼也。功美不有，無功也。不持，不能持守也。春秋後倫，朝覲失序也。天子有司，天子之公卿也。非其事而事之，謂之摠，非己事而強爲之，自兜攬也。莫之顧而進之，不使之言而強進其言，逞口才也。佞，口才也。析離他人之交親，賊害之也。稱譽詐僞者，譽其所不當譽，私爲欺詐也；敗惡，猶毁辱也，毁其所不當毁也。毁譽出於私意，爲姦而已矣，慝，姦也。以顏色投人之好曰顏適，無善無惡，皆欲其悦己，故曰兩容。揣人意之所欲而潛引拔之，長其惡也，此險人也。八疵者，言八者皆大疵病。君子不友者，君子不當與之友也。明君不臣者，小人勿用，必亂邦也。好經大事，喜經理國家大事也；紛更變異，以易其常法；自欲高立功名，挂，高也；叨，忝也。專用其私智，獨擅其事任，侵人之權而喜於自用，貪者也。狠，狠戾而不受諫也。他人雖有善，以其不同己，亦以爲不善，自矜誇也。此四者人之大患也。能去此疵患，方可學道，故曰始可教已。凡此皆子處人世所宜用者，故曰子之所以。以者，用以自點檢〔一〕也。

校注

〔一〕「點檢」，宋本、道藏本作「檢點」。

孔子愀然而歎，再拜而起曰：「丘再逐於魯，削迹於衛，伐樹於宋，圍於陳蔡。丘不知所失，而離此四謗者，何也？」客悽然變容曰：「甚矣子之難悟也。人有畏影惡〔二〕迹而去之走者，舉足愈數而迹愈多，走愈疾而影不離身，自以爲尚遲，疾走不休，絕力而死。不知處陰以休影，處靜以息迹，愚亦甚矣。子審仁義之間，察同異之際，觀動靜之變，適受與之度，理好惡之情，和喜怒之節，而幾於不免矣。謹修而身，慎守其真，還以物與人，則無所累矣。今不修之身而求之人，不亦外乎？」

不知所失者，言不知何過也。四謗，魯、衛、宋、陳蔡四辱也。處陰、處靜，道之喻也。審仁義之間，辯說仁義不同之理也。同異之際，是非之分也。動靜之變，隨時之宜也。受與之度，辭受之節也。好惡之情，喜怒之節，講明情性之理也。漁父之意，謂夫子之爲此，皆爲人而非爲己，所以不免於四謗，若修其身而守其本真自然之道，而無物我之對，則無所累矣。還以物與人者，言以外物還之於人，而一歸之自然，則物我不對立也。今不求之於身而汲汲於爲人，是務外而不務内也。

校注

〔一〕「惡」，道藏本同，宋本作「避」。

孔子愀然曰：「請問何謂真？」客曰：「真者，精誠之至也。不精不誠，不能動人。故强哭者雖悲不哀，强怒者雖嚴不威，强親者雖笑不和。真悲無聲而哀，真怒未發而威，真親未笑而和。真在内者，神動於外，是所以貴真也。其用於人理也，事親則慈孝，事君則忠貞，飲酒則懽樂，處喪則悲哀。忠貞以功爲主，飲酒以樂爲主，處喪以哀爲主，事親以適爲主，功成之美，無一其迹矣。事親以適，不論所以矣；飲酒以樂，不選其具矣；處喪以哀，無問其禮矣。禮者，世俗之所爲也；真者，所以受於天也，自然不可易也。故聖人法天貴真，不拘於俗。愚者反此，不能法天而恤於人，不知貴真，禄禄而受變於俗，故不足。惜哉，子之早湛於人僞而晚聞大道也。」

不精不誠，不能動人，即「至誠感神」〔一〕之意也。強哭、強怒、強親、真悲、真怒、真親，此六句甚精切。真在内者，神動於外，言有諸中，必形諸外，神動者，精神感動於外也。事親以適者，適親意也。功成之美，無一其迹者，功成而不有，無一事而有其迹也。不選其具者，不擇其味也。無問其禮，「與其易也，寧戚」〔二〕也。禮者，文飾於外，故曰世俗之爲。真者，天命自然之理也。法天貴真而不拘於俗者，不以非世俗之所好爲拘也。恤於人者，憂不與人合也。不知天爵之貴，故曰不知貴真。以世俗之祿爲祿，而甘爲流俗所化，故曰祿祿而受變於俗。如此之人，但見其不足，言常慊然也。湛於人僞，溺於務外之學也。

校注

〔一〕「至誠感神」，書大禹謨作「至誠感神」。

〔二〕「與其易也」二句，見論語八佾。

孔子又再拜而起曰：「今者丘得遇也，若天幸然。先生不羞而比之服役，而身教之。敢問舍所在，請因受業而卒學大道。」客曰：「吾聞之，可與往者與之，至於妙道；不可與往者，不知其道，慎勿與之，身乃無咎。子勉之。吾去子矣，吾去子矣。」乃刺船而去，延緣葦間。顏淵還車，子路授綏，孔子不顧，待水波定，不聞拏音而後敢乘。子路旁車而問曰：「由得爲役久矣，未嘗見夫子遇人如此其威也。萬乘之主，千乘之君，見夫子未嘗不分庭伉禮，夫子猶有〔二〕倨傲之容。今漁父杖拏逆立，而夫子曲要磬折，再拜而應，得無大甚乎？門人皆怪夫子矣，漁父何以得此乎？」孔子伏軾而歎曰：「甚矣由之難化也。湛於禮義有間矣，而樸鄙之心至今未去。進，吾語汝。夫遇長不敬，失禮也；見賢不尊，不仁也。彼非至人，不能下人，下人不精，不得其真，故長傷身。惜哉，不仁之於人也，禍莫大焉，而由獨擅之。且道者，萬物之所由也，庶物失之者死，得之者生，爲事逆之則敗，順之則成。故道之所在，聖人尊之。今漁父之於道，可謂有矣，吾敢不敬乎？」

比之服役，言比之弟子也。舍所在，問其居也。延緣葦間，以橈撑舟，沿岸而去也。此四字，畫筆也。水波定，舟去遠也。如此其威者，言如此其敬畏之也。逆立，對面立也。拜而應者，手揖曰拜也。湛於禮義有間者，言汝浸潤於禮義之學，亦有時矣。彼非至人，不能下人者，彼漁父若非至人，豈能使人如此降下而尊敬之也？下人不精，不得其真者，推誠自屈，以求教於人，庶幾可聞真實之誨也，此一句乃爲學之本。故長傷身者，言不如此則無益於身，而有損也。萬物之死生，皆在一道之中，漁父，有道者也，吾尊其道，所以敬之。

自讓王以下四篇，其文不類莊子所作。讓王篇中猶有一二段，漁父篇亦有好處，盜跖篇比之説劍又踈直矣。據盜跖篇「今謂宰相曰」，戰國之時，未有稱宰相者，此爲後人私撰明甚。前漢藝文志，莊子五十二篇，其篇數與今不同。唐書只四十卷，即今行於世者。不知所謂五十二篇者，更有讓王、説劍之類乎？抑猶有莊子所作而不傳者乎？

校注

〔一〕「有」，原作「存」，據宋本、道藏本改。

雜篇列御寇第三十二

列御寇之齊，中道而反，遇伯昏瞀人。伯昏瞀人曰：「奚方而反？」曰：「吾驚焉。」曰：「惡乎驚？」曰：「吾嘗食於十饕，而五饕先饋。」伯昏瞀人曰：「若是，則汝何爲驚已？」曰：「夫内誠不解，形諜成光，以外鎮人心，使人輕乎貴老，而整其所患。夫饕人特爲食羹之貨，多餘之贏，其爲利也薄，其爲權也輕，而猶若是，而况於萬乘之主乎？身勞於國而知盡於事，彼將任我以事而效我以功，吾是以驚。」伯昏瞀人曰：「善哉觀乎。汝處已，人將保汝矣。」無幾何而往，則户外之屨滿矣。伯昏瞀人北面而立，敦杖蹙之乎頤，立有間，不言而出。賓者以告列子，列子提屨，跣而走，曁乎門，曰：「先生既來，曾不發藥乎？」曰：「已矣，吾固告汝曰『人將保汝』，果保汝矣。非汝能使人保汝，而汝不能使人無保汝也，而焉用之？感豫出異也。必且有感，摇而本性，又無謂也。與汝遊者又莫與告也，彼所小言，盡人毒也。莫覺莫悟，何相孰也？巧者勞而知者憂，無能者無所求，飽食而遨遊，汎若不繫之舟，虚而遨遊者也。」

奚方而反，言在何所而回也。食於十饔而五饔先饋，其人敬己，不待買而饋之。「和順積中，英華發外」〔一〕，此聖門之言。內誠不解，誠積於中而未化也。解，化也。諜，動也，形諜，形容舉動也；成光者，有光儀也，即積中發外之意，而此以爲有迹之學。外鎮人心者，鎮，服也，言我未能無迹，故人得而見之，所以心服而敬我也。趙州曰：「老僧修行無力，爲鬼神覷破。」〔二〕即此意也。貴者老者，則人所敬，我今非老非貴，其人反輕彼而敬我，言敬己在於貴老之上也。整，聚也，積也，此等事積而久之，必成患害，言名迹愈露則不能逃當世之患也。多餘之贏，言其求利惟欲多，欲有餘而已。贏，剩〔三〕也。世之有力量者，則能輕重人，賣漿，微者也，初無權力可以輕重人也，而能敬我如此，況爲君者？身方勞而智已竭，必將求我而用，使我効其成功，此所謂整其所患也。効，獻也。瞀人喜之，故曰善哉觀乎，言汝於此具一隻眼也。又曰汝止矣，謂不必出遊矣，人將歸向，守汝而爲師矣。處，止也；已，助字也。保，守也，歸者衆而守其門也。此一保字，便已有不足之意，蓋瞀人之見又高一層也。户外之屨滿，從學者衆也。敦杖蹙之乎頤，竪立其杖而拄之於頤也。蹙，拄也。賓者，主賓客者也。提屨而走，古人坐於席，必脱屨而後入，急於迎瞀人，故不及穿屨也。發藥者，言教誨開發而藥石之。已矣，休言之意，我前此已言人將守汝矣。汝不能使人無保汝者，即所謂忘我易，使人忘我難也。而焉用之者，言汝之所爲何以至此也。人之感動而悦豫於汝者，必汝不能自晦，使乖異出見乎其外而致然也，故曰感豫出異也。汝既如此，非惟形見於外者不能自隱，必且感觸摇動汝之本性，其於〔四〕身尤無益也。無謂，即無益也；又，尤之意也。與汝遊者，汝之朋友也。所學未至，其言淺近，故曰小言。其言皆能爲人之毒害，又無以與汝相規正者，則汝終無所覺悟，誰復問汝爲如何也。相孰，相誰何也。相，借問之意也。凡世之人，其巧者必自勞，其智者必自苦，唯體道自然而不用其能者，則於外物無所求，但飽食嬉遊而已。汎乎若不繫之舟，言其心無所係着也。其歸結即在一虚字上，虚則與太虚爲一而遊於物之初矣。無能，即無爲之意也。

校注

〔一〕「和順積中」二句，禮記樂記：「和順積中而英華發外。」

〔二〕趙州語，見三六九頁注〔一〕。此爲南泉普願之事，非趙州也。

〔三〕「剩」，道藏本同，宋本作「利」。

〔四〕「性其於」，原作「然性其」，據宋本、道藏本改。

鄭人緩也，呻吟裘氏之地。祇三年而緩爲儒。河潤九里，澤及三族，使其弟墨。儒、墨相與辯，其父助翟。十年而緩自殺。其父夢之曰：「使而子爲墨者，予也。闔胡嘗視其良，既爲秋柏之實矣。」夫造物者之報人也，不報其人而報其人之天。彼故使彼。夫人以己爲有以異於人，以賤其親，齊人之井飲者相捽也。故曰今之世皆緩也。自是，有德者以不知也，而况有道者乎？古者謂之遁天之刑。

呻吟，歌詠也。祇三年，恰三年也。河潤九里，以比喻其澤及人之廣也。以其餘資使其弟從墨者而學之。緩爲儒而弟翟爲墨，學既不同，遂有辯論之異。父愛其弟而助之，緩怨其父而自殺，遂見夢於其父曰：資給汝子以爲墨者，我之餘澤也，今兄弟既爭而自殺，我之墳上松柏已成而生實矣。言其死之久也。良，或作埌，冢也。闔胡嘗視其良者，言何不視吾冢也。闔與胡，皆何也。舉此舊事，莊子遂從而斷之曰：緩以爲使其弟學墨者，我也，而不知造物之於人，自有報應之理，不以人之能者爲應，而以其人之所得於天者爲應，彼之學墨而能墨者，是造物以其天應之，非汝以人力資給之而能也。彼故使彼，上彼字，造物也，下彼字，指其弟翟也。夫人，指緩也；以己爲有以異於人，謂以其學儒而澤及三族，有過人也；以賤其親者，怒其父也。言天實使彼能墨，而緩乃以爲己能而怨其親，是不知天也。井泉，出於自然者也，捽，相爭扭也，齊人飲於自然之水，而因水相爭，此水豈汝之私有耶？其所見亦與緩同。今世之人皆不知天，而以私意自爭，故曰今世之人皆緩也。看彼故使彼、井飲以下言語，便是莊子文章，讓王而下四篇，安得此語？有德者且以造物爲不可知，而况得道者乎？莊子之言，每謂一層之上更有一層，故以有道有德爲分別。

遁天，遁棄其天理，刑者，得罪於造物也，此句責緩之徒也。

聖人安其所安，不安其所不安；衆人安其所不安，不安其所安。莊子曰：「知道易，勿言難。知而不言，所以之天也；知而言之，所以之人也。古之人，天而不人。」

所安者，自然之理也；所不安者，人爲也。勿言難者，謂難於忘言也，知道而至於忘言，則與天爲徒矣。知道而未免於言，則未離於人爲，猶有迹也。古人則純乎天而不人矣。之，即也，往也；之天、之人，歸於天、歸於人之意。

朱泙漫學屠龍於支離益，單千金之家，三年技成而無所用其巧。

單，殫也，言竭其千金之資也。學雖成而無龍可屠，此意蓋自喻莊子之道廣大而未有所施也。

聖人以必不必，故無兵；衆人以不必必之，故多兵。順於兵，故行有求。兵，恃之則亡。

不必者，不可知者也，以不必者爲必，即知其所不知也。無兵，無爭也。衆人以不可必之事而自爲可必，故多爭競也。用兵，爭之大者，故舉其大者言之。人若順其爭競之心，則其行於世者，常有求敵之意，言物我不能忘也，故曰順於兵，故行有求。以知力之爭而自恃，則必至於忘其身而後已，故曰兵，恃之則亡。

小夫之知，不離苞苴、竿牘，敝精神乎蹇淺，而欲兼濟道物，太一形虛。若是者，迷惑于宇宙，形累不知太初。彼至人者，歸精神乎無始，而甘瞑乎無何有之鄉。

苞苴，饋遺也，竿牘，往來相問勞者也，此皆蹇淺不足道之事。彼小夫者，敝其精神，以此爲智，而欲兼濟天下，輔導萬物，以合於太一之始，無形之妙，豈可得邪？形虛，卽無形也。其所見若是，則上下之宇，古今往來之宙，且迷惑而不知。蓋爲形迹所累，而不知有太初自然之理也。惟至人則歸其精神，致於無物之始，而安處乎無爲之地。甘，美也，瞑，睡也，以美睡喻安處也。

水流乎無形，發泄乎太清。悲哉乎，汝爲知在毫毛，而不知大寧。

水之流也，人皆見其有形，而不知其實出於無形，言自無而有也。及其發泄而去也，人又不知其歸於太清也。太清卽太虛也。此意蓋以庸人不知事物之終始，如觀水然，故曰知在毫毛，言其所見者小也。大寧，大安也，卽無爲自然之理也。悲哉乎三字，在下句汝爲之上，嘆其見小也。

宋人有曹商者，爲宋王使秦。其往也，得車數乘；王説之，益車百乘。反於宋，見莊子曰：「夫處窮閭阨巷，困窘織屨，槁項黄馘者，商之所短也；一悟萬乘之主而從車百乘者，商之所長也。」莊子曰：「秦王有病召醫，破癰潰痤者，得車一乘，舐痔者得車五乘，所治愈下，得車愈多。子豈治其痔耶，何得車之多也？子行矣。」

困窘織屨，言負匱而自織屨也。槁項黄馘，言其老也。槁項，瘦而無肉也；黄馘，髮黄而被耳也。痤，亦癰類也。癰痤在上，痔疾在下，醫愈下而賞愈厚也。以舐痔得車鄙之，言其污辱不足貴也。

魯哀公問於顔闔曰：「吾以仲尼爲貞幹，國其有瘳乎？」曰：「殆哉圾乎。仲尼方且飾羽而畫，從事華辭，以支爲旨，忍性以視民而不知不信，受乎心，宰乎神，夫何足以上民？彼宜汝與？予頤與？誤而可矣。今使民離實學僞，非所以視民也，爲後世慮，不若休之。」

貞固足以幹事，詩曰「爲邦之幹」，貞幹猶賢輔也。有瘳者，言國之弊病可得而醫也。圾，危也，殆，亦危也，殆哉圾乎，危之甚也。畫，采色也，物既加以采色，而又以羽飾之，言其文飾之甚也。華辭，華靡之言也。以支爲旨，謂其所主之意，不知本也。忍性，矯激也；視民，臨民之上也。不知不信者，自不知其不真實也。受乎心者，其心着乎此也；宰乎神者，其神識以此爲主宰也。夫何足以上民者，言不足以長民也。彼，指夫子，汝，指哀公也，言謂彼有益於汝乎？故曰彼宜汝與。頤，養也，言汝若以彼爲賢而養之，無益於汝，必誤於汝。誤而可者，猶言誤則有之也。今若使國中之民皆離真實而學詐僞，非所以教民也。視，教示之也。若爲後世而慮，不若已之。休，已也。

難治也，施於人而不忘，非天布也。商賈不齒，雖以事齒之，神者弗齒。爲外刑者，金與〔二〕木也；爲内刑者，動與過也。宵人之離外刑者，金木訊之；離内刑者，陰陽食之。夫免乎外内之刑者，唯真人能之。

民可以不治，治若有心於治之，則難治矣，故曰難治也。施於人而不忘，有心而治者也。施，施政也。布，陳也，天布卽天經也，有心於施政教，則非天經矣。譬如商賈之人，爲士者必不肯與之爲齒。縱因事偶然相與聚會而爲齒列，而其胸中之神，亦有不樂之意，譬彼有爲之人，有道者亦不肯與之齒矣。此蓋以商賈喻仁義之學者。外刑者，刀鋸三木，内刑者，動與過，言人身之舉動過失，與刑戮同也。訊，鞠問也。陰陽食之者，有造化之譴也，食如日食之食，病之也。外刑一句，形下句也。離，麗也。

校注

〔一〕「與」，原作「安」，據宋本、道藏本改。

孔子曰：「凡人心險於山川，難於知天；天猶有春秋冬夏旦莫之期，人者厚貌深情。故有貌愿而益，有長若不肖，有順懁而達，有堅而縵，有緩而釬。故其就義若渴者，其去義若熱。故君子遠使之而觀其忠，近使之而觀其敬，煩使之而觀其能，卒然問焉而觀其知，急與之期而觀其信，委之以財而觀其仁，告之以危而觀其節，醉之以酒而觀其則，雜之以處而觀其色。九徵至，不肖人得矣。」

厚貌深情，言矯飾之貌未易見，隱伏之情未易測。有貌雖朴愿而情實求益利者；有胸中亦抱所長而外不似有能者，不肖，不似也；有柔順懁急而反達理者；縵，纏繞也，有似堅剛而實軟弱纏繞者，詩云：「昔爲百鍊剛，化作繞指柔。」〔一〕縵，繞指也。釬，急也，有若寬緩而實褊急者。此皆言人之不可知也。其就義若渴者，言其進鋭；其去義若熱者，言其退速也。即是進鋭退速一句，如此下得便奇特。相去遠者，易至相欺，故以遠而觀其忠；近而親者，易至於褻慢，故以近而觀其敬；劇煩劇者，才易困，故以煩使之而觀其能；見未明者，對答必遲，故卒然問之，觀其知；期約之急，易至於失信，故急與之期而觀其信；臨財易至於苟得，故委之以財而觀其仁，此仁字與道字同；患難易至於苟免，故告以危而觀其節；酒能昏人，故以醉而觀其威儀，則，儀則也；色能惑人，故以雜處之而觀其自守。徵者，驗也，以此九者而驗之，則賢與不賢可見矣。此一段議論甚正，乃借爲孔子之言，可知莊子非不敬孔子也。

校　注

〔一〕「昔爲」二句，劉琨重贈盧諶詩：「何意百鍊剛，化爲繞指柔。」

正考父一命而傴，再命而僂，三命而俯，循牆而走，孰敢不軌？如而夫者，一命而呂鉅，再命而於車上儛，三命而名諸父，孰協唐、許？

傴，背曲也；僂，腰曲也；俯，身伏於地也。言爵愈高而身愈下也。循牆而走，不敢當正路而行，謙也。世有此賢者，則人孰敢不以爲法？軌，法也。而夫者，彼丈夫也。吕鉅，驕矜之貌也。車上儛者，言輕掀也。名諸父者，驕其宗族，呼叔伯之名也。唐，堯也；許，許由也。堯讓天下於許由，而且不受，此等小人所得能幾，便驕矜如許，豈知有唐堯、許由之事乎？協，合也，以我與唐堯、許由合而觀之，則可見輕重。孰協者，言彼又孰能合而觀之也。

賊莫大乎德有心而心有眼〔一〕，及其有眼也而内視，内視而敗矣。

此數語於學道人分上最爲親切，禪家所謂滲漏心，又曰第二念〔二〕，便是此意。德，爲德也，爲德而知其爲德，則是有心矣，此最爲學道者之害，故曰賊莫大乎德有心。於其有心之中而又有思前筭後之意，喻如心又開一眼也，此謂之滲漏，謂之第二念。以此有眼之心，而視其内，則千差萬别，紛紛擾擾，不復知有渾然者，則無緣可以成道矣，故曰敗。敗，不成也。

校　注

〔一〕「眼」，原作「睫」，據宋本、道藏本改。下「及其有眼」同。

〔二〕「滲漏心」、「第二念」，禪家主張於參悟時須保持「正念」，心無所住，心空境空，而不得離此起滲漏心（亦叫第二念）。「若起此心，卽障却自己正知見，永劫無有入頭處。」（大慧普覺禪師語錄第二十）洞山良价曾指出有三種滲漏：見滲漏、情滲漏、語滲漏（見五燈會元卷十三），以辨驗修證眞僞。華嚴經卷七十八曰：「如金剛器無有瑕缺，用盛於水，永不滲漏而入於地，菩提心金剛器亦復如是，盛善根水永不滲漏，令入諸趣。」

凶德有五，中德爲首。何謂中德？中德也者，有以自好也而吡其所不爲者也。

凶德有五，心、耳、目、鼻、口也。中德，心也，言耳、目、鼻、口之害，不如在心之害，故曰中德爲首。有以自好，言我有所能也。吡，訾也，誚也，以我之能而誚人所不能，則此心不可學道矣。圓覺云：「不重久習，不輕初學。」大慧云：「切不得道我會他不會。」便是此意。

窮有八極，達有三必，形有六府。美、髯、長、大、壯、麗、勇、敢，八者俱過人也，因以是窮。緣循、偃仲、困畏，不若人，三者俱通達。知慧外通，勇敢多怨，仁義多責。達生之情者傀，達於知者肖；達大命者隨，達小命者遭。

窮有八極，言有所恃者，必至於窮。達有三必，言慊然不足者，有時而必達。美，貌美也；髯，有鬚也，房玄齡云「李緯好鬚髯」[一]是也；長，身長也；大，腰圍大也；壯，有力也；麗，有華采也；勇，氣盛也；敢，志堅也。此謂八極，言八者皆過人，必以此自恃，而其終也至於窮。緣循，柔順不得已於事之意；偃佒，隨倒隨起之意；困畏，有所困厄而憂畏也。此三者比之他人，皆不如人，而必至於通達，言其與世無競，人必喜之也，此皆莊子矯亢之論。形有六府，言人身之中有此六箇藴蓄也。府，藏蓄之地也。知慧，一府也，外通者，以其智慧用於外而求達也；勇敢，一府也，恃力者必多怨；仁義，一府也，以仁義求名，必多憂責〔二〕；達生，一府也，達有生之理，必傀然自高；達知，一府也，達衆人之智見，必每事而消詳之。〔三〕達命，一府也，在天者爲大，在己者爲小。達在天者，則隨順之，聽自然也；達在己者，則隨時所遭皆歸之命。遭者，猶有得失委命之心，隨則無容心矣，此二者自有分别。所言六府，而末後命字紬繹爲兩句，此亦文法也。

校注

〔一〕房玄齡語，舊唐書卷六十六房玄齡傳：「二十一年，太宗幸翠微宫，授司農卿李緯爲民部尚書，玄齡時在京城留守，會有自京師來者，太宗問曰：『玄齡聞李緯拜尚書，如何？』對曰：『玄齡但云李緯好髭鬚，更無他語。』太宗遽改授緯洛州刺史，其爲當時準的如此。」新唐書卷九十六房玄齡傳作改授緯太子詹事。

〔二〕「責」下，宋本空三格，道藏本有「傀音魁」三字。

〔三〕「之」下，宋本空三格，道藏本有「肖音消」三字。

人有見宋王者。錫車十乘，以其十乘驕穉莊子。莊子曰：「河上有家貧恃緯蕭而食者，其子没於淵，得千金之珠。其父謂其子曰：『取石來鍛之。夫千金之珠，必在九重之淵而驪龍頷下，子能得珠者，必遭其睡也。使驪龍而寤，子尚奚微之有哉？』今宋國之深，非直九重之淵也；宋王之猛，非直驪龍也。子能得車者，必遭其睡也。使宋王而寤，子爲韲粉矣。」

驕穉者，驕矜而有孩拊莊子之意也。緯，織也，蕭，蘆草也，與編曲字同；恃此而食，以此爲貨也。取石鍛之，惡其珠而毁之也。此意蓋喻人之求富貴者，皆危道也，皆欺君也，其君覺悟，則必遭誅戮。奚微之有，殘食無遺也。

或聘於莊子。莊子應其使曰：「子見夫犧牛乎？衣以文繡，食以芻菽，及其牽而入於太廟，雖欲爲孤犢，其可得乎？」

與前篇龜曳泥中意同。

莊子將死，弟子欲厚葬之。莊子曰：「吾以天地爲棺槨，以日月爲連璧，星辰爲珠璣，萬物爲賫送。吾葬具豈不備邪，何以加此？」弟子曰：「吾恐烏鳶之食夫子也。」莊子曰：「在上爲烏鳶食，在下爲螻蟻食，奪彼與此，何其偏也。」

此意蓋譏當世厚葬之人，奪烏鳶而與螻蟻，見之偏也。此言雖過，非真達理者未易及。

以不平平，其平也不平；以不徵徵，其徵也不徵。明者唯爲之使，神者徵之。夫明之不勝神也久矣，而愚者恃其所見入於人，其功外也，不亦悲乎？

萬物之理本平，我以不平之心而欲平其平，則其平者亦不平矣；萬物之理一一可驗，我以不驗之心而驗之，則其可驗者亦不驗矣。故曰以不平平，其平也不平；以不徵徵，其徵也不徵。徵，驗也。唯爲之使者，言其莫之爲而以爲或之使者，則是以無心爲有心也，明者之自累每如此。至於神則聽其自應驗而已。明之不勝神，言人之有爲不能勝無爲也。愚者恃其私見而入於人爲，每每求功於外，不亦悲乎？

雜篇天下第三十三

天下之治方術者多矣，皆以其有爲不可加矣。古之所謂道術者，果惡乎在？曰：「無乎不在。」曰：「神何由降？明何由出？」聖有所生，王有所成，皆原於一。不離於宗，謂之天人。不離於精，謂之神人。不離於真，謂之至人。以天爲宗，以德爲本，以道爲門，兆於變化，謂之聖人。以仁爲恩，以義爲理，以禮爲行，以樂爲和，薰然慈仁，謂之君子。以法爲分，以名爲表，以操爲驗，以稽爲決，其數一二三四是也，百官以此相齒，以事爲常，以衣食爲主，蕃息蓄藏，老弱孤寡爲意，皆有以養民之理也。古之人其備乎。配神明，醇天地，育萬物，和天下，澤及百姓，明於本數，係於末度，六通四闢，小大精粗，其運無乎不在。其明而在數度〔一〕者，舊法世傳之史尚多有之。其在於詩、書、禮、樂者，鄒魯之士、搢紳先生多能明之。詩以道志，書以道事，禮以道行，樂以道和，易以道陰陽，春秋以道名分。其數散於天下而設於中國者，百家之學時或稱而道之。天下大亂，賢聖不明，道德不一，天下多得一，察焉以自好，譬如耳目鼻口，皆有所明，不能相通。

猶百家衆技也，皆有所長，時有所用。雖然，不該不徧，一曲之士也。判天地之美，析萬物之理，察古人之全，寡能備於天地之美，稱神明之容。是故内聖外王之道，闇而不明，鬱而不發，天下之人各爲其所欲焉以自爲方。悲夫，百家往而不反，必不合矣。後世之學者，不幸不見天地之純、古人之大體，道術將爲天下裂。

莊子於末篇序言古今之學問，亦猶孟子之篇末「聞知」、「見知」〔二〕也。自天下之治方術者多矣，至於道術將爲天下裂，分明是一箇冒頭。既總序了，方隨家數言之，以其書自列於家數之中，而鄒魯之學乃鋪述於總序之内，則此老之心，亦以其所著之書皆矯激一偏之言，未嘗不知聖門爲正也。讀其總序，便見他學問本來甚正。東坡云莊子未嘗譏夫子〔三〕，亦看得出。方術者，學術也。人人皆以其學爲不可加，言人人皆自是也。古之所謂道術者，此術字與仁術、心術一同。惡乎在，無乎不在，便有「時中」〔四〕之意，言百家之學，雖各不同，而道亦無不在其中。神何由降，明何由出，言神明之道何自而可見也。聖王生成之功，即天地生成之理，皆原於一。一者，造化也。曰宗、曰精、曰真，皆與一字同，但如此作文耳。以天爲宗，以德爲本，以道爲門，皆無爲自然也。兆於變化，即原於一也。聖人，即天人、至人、神人也。薰然慈仁，此以氣象言也。法則有區别，故曰以法爲分。名則有標準，故曰以名爲表。以操爲驗，以稽爲決，言其所驗所決，各有所據也。其數一二三四，言纖悉歷歷明備也。相齒者，大小上下有序也。以事爲常者，各有常職也。以衣食爲主者，教民農桑也。蕃息蓄藏，如三年耕一年食〔五〕之類是也。老弱孤寡爲意者，發政施仁，必先斯四者是也。凡其分官列職，爲政爲教，皆是養民之理也。古之人其備乎，言古之聖人能盡之也。可以配神明，可以和天地。醇，和也。育萬物，和天下，澤及百姓，言其功用之廣大也。本數、末度，猶言精粗本末也。係，相屬之意也，謂本末不相離也。六通四闢，言東西南北上下，用無不可也。運，道也。道之運，小大精粗皆道也，故曰無乎不在。看此數句，其於道之體用，未嘗不明也。數度，可紀者也。言其法度曉然而可紀者，皆有舊法世傳之史書也；尚多有之，言皆載此事也。鄒魯之士、搢紳先生，此指聖門而言之也，分明是説孔子六經。春秋道名分，卽名分兩字〔六〕，便有懼亂臣賊子之意。其數散於天下，言鄒魯得其全，而其學或散於天下，設教於中國，分爲百家，亦時時有稱道此事者，但不能全如鄒魯之學而已。天下大亂，是説春秋以後也。賢聖不明，上無文、武、周公，下無孔、顔之徒也。道德不一，散而爲百家也。天下多得一，謂天下之人多得其一端；而察焉以自好，謂只察見其一端，便自好而自誇也。耳目鼻口不能相通，言耳不能視，目不能聽，口不能嗅，鼻不能味，各隨其所能，故曰皆有所明。以此譬喻百家衆技，亦皆有所長，亦時乎可用，但不能該盡周徧聖人之道，故爲一偏一曲之士而已。天地之美因是而分判不全，萬物之理因是而分析不合，若以古人學問之全而察之，則知百家之一曲者少能備天地之美，稱神明之容。美，道之在内者，體也；容，道之在外者，用也。稱，當得也。

寡能稱神明之容者，言當不得也。内聖，體也；外王，用也。内外之道至此不明，人各以其所欲而自爲方術百家之學，自今以往，迷而不知反，必不可得而復合矣。使後世之學者，不能見天地之純全、古道之全體，此後世之不幸也。道術之在天下，自此皆分裂矣，故曰道術將爲天下裂。此一句結得極有力，亦極爲好文字。

校　注

〔一〕「數度」，原作「歷數」，據宋本、道藏本改。

〔二〕「聞知」、「見知」，孟子盡心下：「由堯、舜至於湯，五百有餘歲，若禹、皋陶，則見而知之，若湯則聞而知之。由湯至於文王，五百有餘歲，若伊尹、萊朱，則見而知之，若文王則聞而知之。由文王至於孔子，五百有餘歲，若太公、散宜生，則見而知之，若孔子則聞而知之。」

〔三〕東坡語，蘇軾莊子祠堂記：「余以爲莊子蓋助孔子者，要不可以爲法耳。」

〔四〕「時中」，見一九八頁注〔二〕。

〔五〕「三年耕」句，禮記王制：「三年耕，必有一年之食。」

〔六〕「字」，原作「事」，據宋本、道藏本改。

不侈於後世，不靡於萬物，不暉於度數，以繩墨自矯而備世之急，古之道術有在於是者。墨翟、禽滑釐聞其風而説之，爲之大過，已之大循。作爲非樂，命之曰節用，生不歌，死無服。墨子汎愛兼利而非鬬，其道不怒；又好學而博不異，不與先王同，毁古之禮樂。黄帝有咸池，堯有大章，舜有大韶，禹有大夏，湯有大濩，文王有辟雍之樂，武王、周公作武。古之喪禮，貴賤有儀，上下有等，天子棺槨七重，諸侯五重，大夫三重，士再重。今墨子獨生不歌，死不服，桐棺三寸而無槨，以爲法式。以此教人，恐不愛人，以此自行，固不愛己，未敗墨子道。雖然，歌而非歌，哭而非哭，樂而非樂，是果類乎？其生也勤，其死也薄，其道大觳，使人憂，使人悲，其行難爲也，恐其不可以爲聖人之道。反天下之心，天下不堪，墨子雖獨能任，奈天下何？離於天下，其去王也遠矣。墨子稱道曰：「昔者禹之湮洪水，決江河而通四夷九州也，名川三百，支川三千，小者無數。禹親自操槖耜而九雜天下之川，腓無胈，脛無毛，沐甚雨，櫛疾風，〔一〕置萬國。禹，大聖也，而形勞天下也如此。」使後世之墨者，多以裘〔二〕褐爲衣，以跂蹻爲服，日夜不休，以自苦爲極，曰：「不能如此，非禹之道也，不足謂墨。」相里勤之弟子五侯之徒，南方之墨者苦獲、已齒、鄧陵子之屬，俱誦墨經，而倍譎不同，相謂別墨。以堅白、同異之辯相訾，以觭偶不仵之辭相應，以巨子爲聖人，皆願爲之尸，冀得爲其後世，至今不決。墨翟、禽滑釐之意則是，其行則非也。將使後世之墨者，必自苦以腓無胈、脛無毛，相進而已矣。亂之上也，治之下也。雖然，墨子真天下之好也，將求之不得也，雖枯槁不舍也，才士也夫。

不侈後世，不教後世以侈也。靡，麗也，不以萬物之飾爲麗也。暉，華也，不以禮樂度數爲暉華也。繩墨，自拘束也，自拘束其身以矯世，而欲天下之用皆有餘，其意主於儉以足用，故曰備世之急，言世人以衣食爲急，故至於紛爭以致亂也。古之道術有在於是者，言古者學問之中亦有此理，而墨翟、禽滑釐獨聞其説而喜之，故曰聞其風而悦之。惟其喜之，遂至於爲之太過，言過甚也。循，順也，大循其説，抑遏過甚，故曰已之大循。已者，抑遏之意也。非樂、節用，墨子書中之篇名。言墨子既作爲非樂、節用之書，欲天下之人其生也不歌，不用樂也，故非樂，其死也無殯斂之服，近於裸葬，以此爲節用。汎愛兼利，於人無所不愛也，故以爭鬭爲非，以不怒爲道。博不異者，尚同也，推廣其説以爲博而主於尚同也。雖博不異，而其教不與先王同。自黄帝以來，至於武王，未嘗不用樂，而墨子欲毁去之。古昔以來，自貴至賤，未嘗無居喪之禮，而墨子亦欲毁之，以三寸之棺爲式而不用槨，節用也。以此教人，太儉苦矣，故曰恐不愛人，言非所以愛人之道也。不愛己者，言自苦也。未敗者，言墨子之道要終必不可行也。人生不能無歌，而墨以歌爲非，人情不能無哭，而墨以哭爲非，不能無樂，而以樂爲非，是其道全不近人情，故曰其果類乎。類，近也，言如此果與人情相近乎？其生也勤苦，其死也薄葬。太觳，言太朴也。其行難爲者，言所行之行，他人難做也。反天下之心，不近人情也。天下皆不堪，而墨子獨能之，任，亦堪也。雖一人獨能堪忍，如天下不能何？既離於人心，則非可以爲王天下之道矣。名川，天地之間大川也；支川，禹疏鑿而爲之也。橐，盛土器也；耜，掘〔三〕土之具也。九音鳩〔四〕，鳩其功而雜治天下之川。墨子之説，謂禹大聖人，且自勞如此，而况他人乎？跂與屐同，蹻與屩同，木曰屐，草曰屩；服，用也。相里，姓也，勤，名也，亦學墨而爲師於世者，其弟子皆五國諸侯之徒，言從學者衆也。苦獲、已齒、鄧陵子，三人名也，此三人皆居南方，亦讀墨書者，而其譎恠尤倍於墨子，又且其説皆不同，故自名以別墨，言墨之别派也。不仵，不異也，觭偶本異，而曰不相仵，此強辯之事也。以觭偶不仵之辭相爲問答，故曰相應。巨子者，猶言上足弟子也，禪家謂法嗣是也。傳其學者既多，取其得法之大者以爲聖人而主之。尸，主也。冀得爲其後世，言其巨子又傳之弟子，以爲之後也，後世猶曰子孫也。不決，不斷也，言其傳流至今猶在也。推原其始，則墨翟之意，亦是美意，但所行太過當，故曰意則是，而行則非。相進者，相尚也，言傳墨子之道者，相尚爲自苦之事，欲以此治天下，未見其治，必先能召亂也，故曰亂之上也。雖然，墨子之好，出於其心之真，今世亦無此人矣。求之不得者，言更無復有斯人也。不舍，不止也，雖極其枯槁而爲之不止，亦可謂豪傑之士矣。才士者，豪傑之稱也。孟子闢楊、墨，此書亦以楊、墨兼言者屢矣，今以道術分論數家而不及楊氏者，意以其學不足比數也。

校注

〔一〕「沐甚雨，櫛疾風」，原作「沐甚風，櫛疾雨」，據宋本、道藏本改。
〔二〕「裘」，原作「喪」，據宋本、道藏本改。
〔三〕「掘」，原作「握」，據宋本、道藏本改。
〔四〕「音鳩」，原作「者」，宋本同，據道藏本改。

不累於俗，不飾於物，不苟於人，不忮於衆，願天下之安寧以活民命，人我之養畢足而止，以此白心，古之道術有在於是者。宋銒、尹文聞其風而悦之，作爲華山之冠以自表，接萬物以别宥爲始，語心之容，命之曰心之行，以聏合驩，以調海内，請欲置之以爲主。見侮不辱，救民之鬬，禁攻寢兵，救世之戰。以此周行天下，上説下教，雖天下不取，強聒而不舍者也，故曰上下見厭而強見也。

不累於俗，去世俗之累也。不飾於物，不以外物自奉也。不忮於衆，不咈人情也。以人人得其生爲願，視人猶我，皆願其足以自養而已。以此爲心而暴白於天下，此宋銒、尹文之學也。華山，冠名也。别宥，卽在宥也，隨分而自處爲别，寬閑而自安爲宥；始，本也；接萬物，以此意接引人也。心之容，心之體段也。講明其心以語人，而名之曰心之行。行者，心之用也，今釋氏所謂「大用現前」〔一〕是也。以和聏之意而合人之歡，以此調一四海，欲尊置宋鈃、尹文二人以爲其教主。謂民好鬭也，爲受侮不辱之説以救之。謂時世好戰爭也，爲禁攻寢兵之説以救之。上以説其君，下以教世人，雖天下之人皆不聽之，而彼自強聒不舍，言誇説不已也。上下皆見厭而強以此自見，必當時有此諺語，故以此一句結之，而曰故曰也。

校注

〔一〕「大用現前」，禪家稱學者在宗匠機微啓迪下，真如本心得以頓現，卽爲大用現前。

雖然，其爲人太多，其自爲太少，曰：「請欲固置五升之飯足矣。」先生恐不得飽，弟子雖饑，不忘天下，日夜不休，曰：「我必得活哉？圖傲乎救世之士哉？」

其爲人之意太多，其所爲太自苦，其爲説曰：每日但得五升之飯，師與弟子共之，先生以此五升猶且不飽，弟子安得不饑？言其師弟子皆忍饑以立教，而謂我不忘天下，日夜不止，蓋曰我之自苦如此，豈爲久活之道哉？但以此矯夫托名救世而自利之人，故曰圖傲乎救世之士哉。圖，謀也；

傲，矯之也。亦猶豫讓曰：「吾之爲此極難，所以愧天下之爲人臣而懷二心者。」〔一〕便是此意。李翰林有獨酌寄韋六詩曰：「念君風塵遊，傲爾令自哂。」便是此傲字。

校注

〔一〕豫讓語，史記卷八十六刺客列傳載，豫讓欲刺趙襄子而報智伯，友勸其委質臣事襄子而後爲，「豫讓曰：『既已委質臣事人，而求殺之，是懷二心以事其君也。且吾所爲者極難耳，然所以爲此者，將以愧天下後世之爲人臣懷二心以事其君者。』」

曰：「君子不爲苛察，不以身假物。」以爲無益於天下者，明之不如已也，以禁攻寢兵爲外，以情欲寡淺爲内，其小大精粗，其行適至是而止。

其説又曰不爲苛察，苛察則非別有矣，言不當有爾我之辨也。不以身假物者，事事皆自爲而不假借於人以自助。若於天下有損而無益，雖明知其可爲，亦不如〔二〕已之，故曰明之不如已也。其學之大患則欲人於外無攻戰之爭，於内無情欲之汩。寡淺，減削情欲也。其學之大小精粗雖不同，而其所行之大意僅如是而已。適，由僅也。

校注

〔一〕「如」，原作「知」，據宋本、道藏本改。

公而不黨，易而無私，決然無主，趣物而不兩，不顧於慮，不謀於知，於物無擇，與之俱往，古之道術有在於是者。彭蒙、田駢、慎到聞其風而悅之，齊萬物以爲首，曰：「天能覆之而不能載之，地能載之而不能覆之，大道能包之而不能辯之，知萬物皆有所可，皆〔一〕有所不可，故曰選則不徧，教則不至，道則無遺者矣。」是故慎到棄知去己而緣不得已，泠汰於物以爲道理，曰：「知不知，將薄知而後鄰傷之者也。」謑髁無任而笑天下之尚賢也，縱脱無行而非天下之大聖，椎拍輐斷，與物宛轉，舍是與非，苟可以免，不師知慮，不知前後，魏然而已矣。推而後行，曳而後往，若飄風之還，若羽之旋，若磨石之隧，全而無非，動靜無過，未嘗有罪。是何故？夫無知之物，無建己之患，無用知之累，動靜不離於理，是以終身無譽。故曰：「至於若無知之物而已，無用賢聖，夫塊不失道。」豪傑相與笑之曰：「慎到之道，非生人之行而至死人之理。」適得怪焉。田駢亦然，學於彭蒙，得不教焉。彭蒙之師曰：「古之道人，至於莫之是、莫之非而已矣。其風窢然，惡可而言？」常反人，不聚〔二〕觀，而不免於魭斷，其所謂道非道，而所言之韙不免於非。彭彭蒙、田駢、慎到不知道，雖然，概乎皆嘗有聞者也。

不黨，亦無私也。易，坦夷也。決，去私意而無所偏主。趣物者，言萬物之理趣也；不兩者，一也。不顧於慮，不謀於知，無計度也。於物無擇，無所決擇，眼界平也。與之俱往，順自然而行也。彭蒙、田駢、慎到，皆齊之隱士，其説以爲天地亦萬物之一者，謂之物〔三〕則皆齊同，而其爲首者，則無爲之道也。天能覆不能載，地能載不能覆，言有所偏也。大道，道家之學者也，但知包容爲一，而無所分辨，此在當時有一種辯説之學，自有此語。皆有所可，有所不可者，言各有一偏也。若就萬物之中而選擇之，則決不能周徧。以此爲教，則不能盡其極。若歸之道，則無餘論矣，故曰道則無遺者矣，選擇則有可，有不可也。棄知去己而緣不得已，無爲也。泠汰，脱洒也，泠然而踈汰於物，無拘礙也；以爲道理者，以物物無礙爲至理也。其説曰：若以知與不知爲分，則將迫於知而近於自傷矣。薄，迫；鄰，近也。謑髁，不正不定之貌；無任，不留心於事任也；尚賢，以任事也。彼既不事事，故笑天下之尚賢。爲聖之學，必尚操行，彼既縱脱而無行，故以天下聖學者爲非。椎拍輐斷，皆無圭角之意。與物宛轉而略無圭角。亦無所是，亦無所非，以苟免於世俗之累爲意。不以知慮爲師，無思慮也。不知前後，不〔四〕思筭也。魏然者，兀然不動之意也。推之而後行，曳之而後往者，迫而後應，不得已而後起之意也。風還羽旋，磨石之隧，皆無心而與物宛轉之喻。隧，轉也，回也。以不見非於世而自全，動静隨其自然而不爲過甚，故不得罪於世人也。其學如此者，何也？蓋曰物惟無知，則無是己之患，亦無容心之累。動靜皆順，故不離於理。不求知於人，欲終身而無譽，惟其無譽，所以無咎，故曰未嘗有罪也。無知之物，木石瓦礫之類是也。建己，是己而自立也。故其説曰，人之處世，何用聖賢之名？但能若土塊無知之物，則可以不失於道，故曰塊不失道。看此等説話，便似今之深山窮谷頭陀修行之人，故豪傑笑之，以爲猶死人也。適得怪焉者，言彭蒙之徒，以此見訝於世也。得不教者，言其初學之時，自相契合，不待教之而後能也。彭蒙亦有所師，其師之言曰，古之有道者，本以無是非爲主。窢然，風之聲也，謂其發言如飄風之窢然，無所容心，雖言而何所容言？故曰惡可而言。其見常與世人相反，不能聚合倫類而觀，故爲一偏之説，不免於但求無圭角而已。魭斷，無圭角也。其言雖甚壯，而其所謂道者非道也，故不免於世〔五〕人之非笑。韙與偉同〔六〕。彭蒙、田駢、慎到不知道，此莊子斷一句也。概乎者，以大概觀之，亦皆有聞於斯道，但不得其正耳。此等結句，看他文筆。

校注

〔一〕「皆」，原脱，據宋本、道藏本補。

〔二〕「聚」，原作「見」，據宋本、道藏本改。

〔三〕「物」，原作「一」，據宋本、道藏本改。

〔四〕「小」，原作「無」，據宋本、道藏本改。

〔五〕「世」，原作「庶」，據宋本、道藏本改。

〔六〕「䟦與偉同」，原無此四字，宋本空四格，據道藏本補。

以本爲精，以物爲粗，以有積爲不足，淡然獨與神明居，古之道術有在於是者。關尹、老聃聞其風而悦之，建之以常無有，主之以太一，以濡弱謙下爲表，以空虛不毁萬物爲實。關尹曰：「在己無居，形物自著，其動若水，其靜若鏡，其應若響。芴乎若亡，寂乎若清，同焉者和，得焉者失。未嘗先人而常隨人。」老聃曰：「知其雄，守其雌，爲天下谿；知其白，守其辱，爲天下谷。」人皆取先，己獨取後，曰受天下之垢；人皆取實，己獨取虛，無藏也故有餘，巋然而有餘；其行身也，徐而不費，無爲而笑巧；人皆求福，己獨曲全，曰苟免於咎。以深爲根，以約爲紀，曰堅則毁矣，鋭則挫矣。常寬容於物，不削於人，可謂至極。關尹、老聃乎，古之博大真人哉。

本，道也；物，事物也。以有積爲不足者，言藏富天下也。與神明居，是守自然者。關尹，師於老聃者，此言先弟而後師，一時筆快〔一〕之語耳。以無物爲宗，以太極之始爲主。建，亦主也。濡弱謙下，即舌柔長存〔二〕之意；爲表者，言其應世接物〔三〕見於外者如此也。空虛則物物皆全矣，故曰以空虛不毁萬物爲實。實，實理也。樂軒所謂「一物都無萬物全」〔四〕是也。在己無居者，無私主也。形物自著者，隨物之形，見皆自然也。水之動，鏡之靜，空谷之響應，皆無心也。芴乎若亡者，恍忽之中若有物，又若無物也。寂乎其清，不見其清之名也。以同於物者爲和，以無所得爲得，有得則失矣。未嘗先人常隨人，即迫而後動，不得已而後起也。知其雄，守其雌，以能而隱於不能也。知其白，守其辱，言自高而不爲高也。谿谷在下而能容物，爲谿爲谷，有容乃大〔五〕之意也。人皆取先，己獨取後，即未嘗先人而常隨人也。受天下之垢，知白受辱也。不以實爲虛，以虛爲實，故曰人皆取實，己獨取虛。無藏也故有餘，即以有積爲不足也。惟其以虛爲實，故雖無藏而巋然常有餘，亦「一物都無萬物全」之意。徐，安也；不費，無所損也。人皆以巧爲巧，而我以無爲爲巧，故笑之。人皆以福爲福，而我以無禍爲福。曲全者，致曲而自全其身也。苟免於咎者，福莫長於無禍也。以深爲根，言其本在於太一之始也。以約爲紀，言以至簡至約爲守身之法也。紀，法也。凡物堅者鋭者則有挫有毁，即所謂齒剛則折也。以能容萬物爲量，則人於我無所侵削矣。不削於人，言獨全其生也。可謂至極者，言此天下至極之道也。謂之博大真人，尊之之辭也。

校注

〔一〕「快」，原作「刀」，據宋本、道藏本改。

〔二〕「舌柔長存」，説苑敬慎：「常摐張其口而示老子曰：『吾舌存乎？』老子曰：『然。』『吾齒存乎？』老子曰：『亡。』常摐曰：『子知之乎？』老子曰：『夫舌之存也，豈非以其柔耶？齒之亡也，豈非以其剛耶？』」

〔三〕「物」，原作「見」，據宋本、道藏本改。

〔四〕樂軒所言，樂軒集卷一三教：「枉費工夫是學仙，聖門妙處與僧傳。百年合死千年贅，一物都無萬物全。」

〔五〕「有容乃大」，書君陳：「有容，德乃大。」

寂漠無形，變化無常，死與生與，天地並與，神明往與。芒乎何之，忽乎何適，萬物畢羅，莫足以歸，古之道術有在於是者。莊周聞其風而悦之，以謬悠之説，荒唐之言，無端崖之辭，時恣縱而不儻，不以觭見之也。以天下爲沉濁，不可與莊語，以巵言爲曼衍，以重言爲真，以寓言爲廣，獨與天地精神往來而不敖倪於萬物，不譴是非，以與世俗處。其書雖瓌瑋而連犿無傷也，其辭雖參差而諔詭可觀。彼其充實不可以已，上與造物者遊，而下與外死生、無終始者爲友。其於本也，弘大而闢，深閎而肆；其於宗也，可謂調適而上遂矣。雖然，其應於化而解於物也，其理不竭，其來不蜕，芒乎昧乎，未之盡者。

寂漠無形，無物也。變化無常，以不一爲一也。死與生與，不知死生也。據此一句，卽知釋氏之學，其來久矣。天地並與，與天地同體也。神明往與，與造化同運也。何之、何適，動而無迹也。萬物畢羅，各盡萬物之理也。莫足以歸，人莫知其所歸宿也。謬悠，虚遠也；荒唐，曠大而無極也；無端崖，無首無尾也。時恣縱而不儻者，其説放縱而無所偏黨也。儻，卽黨也。不以觭見者，其所見不主一端也。觭，奇也。以天下之人愚而沉濁，不可以誠實之言喻之。莊語，端莊而語誠實之事也。曼衍，無窮也。爲真者，言借重於古先，欲人以爲真實也。爲廣者，寄寓爲言，廣大不拘也。與天地精神往來，與造化自然爲友也。不敖倪萬物者，不以此敖倪於世俗〔一〕也，莊子之意，正敖倪於斯世，而乃爲此反説。不譴是非者，是非無所泥也，無是無非而後可與世俗居處也。瓌瑋，高壯也；連犿，和同混融之意也；無傷，無譏於人也。參差，或彼或此，或抑或揚，不可定也；諔詭，滑稽詭譎也。此兩句自説破其著書之意，蓋謂其言雖怪誕，而自可玩味，看得此兩句破，便讀得莊子也。彼其充實不可以已者，言其書之中皆道理充塞乎其間，亦世間所不可無之書也。本，卽宗也，言其書之本宗無非弘大、深閎、調適之道也。闢，開廣也；肆，縱放也；上遂者，可以上達天理也。其言雖皆無爲自然，而用之於世，則應於教化而解釋物理，謂可以化俗而明理也。其理不竭者，言用之不盡也。不蜕者，謂其言自道而來，不蜕離於道也。芒乎昧乎，言其書之深遠也。未之盡者，言其胸中所得，非言語所可盡也。

自冒頭而下，分別五者之説，而自處其末，繼於老子之後，明言其學出於老子也。前三段着三箇雖然，皆斷説其學之是非，獨老子無之，至此又着雖然兩字，謂其學非無用於世者，此是其文字轉換處，筆力最高，不可不子細看。

校注

〔一〕「世俗」，宋本、道藏本作「世」。

惠施多方，其書五車，其道舛駁，其言也不中。厤物之意曰：「至大無外，謂之大一；至小無内，謂之小一。無厚不可積也，其大千里。天與地卑，山與澤平。日方中方睨，物方生方死。大同而與小同異，此之謂小同異；萬物畢同畢異，此之謂大同異。

墨翟、宋、尹、彭、田、慎到之徒，猶爲見道之偏者，若惠子則主於好辯而已，故不預道術聞風之列，特於篇末言之。其書五車，言其所著書，以五車載之而不足也。其書雖多，其所學未正，其言亦不當，故以舛駁不中譏之。厤物之意，言歷歷考其所談事物之意。至大無外，大虚也；至小無内，秋毫之類也。此八字自與莊子所説同，但謂之大一、小一，便生辯説之端。謂之一，則無大小矣，於一之中，又分大小，便是同中之異、異中之同也。無厚，至薄也，不可積者，積則厚矣。積之不已，其大可至於千里，又言大與小同也，言千里之大，卽無厚之積也。天雖高，地雖卑，而天氣有時下降，則亦爲卑〔一〕矣，故曰天與地卑。山高於澤，而澤之氣可通於山，則山與澤平矣。睨，側視也，日方中之時，側而視之，則非中矣，則中謂之側亦可，故曰方中方睨。物方發生，而其種必前日之死者，故曰方生方死。有大有小，是爲小同異；合萬物而爲同異，則爲大同異。雖謂之大而不出小者之積，雖謂之小而合之可以爲大，則無同無異矣。

南方無窮而有窮，今日適越而昔來。連環可解也。我知天下之中央，燕之北、越之南是也。汜愛萬物，天地一體也。」惠施以此爲大觀於天下而曉辯者，天下之辯者相與樂之。

南方，海也，本無窮而謂之方，則必有窮。四方皆然，獨言南者，非特舉其一見其三，蓋天傾西北，而海獨居南，比之三方則又遠，故特言之。今日適越而昔來，言足雖未至乎越，而知有越之名而

校注

〔一〕「卑」，原作「畢」，據宋本、道藏本改。

後來，則是今日方往，而亦可以爲昔來矣。兩環相連，雖不可解，而其爲環者，必各自爲圓，不可以相粘，不相粘則非連環矣。燕北、越南，固非天下之中，而燕人但知有燕，越人但知有越，天地之初，彼此皆不相知，則亦以其國之中爲天地之中也。萬物與天地爲一，則天地雖大，即萬物之中一物，何以爲大小？即一體也。大觀者，言以此爲獨高於天下也，故以其說教學辯之人。天下之學者，既相與樂之，而其說浸廣，故又有「卵有毛」以下之論。

卵有毛，雞三足，郢有天下，犬可以爲羊，馬有卵，丁子有尾，火不熱，山出口，輪不蹍地，目不見，指不至，至不絶，龜長於蛇，矩不方，規不可以爲圓，鑿不圍枘，飛鳥之景未嘗動也，鏃矢之疾而有不行不止之時，狗非犬，黄馬驪牛三，白狗黑，孤駒未嘗有母，一尺之棰，日取其半，萬世不竭。辯者以此與惠施相應，終身無窮，桓團、公孫龍辯者之徒。飾人之心，易人之意，能勝人之口，不能服人之心，辯者之囿也。惠施日以其知與人之辯，特與天下之辯者爲怪，此其柢也。然惠施之口談，自以爲最賢，曰天地其壯乎，施存雄而無術。

卵有毛者，言毛之在卵，雖未可見，而雀之爲雀，鷄之爲雞，毛各不同，譬如雞爲鴨伏卵，出於卵者爲鴨毛，而不爲雞毛，則是卵有毛矣。雞本二足，必有運而行之者，是爲三矣。郢有天下，言楚都於郢，而自爲王，亦與得天下同矣。犬可以爲羊，謂犬羊之名出於人，而不出於物，使有物之初，謂犬爲羊，則今人亦以爲羊矣，謂羊爲犬，則今人亦以爲犬矣。馬有卵者，胎生雖異於卵生，而胎卵之名，實人爲之，若謂胎爲卵亦可，卽犬羊之意。丁子，蝦蟆也，蛙也，楚人謂之丁子，丁子雖無尾，而其始也實科斗化成，科斗既有尾，則謂丁子爲有尾亦可。水寒火熱亦人名之，况有火中之鼠，火浣之布〔一〕，鼠能出入於火中，火可以浣布，則非熱矣。空谷傳聲，人呼而能應，非山有口乎？行於地則爲輪，纔着地則不可轉，則謂輪不蹍地亦可。目見而後指可至，然目不可至，而指不能見，則是其至者目〔二〕與指不可得而分絶也。龜長於蛇，使龜如蛇之長，則不名爲龜矣，既謂之龜，則其長合止如此，謂之長於蛇亦可。矩，卽方也；規，卽圓也。既謂之矩，則不可又謂之方，既謂之規，則不可又謂之圓。枘雖在鑿之中，而枘之旋轉，非鑿可止，則謂之不圍亦可，言圍之不住也。鳥既飛則影隨鳥而去，但可謂鳥之飛，不可謂影之動。矢鏃之去雖疾，其在弦也，則謂之止，其射侯也，則謂之行，離〔三〕弦而未至，射侯而未中，則是不行不止之時。狗、犬卽一物也，謂之狗則不可謂之犬矣，謂之犬則不可謂之狗矣，故曰狗非犬。馬、牛二體也，黄、驪，色也，以二體與色並言，則謂之三；黄、驪，二色也，馬、牛，皆體也，二色附於體而見，則爲三矣。白狗黑，黑白之名非出於有物之始，則謂白爲黑亦可。孤駒未嘗有母，名之以孤，則非有母矣，不可言孤，又言嘗有母也。一尺之棰，折而爲二，今日用此五寸，明日用彼五寸，雖旋轉萬世，不盡可也。凡此以上，又皆學於惠子，推廣其説，以與惠子相應，終其身强辯而不已，卽桓團、公孫龍之徒是也。

飾人之心者，蔽人之心也，易人之意者，變亂人之意也。一時之辯，口雖可屈，而其人終不心服，此辯者迷於其中而不自知也，故曰囿。惠施日以其知與人之辯者，謂愈恃其聰明以與人強辯也。特，獨也，獨與其徒爲人所怪訝而已。其本領不過如此，故曰此其柢也。柢，本也。自恃其口談之才，以爲其壯與天地同，所存雖自以爲雄高，而實無學術。

校注

〔一〕火鼠、火布，古今注：「火鼠，入火不焚，毛長丈許，可爲布，所謂火浣布者是也。」三國志卷四魏書四齊王芳紀裴松之注：「文帝以爲火性酷烈，無含生之氣，著之典論，明其不然之事，絶智者之聽。及明帝立，詔三公曰：『先帝昔著典論，不朽之格言，其刊石於廟門之外及太學，與石經並，以永示來世。』至是西域使至，而獻火浣布焉，於是刊滅此論，而天下笑之。」

〔二〕「目」，原作「見者」，據宋本、道藏本改。

〔三〕「離」，原作「雖」，據宋本、道藏本改。

南方有倚人焉曰黄繚，問天地所以不墜不陷、風雨雷霆之故。惠施不辭而應，不慮而對，徧爲萬物説，説而不休，多而無已，猶以爲寡，益之以怪。以反人爲實而欲以勝人爲名，是以與衆不適也。弱於德，強於物，其塗隩矣。由天地之道觀惠施之能，其猶一蚉一䖟之勞者也。其於物也何庸？夫充一尚可，曰愈貴道，幾矣。惠施不能以此自寧，散於萬物而不厭，卒以善辯爲名。惜乎，惠施之才，駘蕩而不得，逐萬物而不反，是窮響以聲，形與影競走〔一〕也。悲夫。

倚人者，畸異之人也。南方有一獨高之人曰黄繚，見惠子而問，天何以不墜，地何以不陷，風雨雷霆誰實爲之？此皆造物之妙，豈可容言？惠子亦不辭讓而應客，亦不經思慮，率然而對，且徧爲萬端之説。萬物，萬端也。説既多，而猶以爲少，增益以怪誕之論〔二〕。但以反異於人爲其能，欲以口舌勝人，自爲名譽，是以與世皆不和。不適，不相得也。在内本無所得，故曰弱於德；徒然強辯於外，故曰強於物。隩者，幽暗也，言其所行之塗不明白正大而幽僻也。以天地之道而視惠施所能，猶蚉䖟然，以此而爲人物於世，亦何用乎？故曰何庸。充，足也，若但以一人之私見而自足猶可，若以此爲勝於貴道者，則殆矣。愈，勝也；幾，殆也。不能自寧，不自安分也。散於萬物者，謂散求萬物之理以遷就其説而無所厭足。終於不知道，而僅以辯得名。卒，終也。惠施亦爲有才者，但放蕩而無所得，逐於外物而不知反，是可惜也。駘，放也。響出於聲，聲本響末也，窮響於聲，不知本也；影出於形，形本影末也，欲息其影，不知形止則影止，乃與形共走，亦不知本之喻也。

此篇，莊子之終也，却以惠子結末，雖以其不預聞道之列，亦以辯者之言固皆以無爲有，而其語亦自奇特，故以寘之篇末。蓋著書雖與作文異，亦自有體製，起頭結尾，皆是其用意處。如春秋之絶筆獲麟，如中庸之「上天之載，無聲無臭」，此書内篇之渾沌七竅，皆是一箇體製，不可不知也。諸家經解，言文法者，理或未通，精於理者，於文或略，所以讀得〔三〕不精神，解得無滋味。獨艾軒先生道既高，而文尤精妙，所以六經之説，特出千古，所恨網山、樂軒之後，其學既不傳，今人無有知之者矣。

校注

〔一〕「走」，原作「爭」，據宋本、道藏本改。

〔二〕「論」，原作「説論」，據宋本、道藏本改。

〔三〕「得」，原作「書」，據宋本、道藏本改。

附錄

林希逸墓碑碑文

按：林希逸墓碑于二十世紀九十年代由福清市漁溪鎮教師林尉民、林克文兩先生發現，現嵌在漁溪鎮文武祠大廳壁上。碑已斷裂，碑文稍有殘泐。

宋竹谿鬳翁林先生之墓

有宋中大夫、祕閣修撰、提舉建寧府武夷山冲佑觀、福清縣開國男、食邑三百户林公，諱希逸，字肅翁，世為福清縣人。高祖贈朝請郎，諱與權，始自仙㮕遷漁溪，妣安人張氏；曾祖諱昌言，通判廣州，贈金紫光禄大夫，妣宜人陳氏；祖諱畬，妣陳氏；考諱億，贈中散大夫，妣令人王氏。先君生紹熙四年癸丑歲八月十九日，承學特贈迪功文遠樂軒陳先生。紹定五年入太學。端平二年以學省〔一〕詞賦第一人、對策擢第四人，授從事郎、平海軍節度推官。淳祐三年，特差提領豐儲倉所幹辦公事。五年主管三省架閣，除國子録。六年，以少師安晚鄭公薦，　御筆召試館職，除正字，改宣教郎，除校書郎。七年兼莊文府教授，除樞密院編修官、兼權都官郎官、兼　崇政殿説書、兼翰林權直，以教授講詩終篇，授奉議郎。八年，除直祕閣、知興化軍，至郡以修進　高宗實録，授承議郎，磨勘轉朝奉郎。九年，兩易知南劍州，改知饒州劄兼提點坑冶。十年，至郡，旨兼權。十一年，召赴行在，改直寶謨閣，江、淮、荆、淛、福建、廣南路都大提點坑冶鑄錢公事，兼知饒州，除考功郎官。十二年，轉朝散郎，主管明道宫。寶祐三年，轉朝請郎，主管玉局觀，轉朝奉大夫。四年，丁令人憂。六年，丁相當國，依舊職知贛州，未上，降朝請，明年主管玉局觀，敘復。景定元年，今辨章魏公入相，以司封郎官召，主管崇禧觀，二年，再召，又除廣東運判。三年，除考功郎官、兼　國史院編修官、實録院檢討官。造　朝，兼禮部郎官，兼　崇政殿説書、兼直舍人院，轉朝散大夫、除司農少卿，轉朝請大夫。四年，除祕書少監，太常少卿，轉朝議大夫，進講春秋徹章，授中奉大夫，修進寧宗實録，授中大夫兼國子司業。去國，提舉玉局觀，　郊恩封福清縣開國男。咸淳元年，除直寶文閣、湖南運副，提舉冲佑觀。四年再祠，除知贛州。五年提舉玉局觀，除祕書監兼　侍講。六年兼權直學士院。造　朝，除起居郎，與祠，除祕閣修撰、提舉冲佑觀。七年辛未歲九月十五日，以疾終于家，年七十有九。所著易講述、詩口義、春秋三傳正附論、周禮說、考工記圖解、老莊列子口義、學記、奏議、講議、内外制、詩文四六共二百卷。遺令以深衣斂三月而葬，卜十有二月丙午，窆于萬安鄉蘇田里南山之原。先妣贈令人，莆田長官方氏順昌主簿諱汲之女，丙辰冬卒，前三年葬此。子三人：泳，朝奉郎、前知泉州安溪縣，以親老恩注通判興化軍；冰，故迪功郎、建寧府崇安縣尉；浩，故儒林郎、監行在咸淳倉。女三人：適承議郎、知泉州南安縣佘士明，從政郎、建寧府右司理陳植，季許婚將仕郎黄湰。孫三人：行祖、象祖並登仕郎，幼名仁。女孫四人：長許婚將仕郎郭大雅。孤泳將以家録乞文于知先君信後世者。嗚呼哀哀，昊天罔極，忍死瀝血，書志壙之石。嗚呼哀哀，宇宙猶存，文字千古。來者尚曰：嗚呼，是為竹溪鬳翁林先生之墓。　樂軒門人横塘布衣劉翼書諱，孤泳泣血謹志。

校注

〔一〕「學省」，當作「省試」，按淳熙三山志卷三十二：「端平二年乙未吴叔告榜」：「林希逸，甲科。字肅翁，福清人。解試、省試賦魁。」

序跋

南華一書，今古之奇筆也，然尊之者或流於清虛，譏之者或疑其怪誕，雖文字之妙不容泯没，而箋傳不明，爲書之累久矣。余少侍樂軒陳先生，聞其緒餘之論，頗知好之而未能盡通其章句。其後與竹溪共游兩學，時取而共讀之，喜其剖析之明，而離合不常，所聞無幾，然而好之益甚矣。既成進士，南歸閑居之日久，遂得究力於諸經，其於此書也，愈讀愈好，而愈疑之。蓋此書之所以難通者，字義多異於吾書，言論或違於先聖，旨趣之不可詰，如憑虛捕象罔而赤手搏蛟螭，會歸之不可定，如窮三江而昧支流，遡九河而迷故道。每一開卷，未嘗不躍然以喜，亦未嘗不惕然以惑。戊午訪竹溪於溪上，因語而及，溪忽謂我曰：「余嘗欲爲南華老仙洗去郭、向之陋，而逐食轉移，未有閉户著書之日。憂患廢退以來，遂以此紓憂而娱老，今書幸成矣。」余喜而就求之，歸而亟讀之，則見其條分而縷析，支斷而節解，章無虚句，句無虚字，縱横捭闔，鼓舞變化，若無津涯，而字字句句，各有著落，恍然如酲得醒，如縶得釋。然後知其自立於一家而不可拘以字義，雖縱懷於幽眇，而不遺于世事，非不知聖賢之可尊，而耻於尚同，非不知詭譎之爲過，而主於抗俗。今人古人信詆[一]雖異，要皆徒窺其藩，而未達其奧也。竭來試邑，雖簿書填委，日力窘束，而清旦之初，吏圍未合，必張燈諷誦之，或竟一篇，或終一卷，手舞足蹈，如見其人。於是作而言曰：南華之書，斯世所不可無，竹溪之解，亦南華所不可無者也。蓋竹溪之學得於樂軒，樂軒得之網山，網山得之老艾，歷三世之傳而無旁出者。竹溪既盡其師之傳，又蒐獵釋老諸書於六經子史之外，故能究此老之隱微，盡此老之機解。使南華而可作，必以竹溪爲知我者也，讀此書者，今可以無憾矣。吾邑雖陋，以其好之篤，又欲廣其傳，縮節裒飪，幸而集事，因識其所以好、所以得、所以喜者如此。竹溪林氏名希逸，字肅翁，嘗爲文字官矣，今以寶謨直主玉局觀。鬳齋，其書室也，其諸文頗似莊子，此書以口義名者，謂其不爲文，雜俚俗而直述之也。景定改元，中和節，宣教郎知邵武軍建寧縣林經德序。

漆園老仙之作是書也，其見道精，其憤世甚，亦惟其隱放之跡足以行之，奇崛之文足以發之。至于茫昧浩渺之莫窮，鼓舞變化之不測，盖亦信其眼力之所及，筆力之所至，有不自知其過於激、鄰於誕者，其初心豈曰吾欲以此而垂世立教哉？又豈曰吾欲以此而崇老抑儒哉？奈之何讀之者之不察也，非以虚無宗之，則以異端闢之。見既出塵，語又驚世，往往句讀之未盡通，字義之未盡明，則又以疑辭闕之，脱簡諉之，彼其心亦豈欲得此於後之人哉？鬳齋先生玉堂林公，得聖人之道於樂軒，樂軒之視漆園，所謂後世之子雲，鬳齋之於樂軒，則太玄之侯芭也。於是出而爲之，著其篇焉，分其章焉，析其句焉，明其字焉，使篇無不解之章，章無不解之句，句無不解之字。向之虚者以實，異者以同，疑者以信，脱者以完，而南華一經，歷幾千百載始得爲天地間全書。豈惟老仙將雀躍于九萬里之上，樂軒亦必且手舞足蹈於瞻前忽後之間矣。或曰：以性命之書加訓詁之學，若朱夫子所謂集大成者，其自易經以至騷詞，莫不有釋，乃獨闕然於莊書者，將無不可哉？同曰：上規姚、姒，下逮莊、騷，非韓公之言乎？晉、宋人未足盡莊、老實處，非朱子之言乎？不然，豈其猶有所未盡耶？抑果有所待而然耶？鬳齋之功，當不在朱子下矣。同懼夫學者忘昔之難，樂今之易，而或至于忽之也，故重言焉。景定辛酉，季夏望日，石塘林同謹書。

莊子雄豪宏肆，以神行萬物之上，以心遊宇宙之表，至樂極詣，古無斯人。其言辭蕩汨變化，凌薄日月，疏決雲河，妙密流動，鱗麗羽爛，天昭海溟，左縟而不瑰，遷雄而不肆，又文之傑立宇宙者也。鬳翁著此書，解若江海之浸，膏澤之潤，情其情而思其思，夢其夢而覺其覺，故能言其言而指其指。聲音笑貌，身親出之而人親覿之，然則是距可以幸取力致哉？鬳翁學精識絶，淵源深而練習熟，其悟發之境，戛摩之地，高曠則無有與攖，静深而穎然上達。吾觀鬳翁，巋然抱負體用於天地之間，充足明偉，有以自伸，其猶鯤鵬耶？而又沈浸於其書如彼，則其言非鬳翁孰能得之哉？今鬳翁所著，卓然起莊子於朽骨，發千古之寶藏，鬳翁亦博大弘偉，豪傑鉅儒哉。余始得是讀之，輒書奇遇於編末，以傳子孫，非敢曰能知鬳翁之是書也。景定辛酉十一月己巳，三衢徐霖景説跋。

東坡居士記莊子曰，大率皆寓言，其正言盖無幾。六經，正言也，正則無奇。莊子，寓言之，寓斯奇矣。謂堯之遜務光，跖之侮孔子，社樹之能見夢，冶金之能踴躍，南海之帝某，北海之帝某，與中央游，鑿混沌死，粟眇天墜，嬰戲人物，非奇乎？余自童習内、外篇，闕疑處多，及以注讀之，駢拇支指，附贅縣疣，真所謂在郭象雲霧中。有朋相過談鬳齋先生口義，章句不破碎，而理義完備，余亟請焉，旬日而得。風簷細閲，一則曰此文字妙處，二則曰此等語奇特，此等字精神，雖昌黎、太白奪换處，勘破殆竟。詩從浮丘伯幾傳而後有孔安國，書從伏生幾傳而後有夏侯勝，鬳齋之學得於樂軒、艾軒，學之必有師也如此。余也不撰杖屨，杷下書，海上方，一旦盡得之，得何容易？儻不廣傳於乾端坤倪之外，則文章之觀，鐘鼓之音，瞽者聾者無以與乎爾。此板舊鋟於樵，繙閱則便，巾笥爲難，今本之大者中之，字之疏者密之，使一覽義見，亦猶余得之之易也。雖然，鬳齋於依依澄澄間，積閑歲月，下妙工夫，此特一斑耳。抑翰林主人，非漆園子也，如用之，則以六經仕。敬以兹本刊于延平，且識篇末。咸淳屠維荒落之夏，日在端午，合沙陳寥炎南夫書於郡之清心。

校　注

〔一〕「詆」，原作「誦」，道藏本同，據宋本改。

林希逸莊子鬳齋口義在日本

［日］池田知久著　［中］周一良譯

一、前言

這篇論文起因于中國杭州大學古籍研究所周啓成先生對我提出的問題，是爲了回答而寫成的。因此在進入本題之前，先簡單提一下關于它的起因。

一九八六年二月，周啓成先生通過叔父周一良先生寫信給我。周一良先生是北京大學歷史系教授，一九八五年三月訪問東京大學，因此認識。周啓成先生向我提出了三個問題。

第一是，林希逸的莊子鬳齋口義在日本有哪些版本。第二是，莊子口義對日本思想界有什麼樣的影響。第三是，日本有没有關于莊子（以至老莊）研究的日文和西文專著與論文的目録。

這三個問題裏，第三個關于老莊研究的日文書目，我爲了此次訪華要帶來，以前作了準備。但是西文以及其他（中文、朝鮮文）方面的，本來没有打算搞。兩月以來非常忙碌，西文目録迄未作成，目前還在編製中。總之，正是兩位周先生，他們建議我應該搞西文以及其他方面的目録的。

這篇論文的目的，在于回答上述第一、第二兩個問題。由于自己的不學，對這兩個問題也没有能力立卽回答，因此，從接到來信的二月份起，纔急忙開始研究這些問題，這是實情。下面所説的，一定有不少不充分、不正確、甚至錯誤的地方，希望得到諸位的指教，以便改正。儘管如此，還要感謝兩位周先生，給了我這樣的研究機會。

二、參考文獻

關于上述第一、第二兩個問題，可供參考的日本的研究論文不多，現列于下：

〔一〕日本的老莊學　武内義雄　一九三七年　武内義雄全集六（一九七八年）角川書店

〔二〕中世禪林中的莊子研究——五山文學與近世學問間的關係　芳賀幸四郎　一九五二年　日本歷史四四

〔三〕關于中世禪林的學問及文學之研究　芳賀幸四郎　一九五六年　日本學術振興會

〔四〕林羅山的老子解釋　永窪啓治　一九六六年　香川中國學會報六
〔五〕近世的老子口義　拇野茂　一九六八年　支那學研究三三（廣島支那學會）
〔六〕江户時代的老莊思想　福永光司　一九七二年　道教與日本文化（一九八二年）人文書院
〔七〕近世中期老莊思想之流行——談義本研究（一）　中野三敏　一九八一年　戲作研究　講談社
〔八〕林希逸的立場　荒木見悟　一九八一年　中國哲學論集七（九州大學中國哲學研究會）
〔九〕徂徠學中的自然及作爲　日野龍夫　一九八三年　講座日本思想一　東京大學出版會
〔一〇〕宋儒林希逸之老子解釋——作爲考察本朝江户時代老子解釋的基礎作業　大野出　一九八四年　寫本

這些著作中，多數是關于老子口義的論文，幾乎没有專門討論莊子口義的。其中〔四〕與〔七〕我未見到。〔一〇〕是北海道大學文學部中國哲學研究室學生大野出君的畢業論文。附帶説明，我以下的議論，多有賴于上述這些論著。

三、林希逸莊子鬳齋口義的日本版本

這裏只舉和刻本卽日本刻本。僅就和刻本而言，實際此外恐怕還有不少。中國刻本似也有數種傳入，還有通過朝鮮傳來的莊子口義。關于這些，目前（一九八六年四月）尚未充分調查，待以後仔細調查。

〔一〕莊子鬳齋口義十卷附新添莊子論　宋林希逸　（附）宋李士表　五册　刊本　刊年未詳（寬永初年？）

〔二〕同上　五册　寬永六年（一六二九）印　風月宗知

〔三〕同上　五册　萬治二年（一六五九）印　吉野屋權兵衛

〔四〕同上　頭書本　十册　寬文三年（一六六三）刊　山屋治右衛門

〔五〕同上　頭書本　十册　寬文五年（一六六五）修　風月庄左衛門

〔六〕莊子鬳齋口義鈔　惟肖得巖　自延文五（一三六〇）至永亨九年（一四三七）散佚（？）

〔七〕莊子口義諺解　十一册　山本洞雲　至萬治三年（一六六〇）寫本

〔八〕莊子鬳齋口義棧航　人見壹　寬文元年（一六六一）刊本

〔九〕莊子口義愚解二卷　二册　渡邊蒙庵　寶曆十二年（一七六二）刊本〔明和六年（一七六九）以莊子愚解之名抄成五册的寫本〕

〔一〇〕莊子口義抄　十册　撰者不詳　寬文十年（一六七〇）刊本

〔一一〕莊子鬳齋口義大成俚諺鈔十九卷首二卷　二十一册　毛利貞齋　元祿十六年（一七〇三）刊本

〔一二〕同上　十二册　享和三年（一八〇三）刊本

〔一三〕同上　十册　弘化三年（一八四六）刊本

〔一四〕同上　刊年未詳

〔一五〕同上　明治二十三年（一八九〇）排印本〔收入漢籍國字解全書，改題爲莊子俚諺鈔，用抄本排印〕

這些著作中，第〔八〕的人見壹是朱子學者林羅山的門人，第〔九〕渡邊蒙庵是荻生徂徠的高足太宰春台的門人。

四、日本思想史上的林希逸莊子鬳齋口義

（一）始讀林希逸莊子鬳齋口義的惟肖得巖

日本得此書，開始根據林希逸來講莊子的人，似乎是禪僧惟肖得巖。〔最早讀老子

口義的日本人是誰，不象莊子口義那樣清楚，但至遲室町時代已傳到日本（武内義雄）。關于列子口義更不詳。」

得巖的傳見于本朝高僧傳卷四十，延文五年（一三六〇）生，卒于永亨九年（一四三七）。他是室町時代「五山」（日本仿效中國的「五山十刹」制定的）臨濟宗的禪僧，代表「五山文學」的重要人物之一。莊子口義是中國禪僧傳入日本，或是日本禪僧到中國留學帶回，特别是得巖入明留學從中國直接傳入，都不清楚。

從鎌倉時代末期經過室町時代，鎌倉的五山同京都的五山幾乎是日本的文化、學術中心。而且，重要的是，五山學術中的儒學，學的是朱子學，同時也學老子、莊子思想。

得巖曾進入位于與儒學關係甚深的京都五山之上的南禪寺（少林院），他在那裏學了佛教，同時也學了儒學，而且也學了莊子（芳賀幸四郎）。這樣的「三教一致論」在五山似乎佔統治地位。可以認爲，林希逸的莊子口義即在這種氣氛中被接受，而且在促進「三教一致論」的方向之下，影響了日本思想界。

中國宋代（朱子學成立的時代）的禪宗，主張儒佛一致和三教一致。這是爲了對抗唐代韓愈、北宋歐陽修以來以及被朱子學所繼承的儒教的排佛傾向。所以從中國（宋）

入籍日本的僧人們，在把禪宗（臨濟宗）傳入的同時，也傳來了三教一致論。日本的入宋僧人們，也和禪宗一起把三教一致論帶了回來（芳賀）。得巖也是三教一致論者，對「三教圖」曾致讚語：

合歸于一劈成三，唐梵云云付口譚。更有主人無面目，傳言贈語彼司南。（東海璚華集三教合面圖贊）

在得巖之前，是用郭象注和成玄英疏來讀莊子的，但那時對郭象注（或郭象思想）似乎還没有深刻的、正確的理解，不過利用其訓詁字義的注釋而已。〔對郭象注具備深刻的、正確的理解，在日本是徂徠學派誕生以後的事，大體可以認爲在十八世紀以後，杜多秀峯著郭注莊子覈玄在寬政四年（一七九二）〕得巖的師傅名叫耕雲老人（子晉明魏），明魏依然是用郭象注講莊子的。到得巖纔捨棄郭象注，根據口義來講授莊子。（關于老子，進入江户時代後，一時還是盛行河上公的章句（拇野茂）。林希逸三子口義中，莊子口義是最早流行的。其理由是老子口義中佛教氣味不太濃，道儒二教一致爲主，而莊子口義則是道儒佛三教一致，可能這一點打動了室町時代禪僧之心。〕

從此五山纔廣泛知道口義之存在。稍後室町時代中期僧人景徐周麟也在希逸字偈序中說：「劉宋之有謝希逸也……趙宋之有林希逸也。」（翰林胡蘆集第八）他知道林希逸之名，無疑是從莊子口義得知的。月舟壽桂的幻雲文集所收游雲説也引用了莊子口義。讀莊子口義，試以新思想解釋莊子者不少，例如天隱龍澤、万里集九、伯容見雍、一華老人等皆是（芳賀、拇野）。

尊重口義的學風支配了五山，不久擴及日本全國。這種情況見于林羅山在慶長七年（一六〇二）回答祖博（京都人，號涸轍齋）的信中：

本朝昔儒讀注疏不見口義，南禪寺巖惟肖始讀口義。今時往往人皆得見之（林羅山文集卷三答祖博）。

又林恕（鵝峯，羅山之三子）寬文元年（一六六一）給人見壹莊子鬳齋口義棧航所作的序也説：

龍皐僧得巖就明魏問郭注。既而得希逸口義佔畢之。自是以降，郭注廢而口義行矣。

（二）林羅山之朱子學與鬳齋口義

進入江户時代後，德川幕府執行獨尊儒學（朱子學）的教育政策，此點人所熟知，不再説明。可以參考丸山真男的日本政治思想史研究（一九五二年東京大學出版會）。德川家康召朱子學家藤原惺窩使之講書，任用林羅山爲幕府儒官。尤其林羅山歷仕第一代家康、第二代秀忠、第三代家光、第四代家綱等四代將軍，因而林羅山的儒學（朱子學）上升到國教的地位。

但是，這個林羅山同時很好地研究了林希逸的老子口義和莊子口義。他于元和四年（一六一八）爲老子鬳齋口義加了訓點並交付出版（此書始終未出版），在跋語中這樣説：

本朝古來，讀老、莊、列者，老則用河上公，莊則用郭象，列則用張湛，而未嘗有及希逸。近代南禪寺沙門（得）巖惟肖嘗聞莊子于耕雲老人明魏，而後惟肖始讀莊子希逸口義，爾來比比皆然。雖然，未及老子希逸口義，至於今人皆依河上。余嘗見道書全書，載老子數家注……希逸視諸家最爲優（林羅山文集卷五十四老子口義跋）。

原來林羅山其人在文禄四年（一五九五）至慶長二年（一五九七）曾入五山之一的建仁寺，學習過中國書籍。這時他遵照口義學習了莊子。因從得巖以來，五山已形成莊子用口義的傳統。林羅山在建仁寺大統庵時，與大統庵相鄰接的十如院有僧人英甫永雄講授莊子。林羅山曾往聽講，永雄所據之本仍然爲林希逸的口義。這個情況，從上引慶長七年（一六〇二）答祖博信中可以得知：

今晨講莊子，比年之奇事也。忽思丙申年，東山十如院僧永雄讀此書未果，距今殆七年于此。余時十有四歲，傾耳於側，雄以希逸口義讀之，余恨其不果（林羅山文集卷三答祖博）。

又羅山先生年譜慶長元年（一五九六）條亦云：「先生十四歲，今茲永雄講南華口義。其所援用，屢請先生校出之。」可以爲證。

自此以後，林羅山在莊子諸家注中似對口義給與了最高評價。他在答祖博中說：

余思注疏雖古而未若口義之爲明快也。況古人論郭象之霧露乎？

又前引林恕序亦云：

我先人羅山翁講經之暇，繙南華口義，粗記其出處於鼇頭，百數十件，未畢而罷矣。

再就老子來説，羅山似未在建仁寺學習。也許離建仁寺回家以後，由於莊子口義牽連而讀到了老子口義。他元和四年（一六一八）對老子口義加訓點，其改訂增補版，于正保四年（一六四七）由京都的林甚右衛門刊行。又正保二年（一六四五）遵三代將軍家光之命，寫了以和文解釋老子的老子諺解，其解釋也是根據老子口義的（抅野）。

（三）盧齋口義受重視的理由

進入江户時代以後，人們何以重視口義？其一，或許是由于林羅山的愛好與推重，因爲他是幕府的儒官，他的推重當然發揮了不小影響。其二，林希逸的後裔如一即非（明萬曆四十四年（一六一六）—清康熙十年（一六七一））來到日本這一偶然事件，亦有關係。如一十八歲出家，萬治元年（一六五八）來日，直到寬文十一年（一六七一）去世，留居日本。他來日時帶來了家傳的老子口義舊本。他以此和日本流傳的老子口義，校定本文及注文，施加句讀和評點（似在寬文四年（一六六四）至寬文八年（一六六八）間完成（掛野）），不久加以刊行。此書以卽非老子經之名，在從寬文十年（一六七〇）的增補書籍目錄到正德五年（一七一五）的增益書籍目錄大全的十二種書籍目錄中，十一種有所著錄（大野出）。這件事足以表示此書當時如何受人歡迎。不難想象，如一來日與卽非老子經之盛行，如何引起人們對林希逸三子口義的興趣了。然而上述兩種理由不免流于表面和偶然，必須探索更深層的必然的理由，這樣就又碰到林羅山何以重視口義這個問題。這是個很難解答的問題，日本似乎還没有研究這個問題的人。而且，我又不是專門研究朱子學或者思想史的，以下的推測也可能有錯誤，姑且提出來。

第一，如上所述，鎌倉時代末期以來，以五山禪僧爲中心，盛行三教一致論。羅山也好，江户時代初期的知識份子也好，都生活在這個三教一致的 syncretism 潮流之中，因而作爲日本朱子學開山之祖的羅山，自然也是一邊信奉儒學（朱子學），同時好老子、莊子，也不完全排斥佛教。

第一，由于林希逸的三子口義作爲三教一致論的著作，是寫得很好的。作爲老子、莊子、列子的注釋書，全面提出三教一致論，而且最早問世，學術上也扎實，除三子口義外，其他還未見過。

第二，我考慮三子口義是應在日本朱子學的形成與發展上，起了推進（或補充）的作用。朱子學者貝原益軒在慎思録（正德四年（一七一四））卷五説：「林希逸取宋儒之意註老、莊。」這可以説是説明日本朱子學如何看待口義的極好資料。鎌倉時代末期以來的五山禪僧，一邊以佛教爲中心，同時融合儒學（朱子學）與老、莊，羅山則反過來，以儒學爲中心，同時承認老、莊與佛教。從朱子學説來，原來是從的變成了主。在此種客觀情況下，口義所完成的任務有待于更深入研究。

第四，還有林羅山朱子學的性格問題。中國朱子學批判老、莊，排斥佛教，是純粹儒學。而日本朱子學原來由禪僧培育，故而具有與老、莊及佛教握手的性格。更具體説來，莊子口義中有批判朱子學及儒學的地方，但羅山似未感覺到，對于這類問題頗不敏感。中國的朱子學與羅山都主張排佛，此點羅山與佛教造詣很深的林希逸當然相對立，然羅山全無非難口義的佛教之事。他後來遵幕府之命，着僧衣，受僧職，所以他的排佛問題恐不宜過分拘泥認真。故而以林羅山爲中心的江户時代初期的朱子學顯然與中國朱子學不同，恐怕是否應稱爲「朱子學」都不無疑問。要之，這個時期日本的朱子學確系具有過渡的性格。

（四）林希逸的人與思想

這里簡單談一下林希逸的人與思想。林希逸的傳記見于宋元學案卷四十七艾軒學案、宋元學案補遺補舍人林希逸、重纂福建通志等。他于紹熙四年（一一九三）或五年（一一九四）生于福清，字肅翁，又字淵翁，號竹溪，又號鬳齋或獻機。端平二年（一二三五）進士及第，初爲平海軍節度推官，淳祐六年（一二四六）遷秘書正字，以中書舍人終。卒年不詳，于咸淳五年（一二六九）寫後村行狀，當時尚在世（七十六或七十七歲）。林希逸的著作頗多，現存者有考工記解二卷、三子口義、鬳齋續集三十卷、竹溪十一稿詩選一卷、心游摘稿序。

希逸的學術譜系爲：

程頤——尹焞——林光朝（號艾軒）——林亦之——陳藻（號樂軒）——林希逸

可以遠溯到程伊川。他的思想爲儒學卽廣義的理學，但没有程伊川或朱子那樣講狹隘的理和Rigorism(荒木見悟)。

他稱自己的學問爲「心學」(莊子口義庚桑楚篇)，其心學如老子口義第一章所云：

天地之始，太極未分之時也。其在人心，則寂然不動之地。……其謂之天地者，非專言天地也，所以爲此心之喻也。……此章人多只就天地上説，不知老子之意。正要就心上理會。如此兼看，方得此書之全意。

與其説窮天地等事物之理，不如説是關心心的狀態。莊子口義大宗師篇云：「不以心捐道，卽心是道，心外無道也。」是在心中求道之學。更具體地説，是求「無心」(老子口義第十五章、第二十九章，莊子口義人間世篇、大宗師篇、知北遊篇)、「虚心」(老子口義第二十一章)、「不動心」(老子口義第五十五章，莊子口義知北遊篇)，求「不容心」于事物(老子口義第三章、第四章、第六章)。希逸的這種心學，包含很多與朱子學不一致的地方，自不待言(荒木)。

又他雖是儒者，而用心研究老莊與佛教(禪宗)，視老莊與佛教爲完全相同的東西，而爲之傾倒。例如莊子口義發題云：「大藏經五百四十函，皆自此中紬繹出。」駢拇篇引經文又云：「此數語中，如所謂聰者，非謂其聞彼也，自聞而已矣。所謂明者，非謂其見彼也，自見而已矣，一大藏經不過此意。」是把莊子與大藏經完全等同起來了。他青年時親近佛書（及老莊），傾倒于佛教，似有其師樂軒（陳藻）以至更溯到艾軒（林光朝）的影響。莊子口義發題云：「希逸少嘗有聞於樂軒，因樂軒而聞艾軒之説，文字血脉稍知梗概。又頗嘗涉獵佛書，而後悟其縱横變化之機，自謂於此書稍有所得，實前人所未盡究者。」駢拇篇也説：「先師嘗曰：佛書最好證吾書，證則易曉也。」不僅受其先師影響，似乎他自己也有求于佛教，與當時的禪僧們結了友誼。例如他爲同鄉人枯崖罔悟所編枯崖和尚漫録寫的跋文云：「此集所記，皆近世善知識也。中間柔萬庵、元雙杉，皆余舊方外友也。」（景定四年（一二六三））（荒木）

所以，以儒學爲本，同時也傾倒于老莊及佛教的林希逸的思想，正是典型的三教一致論。但其師樂軒以儒學爲形而下之學，佛教爲形而上之學，「樂軒曰：儒者悟道則其心愈細，禪家悟道則其心愈粗」（莊子口義在宥篇），認爲在任務各有分擔的基礎上，期待着高層次的一致；而希逸更進一步，主張老莊與佛教直接即是儒學。莊子口義在宥：「觀此一段，莊子依舊是理會事底人，非止談説虚無而已。伊川言釋氏有上達而無下學，此語極好。但如此數語中，又有近於下學處，又有精粗不相離之意。」他在此處明顯地認爲莊子即釋氏，主張那些不僅是形而上的「虚無」、「上達」、「粗」，而且具有形而下的「事」、「下學」、「精」。

但是，希逸這樣對形而下的事物的關心，並非走向窮事物之理的方向。老子口義發題云：「大抵老子之書，其言皆借物以明道，或因時世習尚就以諭之。」可知他對老子關心的不是物而是道。這個道卽上述之「無心」，因而上引所謂「理會事」，實卽胸中懷抱「無心」，同時現實地處理「事」。如老子口義中，作爲中心主題而追求的，正是胸中懷抱那樣的「道」的聖人處理「物」的方式（第三章、第五章、第七章）。

以上所述林希逸的三教一致論，當然是與朱子學之排佛、排老莊相對立的。朱子之排佛乃衆所周知，此處不談。僅就排老而言，朱子語類卷一百二十五「老莊」下云：「老子極勞攘。」對此希逸在上引老子口義發題已提及，緊接又云：「而讀者未得其所以言。故晦翁以爲老子勞攘。」加以批判。他認爲，朱子對老子的認識是只見表面的淺薄的看法。

（五）江户時代莊子鬳齋口義的盛衰

江户時代初期到十八世紀三四十年代，盛行根據口義來讀老子、莊子、列子。元文五年（一七四〇）近藤舜政的老子答問書說：

老子注自韓非子解老、喻老而後，有嚴君平之指歸，河上公之章句，王弼注，周弘政疏，張機老子義，玄宗之御注，陸希聲注，蘇子由解，林希逸口義，無垢子之注，老莊翼，老莊翼注，陶周望解，林兆恩注，邵弁老莊匯詮，憨山之注，蒙山之注等，此外尚有多種，其大致如此。……何以我邦盛行鬳齋之口義？莊子、列子亦皆如此。

又元祿十五年（一七〇二）刊行之倭版書籍考諸子百家之部莊子項下，載有莊子注疏及莊子口義，莊子注疏下所附解説云：「晉郭象注，唐玄英法師疏也。莊子之古注也。看莊子當先依注疏，不應只專看林氏口義。」如果反過來看，這段材料好象告訴我們，當時專門只看林氏口義的人是如何多了。再者老子項下只載老子經口義一種，解説云：「口義爲晚宋儒者福州林希逸作。老子諸注中無有勝于口義之注解者。……倭訓始出自羅山先生。」列子項下亦只載列子口義一種。

到江户時代已過半，荻生徂徠出現，他重視郭象注的時候，林希逸的口義于是急劇失勢了。荻生徂徠完全排斥林希逸的三部口義，説：「要之，漢以前之書籍老莊列之類益人知見，林希逸之解則不佳。」（享保十二年（一七二七）之答問書下）還必須注意此一事實，即荻生徂徠之高足服部南郭于元文四年（一七三九）校訂刊行了郭注莊子。南郭的門人杜多秀峰于寬政四年（一七九二）出版了詳細研究郭象注的郭注莊子覈玄，也值得注意。

再看老子，寬保三年（一七四三）渡邊操（號蒙庵）的老子愚解自序中説：「今世人讀老子者，多賴林鬳齋口義，視我鄉小子學生亦猶爾。陳者取其書詳讀之，其解與經文不相合居多。」這是比較早批判口義的。蒙庵之師是太宰春台。此書之末附有春台所撰春台先生與操書，其中云：「河上公之說不傳，今所有者，宋以後人之僞作也。……希逸氏見之，其將夜遁。痛快痛快。」相當于徂徠再傳弟子的户崎允明也在明和六年（一七七一）的老子正訓自序中說：「王林諸家囿清言之弊，修辭之際，強解屢靨矣，此以意害辭也。」批判了王弼和林希逸（大野）。

爲什麼荻生徂徠和他的門人等（徂徠學派）重視郭象注呢？第一是思想上的理由，卽郭象注中包含有「知足安分」思想。如果想知道「知足安分」爲郭象注突出的特色，試比較逍遥遊篇首章郭象注和口義卽可了解。我認爲，徂徠學派是期待使「知足安分」思想爲鞏固江户時代「士農工商」的身分制起作用的（關於郭象思想的研究，我想日本東大文學部户川芳郎教授的郭象的政治思想及其莊子注，一九六六年，日本中國學報十八，爲最好）。徂徠學派同時也注意研究荀子，認爲他的「分」的思想頗有意義（這個問題，卽荀子思想對徂徠學派具有什麼意義，尚有待研究）。徂徠學派上述這樣學問上思想上的組合，基本上是與江户時代中期的社會、政治動向相一致的。進入十八世紀以後，徂徠學派上升到日本顯學的地位。這樣，隨着徂徠學派的抬頭和盛行，郭象注受到重視，口義逐漸衰落下去。荻生徂徠的高足太宰春台在所著紫芝園漫筆卷五中斥責說：「林希逸老莊口義，最爲鈍劣淺學，不足取已。」

第二，仍是思想上理由，他們對三教一致論抱有疑問，要使儒學成爲純粹儒學，老莊也好，佛教也好，都各自純化。春台在卷八又說：

宋儒之愚者，當以林希逸爲最矣。夫爲老列莊三子著口義，往往傅會以釋氏之說，又時以吾聖人之道較之。夫三子之所以爲道，與吾聖人皆異其指。雖間有如同者，但其末而已。希逸見之，因欲合而一之。所謂不揣其本而齊其末者也。既不知三子，又不知釋氏之道，何況吾聖人之道乎？

他批判了林希逸的三教一致論。在日本思想史上，不借助老莊佛教，作爲獨立思想研究儒學，是日本思想發展史上必然的方向之一。

第三，是學問上的理由。上引太宰春台的文章，顯示出學術上不依照佛教，也不依照儒學，而是按照老列莊來研究老列莊，這是值得注意的。這個姿態與徂徠所提倡的古文辭學密切相關。以老列莊爲首的諸子百家各按其固有的語言，固有的邏輯來理解，有關中國古代文化的實證的學術因而取得很大成果。讀莊子時，口義固不必論，對郭象注也不滿足，更溯根本，必須校定本文，與諸子百家對照比較，去把握莊子的真義，于是日本學者自己寫出了各自的注釋(武内、福永光司)。

在上述思想的學術發展情況下,林希逸的口義遂被朱子學所揚棄。朱子學者貝原益軒愼思録卷五説:「老莊之説固與聖人之道懸絶,論之不可不嚴。……林希逸取宋儒之意註老莊,然與老莊之本意不相合者多矣。」也作了批判。禪僧無隱道費在心學典論卷一中也説:「希逸雖讀佛書,而不達佛理,其言甚無謂矣。」從佛教方面,林希逸口義也開始被視爲不好的書。

這樣,林希逸的莊子鬳齋口義從十八世紀中葉以後,就已完全不被重視了。

一九八六·四·二八稿

一九八七·二·二補

(原載二松學舍大學論集第三十一號)

林希逸三子鬳齋口義的主要觀點、方法及其對中國老莊注釋的影響*

周啓成

林希逸是中國十三世紀的思想家、詩人，他所著三子鬳齋口義以其獨特的觀點、方法在中國老莊學史上可説是獨樹一幟，對後世老莊注釋産生過重大影響。此書還曾傳入日本及朝鮮半島等地，一時相當流行，對這些國家的思想界也産生過較大影響。

我曾對林希逸的莊子鬳齋口義作過校注工作（莊子鬳齋口義校注一書一九九七年由中華書局出版），對林希逸的思想及其注釋手法有一定認識，此外對於三子鬳齋口義對後世的影響也曾作過初步探討，下面就來談談我的一點認識。由於我偏處中國東南一隅，所見資料不全，更兼學識淺陋，因而難免挂一漏萬、以偏概全之誤，則望學者、專家不吝賜教。

---

* 本文爲二〇〇三年在日本東方學會第四十八屆國際東方學者會議的發言。

一、林希逸的學術淵源及三子鬳齋口義的主要觀點、方法

林希逸，字肅翁，號鬳齋，南宋福建路福清縣人。他的著作頗豐，現在考知，幾乎遍及經、史、子、集四部，只是一部分已經散佚了。

林希逸是理學家，屬艾軒學派，他的學術淵源如下圖所示：

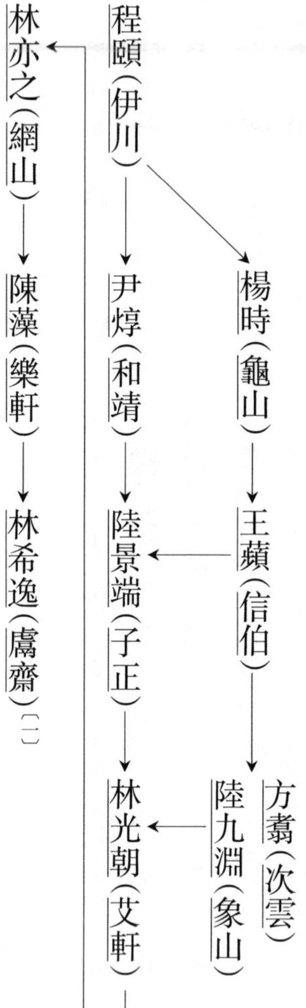

請注意林光朝的思想來源。林光朝是艾軒學派的創始人，他受了三方面的影響：一是由尹焞到陸景端而到林光朝；一是由王蘋到陸景端而到林光朝；還有是由作爲艾軒講友的方翥、陸九淵而到林光朝的思想影響。

值得注意的是王蘋這一條綫。王蘋是程頤的小弟子，又師事同門楊時。王蘋在講學中常引用禪學和道家理論，認爲三教只是「門户各別」而已。全祖望在宋元學案按語指出，王蘋的學問「近禪」，而林光朝則從尹焞得到的少，而從王蘋受到的多，所以他實在是先於陸九淵而湧現出來的具有心學傾向的學者。〔二〕林希逸作爲艾軒學派的第四代弟子，劉克莊就曾説他的學問也是「近禪」〔三〕，他在三子鬳齋口義中公開地、毫不避諱地大量引用禪學及道家理論，這在衆多理學派别中實在是有點驚世駭俗，毫無疑問，這和林光朝一派的學術特點有很大關係。日本著名的老莊研究學者池田知久教授指出：「以儒學爲本，同時也傾倒於老莊及佛教的林希逸的思想，正是典型的三教一致論。」〔四〕這個論斷無疑十分精闢。

艾軒學派還有一個特點，就是重視文章。林希逸在到興化軍任地方官時對當地學子説：「初疑漢儒不達性命，洛學不好文辭，使知性與天道不在文章外者，自福清兩夫子（指林亦之、陳藻）始，學者不可不知信從也。」〔五〕這是説從林亦之、陳藻開始的艾軒學派，重視文章，認爲文章和義理不可分割，不可偏廢，這和輕視文辭的洛學有很大區别。在林林總總的宋代理學派别中，講究文章技巧的分析，無疑是艾軒學派的一個重要特點，甚至可説是一個背離理學傳統的特點。

莊子口義是三子口義中最先成書的一部，此書在寶祐六年（一二五八）完稿。當時正是權相丁大全勢力最盛大之時，林希逸仕途不得意，退居鄉里，注莊解憂。老子鬳齋口義及列子鬳齋口義則作于景定年間，政治處境已有所改變了。

林希逸在莊子口義的發題中談到莊子一書五大難讀之處及解決的途徑時說：

此書所言仁義、性命之類，字義皆與吾書不同，一難也；其意欲與吾夫子爭衡，故其言多過當，二難也；鄙略中下之人，如佛書所謂爲最上乘者說，故其言每每過高，三難也；又其筆端鼓舞變化，皆不可以尋常文字蹊徑求之，四難也；況語脉機鋒，多如禪家頓宗所謂劍刃上事，吾儒書中未嘗有此，五難也；是必精於語、孟、中庸、大學等書，見理素定，識文字血脉，知禪宗解數，具此眼目而後知其言意一一有所歸着，未嘗不跌蕩，未嘗不戲劇，而大綱領、大宗旨未嘗與聖人異也。〔六〕

這實是林希逸對於他注莊所取的主要觀點、方法的一個總説明。他基本上是站在理學的立場上，但同時也容納了禪宗哲學。他的基本看法是莊子「大綱領、大宗旨未嘗與聖人異」。從此出發，他運用師傳的解析文章的技法，也使用了禪宗的參悟本領，對莊子所用概念加以考訂，對於所謂「過當處」、「鼓舞處」、「戲劇處」一一加以廓清，努力使莊子本義得以顯露在讀者面前。細析莊子鬳齋口義一書，可以看出，以理學解莊、以佛學解莊，有得也有失。

林希逸列子口義的觀點和莊子口義基本相似，也用佛學和理學來注釋。他認爲「莊列源流本一宗，微言妙趣不妨同」〔七〕。故列子口義中總是「莊列」並舉，謂「莊列皆一宗之學」，而不把老子算在其中。對於列子口義一書，值得重視的是林希逸對列子的篇章考訂。他認爲「列子非全書」，在流傳過程中已經殘佚一部分，又羼入了一些别人的文字，所以不完整，不純粹，理論上不如莊子精彩。他辨析列子的文字，一是從與老子、莊子、穆天子傳、考工記等書相同相似的段落加以對比，由於他的博學，所以列舉十分詳細。他在對比後下結論時卻很慎重，多數存疑，極少斷定孰先孰後。其二，也從文字的風格來辨析，他認爲那些表達太「直截」、「太露筋骨」的部分，都非列子原作。其三，他主要從莊子學來理解列子一書的理論體系。有少部分篇章在其他書中未見，又合於莊子理論，而文字渾成、含蓄，他就斷爲是列子「本書」。對列子的楊朱、説符二篇，他認爲其理論逾越出莊子理論的範疇，所以都是「後人所雜」，這是很有見解的。

林希逸在老子口義中談到他的總觀點和方法時，認爲和莊子相比，老子有其特殊的地方。此書也有一則發題，很值得注意：

「大抵老子之書，其言皆借物以明道，或因時世習尚，就以諭之，而讀者未得其所以言……獨潁濱(指蘇轍)起而明之,可謂得其近似。而文義語脉未能盡通,其間窒礙亦不少。且謂其多與佛書合,此却不然。莊子,宗老子者也,其言實異於老子,故其自序以「生與死與」爲主,具見天下篇,所以多合於佛書。若老子所謂無爲而自化,不爭而善勝,皆不畔於吾書,其所異者,特矯世憤俗之辭時有太過耳……然則前輩諸儒亦未嘗不與之,但以其借諭之語皆爲指實言之,所以未免有所貶議也。」〔八〕這裏他指出老莊在思想上實同中有異,他認爲莊子近於佛書,而老子則多合於儒學,所以老子口義中較少運用佛理來對比老子思想。他還認爲老子憤世疾俗之辭有時說得過分,有時借諭之辭被人當作實指,所以在讀者中就産生了誤解。通讀老子口義一書,我們會發現,林希逸常把老子一些對現實强烈批判的論見,一些對近似儒家的思想予以抨擊的文字(從郭店楚簡看,這不是老子原意),作爲比喻,使其批判色彩淡化,努力把老子一書變成一部指導修身養性的書。

林希逸三子鬳齋口義對於老、莊、列文章的技巧頗注意論析,他特别着重論析莊子篇章的結構、「筆勢」及修辭手法。他很重視文章的開頭結尾,譬如對在宥篇,他説:「『聞在有天下,不聞治天下也。』此篇又做一句破題,又是一體。」對於内篇七篇,他説:「文字最看歸結處,如上七篇,篇篇結得别。」他評論莊子文章的「筆勢」説:「説得一節高一節，此是莊子之筆勢，若聖賢之言，則平易而已。」（大宗師）此外對於莊子行文的誇張、對比、描摹等手法，他都有細緻的評析。

林希逸三子口義問世之後，歷經元、明、清七百多年，在中國老莊學史上曾産生過較顯著、較大的影響。僅就筆者所見的部分歷代老子注、莊子注、列子注看，這種影響又是不一樣的。莊子口義在歷代莊子注中起了劃時代的影響，可以説是開啓了明清以來莊子注的一個新天地；而老子口義在歷代老子注中有一定影響，但不是非常顯著；而列子口義則未見後人重視。

後世老、莊注家由於各自的學術背景不同，所以他們對林希逸口義的吸收也各自不同，有的推崇備至，有的則部分吸收，也有的擯棄不用，就是接受其影響的，也常根據自己觀點而加以修正、發展，因而表現出各種各樣的形態。下面且作一個不完全的概述。

二、老子鬳齋口義對後世的影響

老子注中牽合儒、佛的理論，唐宋以來，已成風氣。成玄英運用佛學、道教的觀點來解老，引莊子來證老子；後來的陸希聲則認爲：「蓋仲尼之術興於文，文以治情；老氏之術本於質，質以復性。性情之極，聖人所不能異；文質之變，萬世不能一也。」所以，兩家殊途同歸，「孔老之術不相悖」〔九〕。王安石、王雱父子都注老子，會通儒、道，把老子理論納入經世之學中。蘇轍的老子解則標舉「復性」，説「孔老爲一」，「佛老不二」〔一〇〕。宋徽宗在他的御注中也力圖把儒、道「合而同之」。邵若愚注老則多引釋氏、張平叔等人之見。董思靖則多引司馬光、程伊川之説。

林希逸老子口義問世之後，最早注意此書的是劉辰翁（劉須溪），在他評點的老子道德經二卷〔一一〕中只取林希逸口義一家，每章都照錄口義原文，一字不漏。南宋之前，注老子者有多少家？只取口義，可見對林注是如何取重了。細析此書中全部劉評，可以看到，三分之二以上的評論是同意口義，或者基本同意口義之見的。第五章評論口義對老子「天地不仁，以萬物爲芻狗」的注釋時甚至説：「林解芻狗極是。」在不少章中，只錄口義，未措一辭，可見是完全同意鬳齋之見了。劉的多數評語，只是在口義的基礎上加以伸説、補充，而不是駁斥口義的。

此書也有十幾章對口義提出尖刻的批評，如第四章、第六十七章就連批三個「非」字，第三章批個「謬」字，第六十章批一「謬」、一「非」字，第六十三章批「小兒之見」，等等，不一而足。這是由於林希逸和劉辰翁二人在評注老子上的出發點本來不同，林希逸在發題中就説明，老子合儒書而不合佛書，所以老子口義中引用佛書甚少，而劉辰翁則多就佛學來論老子。從第一章的闡釋中就可見二人在評注老子上的出發點本來不同。林希逸主要就儒家之道來解釋老子之論，認爲此章是論天地之始、人心之始。他説：「有與無，雖爲兩者，雖有異名，其實同出，能常無常有以觀之，則皆謂之玄。玄者，造化之妙也。以此而觀，則老子之學，何嘗專尚虚無？」而劉辰翁則認爲：「凡有必歸於盡，不壞不滅者，其惟無乎？知天地之始，則知所謂無者矣。有字只是對無字説，妙在常無。母者、徼者，直閲而玩之耳。徼，猶邊徼。有無之際，非有不能見無故也。」「如林解則與儒者之學相近，甚不爲玄也。尚未識意，安得又玄？」

劉辰翁對林希逸的批評，多數較牽強。如第三章是老子談其治民的理論，口義釋得很平實，而劉辰翁則直批「謬」字，説：「此處兼養生説了，而非虚人之心，實人之腹也。」其實，他的論見則未免引申過遠，而非老子本意。

四庫全書編者曾評論劉辰翁「其點論古書，尤好爲纖詭新穎之詞」〔一二〕。此病似乎在評點老子中也存在。後人也有爲林希逸不平者，清黄文蓮老子道德經訂注在談到第四章中劉辰翁對林希逸的批評時説：「愚按，劉氏每以林解爲非，而不知此處所解亦誤。」〔一三〕是的，劉辰翁對林希逸的批評，常常也是站在錯誤的立場上的批評。但是，我們更要認識到劉辰翁獨取林希逸老子口義，這種總體評價上的肯定和取重，也是注家中極少見的。

到元代，有劉惟永、丁昌東編集道德真經集義，雖羅列各家，但每章必引「林鬳齋」，足見對老子口義的推重了。〔一四〕本書把老子口義作爲以儒學觀點解老的代表，首章末引石潭（卽丁易東的看法）：「老子之解多矣，以學儒者解之，多以儒之所謂道者言之，若程泰之、林竹溪之類是也。」

明初老子一書卽受重視，明太祖有御注問世。當時設有政府部門管理道教事務，道士必須通曉道教經義，方可授以度牒。在這種情況下，道士危大有編成道德真經集義一書，僅採集河上公等十二家注，其中就包括口義一家，多次引到「林氏」。危大有認爲，老子「非特道經之祖也，三教諸經亦豈外此而別有其理哉？」〔一五〕從一個道士看來，老子思想竟可以包容三教之廣了。

林希逸老子口義常常把老子一些有悖於儒家觀念的對當政者的強烈批判的文字作爲比喻，使其批判色彩淡化，危大有的集義，也接受了這種觀點。如第十八章，林希逸把「智慧出，有大僞」等三句皆作「譬喻」，危大有也把這種觀點列於首位加以接受。又如五十三章，老子強烈抨擊那些窮奢極欲的統治者爲「盜夸」，而林希逸稱之爲「譬喻之語也」，危大有也採錄了這種看法。集義本是爲應付國家考試而編的教科書，林希逸口義這種減弱老子批判鋒芒的做法，正適合於當政者所選用。由此我聯想到日本江户時代德川幕府儒官林羅山，他推重老子鬳齋口義，思想上恐怕也有類似的出發點吧。

德清是明代的名僧，他不但有很深的佛學修養，而且熟讀四書、易經，尤喜老莊。他曾注老子與莊子内篇，以老莊宗旨與佛家融合，也用以比附儒家思想，有很強的三教一致的傾向。德清的莊子注比老子注更有名，但其實他的老子道德經解同樣值得重視。此書雖未直接引用老子鬳齋口義，但其實這二者有着密切的内在聯繫。

德清老子道德經解的開頭，有着長篇發明宗旨的論説，其中一段這樣的文字：

「愚謂看老莊者，先要熟覽教乘，精透楞嚴，融會吾佛破執之論，則不被他文字所惑。然後精修靜定，工夫純熟，用心微細，方見此老工夫苦切。」〔一六〕

這段話與前面所引林希逸莊子鬳齋口義的發題中的一段話相比，從注老莊的觀點、方法上看，何其相似。德清要求讀者「不被他文字所惑」，而林希逸則在注釋中一再提出不要理會老子的「鼓舞之文」、「憤世」之言、「借喻之語」，二者一致。但也有差別：林希逸是站在孔門理學家的立場上，融合佛、道二氏；而德清則是立足佛門，去融會儒、道。對儒、道二家源流的關係，德清説：「愚嘗竊謂：孔聖若不知老子，決不快活，若不知佛，決不奈煩。老子若不知孔，決不口口説無爲而治，若不知佛，決不能以慈悲爲實。佛若不經世，決不在世間教化衆生。愚意孔、老卽佛之化身也。」這種不顧文化史源流實際，把儒、佛、道三家任意加以比併的做法，也和林希逸極其相似。林希逸在莊子口義發題中説：「大藏經五百四十函皆自此中紬繹出。」又説：「子細看來，大藏經中許多説話，多出於此。」（見知北遊篇口義）

林希逸注老子常把老子評論政事的實寫之言作爲借喻，從而曲解老子本意，德清注老子也有這種情況。如六十九章，是老子談兵的重要章節，口義謂「此章全是借戰事以喻道，推此則書中借喻處其例甚明」。德清則注曰：「此章舊解多在用兵上説，全不得老子主意。今觀初一句，乃借用兵之言，至輕敵喪寶則了然明白，是釋上慈字，以明不爭之德耳。」這樣的注釋其實反而把老子的重要軍事思想模糊了。

到清乾隆年間，有黄文蓮老子道德經訂注一書。此書參考諸家之見，大約四分之一章節都引用到老子鬳齋口義，主要在於詞語訓釋方面，對比各家注釋後，常稱「林説爲是」，「林説爲優」，〔一七〕顯示出對林注的取重。

三、莊子鬳齋口義對後世的影響

林希逸之前，已有人用佛學來解莊，支遁已開其端，成玄英雖是道士，其實疏中佛理也不少，王雱新傳也引過一點。然而大量直接引用佛家的概念、命題來和莊子對比，則是林希逸口義所特有。在以儒解莊方面，王安石、蘇軾固然已經建立了莊子「有意於天下之弊而存聖人之道」〔一八〕、「陽擠而陰助」〔一九〕的理論，但是大量直接引用儒家的概念、論斷來與莊子對照，細緻證實其説的則是林希逸。從文字上來解莊、評莊方面，也可以説濫觴於口義。蘇軾雖已極推重莊子文章，但是直到林希逸，才一方面依據文字的分析，尋繹莊學的理論系統的義脉，一方面又從文章學的角度來賞鑒莊子文章的種種妙處。林希逸的莊子口義可説從以上三方面都對後世莊學産生了重要的影響。

莊子鬳齋口義問世不到十年，褚伯秀纂集南華真經義海纂微，共收録十三家注釋，口義爲其一。有趣的是，此書湯漢序説：「近時釋莊者益衆，其説亦有超於昔人。然未免翼以吾聖人言，挾以禪門關鍵，似則似矣，是則未是。」〔二〇〕這明顯是不滿口義這一類莊注，但當時三教融合的潮流實在太強大了，褚伯秀根本没有顧及湯漢等人之見。在此書中「林氏鬳齋口義」雖因時近而排列在諸家之末，但經常整段引録，極受重視。

此後不久又有劉辰翁（劉須溪）評點的莊子南華真經，此書除點校外，有大量解釋，除林希逸外，很少引用他人意見，可説對口義極爲推重。雖然此書大旨與林希逸相同，但是在多處批評口義：「林解多不通」，「林解每欲求異」，「林亦何嘗知禪林本色哉？其言修煉亦然。」〔二一〕這種情況和他評老子口義相同。

明代中後期有個道士名叫陸西星，他早年習儒，廣泛涉獵儒、釋、道各家之書，信奉道教後，在内丹理論方面有重要見解。他力主三教同一之説，在所著南華真經副墨的序中説：「予嘗謂，震旦之聖南華，竺西之貝典也。貝典專譚實相，而此兼之命宗。蓋妙竅同玄，實大乘之秘旨。學二氏者，烏可以不讀南華？」〔二二〕他接着用莊子的命題和道經佛典一一作對比，來證明他的觀點。歷代莊子注何其多，他最稱道的只有郭象、林希逸二家，但對這二家他也指出其不足：「昔晉人郭象首註此經，影響支離，多涉夢語；鬳齋口義，頗稱疏暢，而通方未徹，挂漏仍多。是知千慮一失，在實知猶不能免。」實際就把林希逸口義放在近世最高成就位置上了。他説他這部副墨正是在郭、林二家之注的基礎上，「參訂異同」而成。

陸西星也與劉須溪一樣，雖極爲推重林希逸，在具體注釋中，卻多次批評口義，説林鬳齋看得不透。例如下面這一段：

莊子齊物論：「若是而可謂成乎，雖我亦成也；是而不可謂成乎，物與我無成也。是故滑疑之耀，聖人所圖也。爲是不用而寓諸庸，此之謂以明。」

林希逸口義：「凡天下之事，若只據其所能而可以爲了當，則我之現前所能者謂之了當亦可也；若據此現前者未爲了當，則凡天下之人與我，皆不得謂之了當。成，猶言了當也。」「滑疑，言不分不曉也，滑亂而可疑，似明而不明也。耀，明也。聖人之心其所主者未嘗着迹，故其所見之處若有若無。圖，欲也，言聖人之所欲者如此也。所以去其是不用而寓諸尋常之中，此之謂以明。」

陸西星副墨：「此四句亦最難看，意會似言有成有虧，乃是定數，你我皆落成虧套中，不能自脱，成則我亦與之俱成，虧則我亦與之俱虧，故曰若是而可謂成乎，雖我亦成也，若是而不可謂成乎，物與我無成也。此箇套子，自既有是非之後，輾轉相因，誰能解脱？惟有聖人不落此套，故滑疑之耀，聖人所圖，爲是不用而寓諸庸，便不落此套。滑者，捉不住，疑者，見不殺，皆爲是不用之意。滑疑之耀，乃不明之明也，與非所明而明之彼者，大是天淵。蓋不用己是則無愛成，無愛成則無道虧矣。聖人只明得此理，故曰此之謂以明。此章正好與老子光而不耀，廉而不劌同看，熟老子者方可以看莊子。林鬳齋自謂看得莊子精到，此處却説不透徹，不知此老如何着眼。」

對照此處口義與副墨之見，可以看得出，陸西星在解釋莊子這段話時認爲，聖人不落成虧套子之中，没有主觀成見，則超於物論是非之上，這其實是最有見識的做法，是真正的「明」，這就是所謂以明。這是看得比較透徹的。而林希逸從「聖人之心其所主者未嘗着迹」來解釋，不能説錯，但的確不及陸見明晰。陸西星的見解明顯表現出心學的色彩，重在心内用工夫。在南華真經副墨之中這一類對口義的批評還可以看得到，有的説得是，有的也略牽强，但總地説，從總的觀點、方法上説，都還是走在林希逸開拓的學術道路上。平心而論，林希逸用佛學、儒學解莊，雖有助於闡解莊義，但是粗糙、膚淺之處也不少，後世學者的補充修正，正是一種必然的趨勢。作爲林派莊注的重鎮的陸西星的副墨，對於以後清代莊學則産生了不小的影響。

在其他明代莊注中，口義的影子也隨處可見。焦竑是一個融合儒、佛、道思想爲一爐的人，他的老子翼中雖然較少提到林希逸，而莊子翼中卻有二十多處提到口義，可見思想上的共鳴。又方以智的藥地炮莊，也多處摘引口義，但未按原文直録，只作爲他「炮莊」的諸多材料之一。還有徐曉的南華日抄，他説林希逸「稱莊子究歸無得罪於」聖門云爾，謂之知莊子可也，謂之盡莊子之藴則未也」，莊子「豈特無得罪於聖門而已哉？」故録林説「而敢附鄙見於後」。〔二三〕他的觀點是莊子大有功於儒家了，這則是站在捍衛儒學的立場上來進一步發展林希逸的理論了。

評析文字，是林希逸莊子口義的一個重要特點。明羅勉道南華真經循本一書中也多言莊子的文法，譬如卷一逍遥游中談到：「轉接處多用『且夫』、『請試言之』等，讀者若知此機括，亦使文字不斷。」又如評「小知不及大知」說：「二知字皆平聲，綴上知字起下。莊子文法多如此。」[二四]對比口義評齊物論中「汝聞人籟而未聞地籟」所說：「前曰獨不聞，後曰獨不見，此一段文字之關鎖也。」二者不是極爲相像嗎？羅勉道對莊子「文法」的評析，可以說是完全走在林希逸口義的道路上。

林希逸在口義中多次指出，莊子中不少地方行文有「鼓舞處」，有「戲劇處」，讀來不可過於當真，又有些地方往往說得「過當」、「過高」，實際用意倒並非如此。明僧德清的莊子内篇注中也承繼了這一觀點，他在評析逍遥遊一篇時告誡說：「此篇立意，以至人無己、聖人無功、神人無名爲骨子。立定主意，只說到後方才指出，此是他文章變化鼓舞處。學者若識得立言本意，則一書之旨了然矣。」[二五]又如對此篇中的寓言，他又評說：「言雖戲劇，而心良苦矣。此等文要得其趣，則不可以正解。」他多次從剖析莊子「文章波瀾血脉」入手，來發掘莊子思想的底蘊，這種做法正是和自詡「見理素定，識文字血脉」的林鬳齋是一致的。

明代有方虛名南華真經旁注[二六]一書，此書體制是在莊子本文旁邊加小字注，注釋字句(書名旁注大約卽由此而來)，書眉加評語，每篇下有題解。表面看似乎並沒有十分推重林希逸口義，只在天地篇的評語中提到林希逸對「合喙鳴，喙鳴合」的詮釋說：「林云：合喙，不言也；鳴，言也……」其實細察一下旁注全書，就可以發現，此書大量地引用口義，只不過都不注出處。內篇各篇的題解，全部錄自口義。評注中迻錄口義也甚多，如大宗師篇注釋「假於異物，託於同體」一語，引用了圓覺經「地水火風」之論，駢拇篇注釋「夫不自見而見彼」的「彼」字，提到「禪家所謂狂犬逐塊，所謂幻花又生幻果」等語，其實都是錄之於口義。這樣的地方極多，在明清莊注中，像旁注這樣大量不公開摘錄口義的做法，極爲少見。

旁注一書十分注重章法、句法、字法，評語中頻繁地注明這些字眼，提醒讀者注意。譬如他在評人間世首章仲尼答顏回的話時指出：「連用四且字。」在他看來，這就是字法。評語中這類對文章開頭、結尾、呼應技巧的分析極多，繁碎而膚淺，模仿口義，但可取者甚少。

清初有明遺民胡文蔚南華真經合注吹影，此書採集衆家，而十分推崇林希逸口義。其後有林雲銘的莊子因一書，林雲銘服膺陸西星，多引其見，而陸西星正是推重和追隨林希逸的，所以可以說，林雲銘在注莊的路子上還是走的林希逸一派。他認爲，「莊子旨近老氏，人皆知之，然其中或有類於儒書，或有類於禪教，合三氏之長者，方許讀此書」。

譬如繕性一篇所論「知與恬交相養」，口義用佛學靜、定的關係來詮釋，莊子因也是從此來注釋。又如則陽篇末，林雲銘說：「佛法之在中國也，何嘗自天竺求書始哉？」〔二七〕這種觀點也是襲自于林希逸大藏經源自莊子之論。

康熙年間宣穎的南華經解也是一部重要莊注。宣穎在自序中認爲莊子思想其實是與中庸相表裏，而不是佛學的先驅。在以後的論述中他又進一步指出莊學與佛學的不同。這一點很有見解。但在注莊之中，他又常引佛典來解莊，有些方面簡直直接從口義中去摘取了。如駢拇篇末，釋「夫不自見而見彼，不自得而得彼」一句，口義說：「這一彼字，不是輕可下得，禪家所謂狂犬逐塊，所謂幻花又生幻果，便是這個彼字。」宣穎的注釋是：「彼字妙，無端相逐，不可定其爲誰也，禪家所謂狂犬逐塊，又所謂幻花又生幻果是也。」〔二八〕二者幾乎完全一樣。

宣穎在文字的評析方面比起林希逸來要詳密得多，他在文中多次提到「孫月峰」，這指的是明代評點派文學家孫鑛，孫鑛從時文技巧的角度極力從古代經典中去尋求文章繩墨布置之法。這種文學批評方面的潮流也影響到宣穎，所以他比之口義之評文則又要進步多了。此外胡文英莊子獨見、孫嘉淦南華通都對莊子文章的技法作了類似的評析。其後又有劉鳳苞南華雪心編，很推崇宣穎注，謂「宣茂公分肌析理，論文最詳，故篇中諳引頗多」〔二九〕。這當屬於注意評析莊文的林希逸一派的餘響了。

清陸樹芝有莊子雪〔三〇〕一書，此書前有讀莊子雜説一篇，極力爲莊子辯解，認爲莊子實際是並不反孔，「其意正欲駕老子之上，爲奇之極至，而陰以助孔也」。這是完全承繼了蘇軾「陽擠陰助」之説，與林希逸一脉相通。因此此書中引用口義之處很多，顯示出對林希逸之見的重視。

還有劉鴻典的莊子約解一書，這人也力主莊子不非孔，此書序説：「莊子之尊孔子，其功不在孟子下也。」他又在此書「凡例」中提出：「後世三教分門，而其初則祇有一道也。」「三教聖人，皆同此理，所以註中雜引佛經、道書等語，祇求合於莊子之旨，非有心於附會也。」〔三一〕這種觀點和方法都和林希逸完全一致，所以他所引的諸家之見中，口義佔很大一部分，林希逸之受推重，可想而知了。

綜觀三子鬳齋口義對宋以後老莊注釋的影響，可以得到以下兩點認識：

其一，三子鬳齋口義的影響和三教融合的潮流緊密相關（雖然同時也有來自儒家的排斥佛、老的呼聲）。理學在南宋末年成爲官學，朱學陸學逐漸接近，而明代則出現了王陽明這一心學巨擘，理學和佛學、道教相接近，就成了自然之勢。佛教方面則禪宗勢力大爲擴張，臨濟宗向南方擴展，尤其是其中分出的楊歧派更爲十分盛大，雲門、曹洞諸宗也在逐漸擴大。不少高僧都表現出向儒道妥協的傾向。而道教在宋、明兩代都曾受到皇家的提倡，張伯端、王重陽都有推重儒佛的主張。三教的融合既是適合皇家思想統治的需要，在理論上也有日漸契合的一面。林希逸三子鬳齋口義正是適合了這一思想潮流，其受到重視自不是偶然。後世莊注中，德清、陸西星、宣穎受口義影響最大，他們在各自身份上自有釋子、道徒、儒士的區別，但是在三教融合的理論上没有太大的分歧。當然，同中也有異，他們有的以佛爲主，有的以儒爲主，也有的兼而重之。在這條以佛以儒注釋老莊的道路上，他們都追隨著林希逸，可是越往前走，越看到林希逸理論之不足，於是也對林希逸提出批評。這些後學的批評並不是貶低林希逸，其實倒是説明他們對林希逸的重視、繼承和發展。但是隨著清代樸學的興起，這種三教融合論在老、莊注釋中還是逐漸式微了。這種情況和日本學術史上三子鬳齋口義的盛衰，也有相似之處。

其二，三子鬳齋口義的影響和文學批評的潮流相關。宋末至元在科舉考試推動下，文壇上極講「文法」，例如謝枋得的文章軌範，此書對文章的文體、氣格、起始轉折作了詳細的論述。宋代政壇上駢文是官書的主要形式，對駢文做法的探討，也影響到對「文法」的探討。林希逸對莊子文章的評析和文壇上這種講究文法的風氣自是分不開的。而後世莊注中羅勉道的南華真經循本則最接近林希逸口義。而到明代後期文學批評方面出現了茅坤、孫鑛等人的古文評點之學，清代的古文家仍很講究文章作法，而明清考試都要考「四書文」（卽八股文），八股文作法更爲人們所講究。在古文、時文講究作法的風氣促進下，老莊注釋中文章評析則大大進了一步，宣穎等人在對莊子文章解析方面的細密則是林希逸不能望其項背者，這又是文學批評方面進步的推動使然。

注 釋

〔一〕上圖參考宋元學案卷二十五、二十七、二十九、四十七，中華書局一九八六年十二月版；閩中理學淵源考卷九，景印文淵閣四庫全書第四六〇册，臺灣商務印書館股份有限公司一九八六年七月版。

〔二〕宋元學案卷二十九震澤學案、卷四十七艾軒學案。

〔三〕劉克莊，城山三先生祠，後村先生大全集卷九十，四部叢刊景上海涵芬樓藏賜硯堂抄本。

〔四〕池田知久，林希逸莊子鬳齋口義在日本（周一良譯）。原載二松學舍大學論集第三十一號，譯文載莊子鬳齋口義校注附錄。

〔五〕閩中理學淵源考卷八。

〔六〕莊子鬳齋口義校注，中華書局一九九七年三月版。

〔七〕江湖後集卷十，景印文淵閣四庫全書第一三五七册。

〔八〕道德真經口義，道藏第十二册，文物出版社、上海書店出版社、天津古籍出版社影印本，一九八八年三月版。以下出於三子鬳齋口義之引文不再出注。

〔九〕陸希聲，道德真經傳，道藏第十二册。

〔一〇〕蘇轍，老子解，景印文淵閣四庫全書第一〇五五册。

〔一一〕劉須溪評點，老子道德經二卷，明天啓刻本。

〔一二〕四庫全書總目卷四十六班馬異同評提要。

〔一三〕黄文蓮，老子道德經訂注，四庫未收書輯刊六輯十九册，北京出版社二〇〇〇年一月版。

〔一四〕劉惟永，道德真經集義大旨，道藏第十四册。

〔一五〕危大有，道德真經集義，道藏第十三册。

〔一六〕德清，老子道德經解，藏外道書第一册，巴蜀書社一九九二年八月版。

〔一七〕黄文蓮，老子道德經訂注，四庫未收書輯刊六輯十九册，北京出版社二〇〇〇年一月。

〔一八〕王安石，莊周上，見臨川文集卷六十八，景印文淵閣四庫全書第一一〇五册。

〔一九〕蘇軾，莊子祠堂記，見東坡全集卷三十六，景印文淵閣四庫全書第一一〇七册。

〔二〇〕褚伯秀，南華真經義海纂微，道藏第十五册。

〔二一〕劉須溪評點，莊子南華真經，明刻本。

〔二二〕陸西星，南華真經副墨，藏外道書第二册。

〔二三〕轉引自關鋒莊子内篇譯解和批判所附莊子注解書目，中華書局一九六一年六月版。徐曉南華日抄原書惜未見到。

〔二四〕羅勉道，南華真經循本，道藏第十六册。

〔二五〕德清，莊子内篇注，清光緒十四年（一八八八）金陵刻經處刻本。

〔二六〕方虚名，南華真經旁注，明萬曆刻本。

〔二七〕林雲銘，莊子因，一九一二年上海千頃堂書局石印本。

〔二八〕宣穎，莊子南華經解，民國上海朝記書莊石印本。

〔二九〕劉鳳苞，南華雪心編，清光緒二十三年（一八九七）晚香堂刻本。

〔三〇〕陸樹芝，莊子雪，清嘉慶四年（一七九九）刻本。

〔三一〕劉鴻典，莊子約解，清同治五年（一八六六）刻本。

圖書在版編目（CIP）數據

莊子鬳齋口義校注 /（宋）林希逸撰；周啓成校注. -- 福州：福建人民出版社，2023.9
（莊子集成 / 劉固盛主編）
ISBN 978-7-211-09182-9

Ⅰ. ①莊…　Ⅱ. ①林…　②周…　Ⅲ. ①《莊子》－注釋　Ⅳ. ①B223.5

中國國家版本館 CIP 數據核字 (2023) 第 190556 號

莊子鬳齋口義校注（全二册）

作　　者：［宋］林希逸 撰　周啓成 校注
責任編輯：莫清洋
助理編輯：陳慧子
美術編輯：白　玫
責任校對：李雪瑩
出版發行：福建人民出版社
電　　話：0591-87533169（發行部）
網　　址：http://www.fjpph.com
電子郵箱：fjpph7221@126.com
地　　址：福建省福州市東水路 76 號
經　　銷：福建新華發行（集團）有限責任公司
印刷裝訂：上海盛通時代印刷有限公司
地　　址：上海市金山區廣業路 568 號
電　　話：021-37910000
開　　本：890 毫米 ×1240 毫米　1/32
印　　張：19.625
字　　數：346 千字
版　　次：2023 年 9 月第 1 版第 1 次印刷
書　　號：ISBN 978-7-211-09182-9
定　　價：130.00 元